비평, 테마인가 테크닉인가?

비평, 테마인가 테크닉인가?

경당(京塘) 고 영 자 저

전남대학교출판부

저자의 말

비평가가 무엇 때문에 작품을 논하는가? 작품을 논하는 것을 통해 무엇이 보여지는가? 무엇을 증명하려 하는 것인가? 이는 작품이라는 개념 및 실체가 문학에 관련되는 의미를 묻는 일이 된다.

문학작품은 말할 것도 없이 언어(言語)로 구축된 하나의 소세계(小世界)이다. 문학작품의 독자는 그 소세계에 전개해 있는 중심사상을 <읽는> 것이다. 테마의 파악이란 것은 그 중심사상을 읽어 내는 것이다.

작품을 읽는 행위는 직접의 경험의 세계이고 말하자면 직관적(直觀的)인 행위이기도 하다. 그것은 먼저 대상을 있는 그대로 받아들이는 것이다. 그로 해서 작품이 창작되어 있는 이미지가 읽는 사람의 내면에 받아들여지는 것인데 그렇게 해서 우리들의 의식의 세계에 선명하게 이미지가 떠오를 때 자신이 지니고 있는 문제의식 안에서 그것을 반성(反省)해 나가는 행위가 시작된다. 그것이 비평이라는 기능이다.

감상이 직관적(直觀的)이라고 한다면 비평은 어디까지나 반성적(反省的)이라고 할 수 있을 것이다. 반성을 가하는 것으로서 이미지의 의미를 자각해 나가는 것이고 또한 반성을 시도하는 것으로 그 가치를 비판해 나가는 것이다.

이것이 문학을 읽고 사고한다고 하는 구체적인 의미이다. 한 사람 한 사람의 독자가 그러한 의미에서는 비평가일 것이고 소위 말하는 전문비평가도 본래는 한 사람의 독자에 지나지 않는 것이다.

작품이 현전(現前)하는 것은 독자의 마음 이외에는 없다고 볼 수 있는 이상 작품 읽기는 항상 사성(私性)을 벗어날 수 없다. 예를 들어 사성을 숙명적으로 내포하고 있다고 해도 오히려 그 때문에 그 읽기의 주장을 근거로서 그것이 작품 구조(構造)에 직면하여 있다는 것을 표할 필요가 있다. 그것에서 일탈한 작품 읽기는 사성(私性)이 아닌 자성(恣性)을 노골적으로 표하는 것에 지나지 않는다.

작품 구조는 개개의 작품 고유의 것이므로 그 분석은 각기의 작품에 입각하여 생각할 수밖에 없는 일이다.

비평가가 작가에게 요망하는 것은 「작가는 그 자신의 소질에 응해 그 자신이 가장 편리한 형식으로 미(美)일 수 있는 어떤 것을 창작해 낼 것」에 있다.

비평가는 작가의 의도나 지불되어진 노력의 의도를 파악하는 일만에 집중하며 감정한다. 비평가는 상반하는 예술관도 마찬가지의 흥미를 가지고 인정하며 용인한다. 즉 그 예술관의 소산인 작품을 비평하는 경우에 있어 그 작품의 근거가 되어지는 일반적 개념을 a priori(先天的)로 해서 용인하고 세밀히 그 예술적 가치라는 입각점에서만 비평한다. 작품이 낭만주의이든 사실주의이든 어느 문학사조에 속해 있는가는 작가의 권리로 이를 비의(非議)하는 것 같은 것은, 즉 작가에게 그 소질의 변개(變改)를 강요하는 것이 된다.

작가가 예술가인 이상에는 작가에게 그가 희망하는 바대로의 방법으로 요해하고 관찰하고 사유하는 자유를 만끽하게 하는 것이다.

텍스트라고 하는 개념과 작품이라는 개념과를 구별 할 필요가 있을 것이다. 소설이나 시를 문학작품이라고 칭할 때의 「작품」이란 소설가나 시인이 작가로서 제작한 것들을 지칭한다. 근래에 이르기까지 작품을 읽는 일은 그것들을 만든 작가의 의도나 메시지를 살펴내는 일로 여겨왔다.

하지만 소설이나 시는 단지 작가의 의도와 메시지를 전하기 위한 도구는 아니다. 여기서 「작품」과 바뀌는 개념으로서 사용되게 된 것이 「텍스트」이다. 텍스트는 「물」(物)로서의 작품을 그것을 읽는 자 사이에 나타나는 하나의 공간(空間)이고 여기에는 계속 읽혀지는 작품과 다른 작품과의 대화가 있게 되어 다양한 의미가 생겨난다.

이와 같이 작품을 「텍스트」로서 포착하는 것으로서 작가의 의도나 메시지를 넘어서의 창조적인 읽기가 가능해졌다.

비평(批評)은 평론(評論)과 같은 말로 쓰이고 있다. 비평이나 평론이나 그 의미는 같아진다. 사전을 찾아보면 대체로 '시비득실(是非得失)을 품평(品評)하여 논하는 일'이라고 풀이하고 있다. '품평'이란 '가치를 정하는 일'이고 '우열을 정하는 일'이다. 그래서 비평이라 하지 않고 평론이라고 해도 물론 상관이 없다. 그러나 평론이라고 할 적에는 저널리즘적인 뉘앙스가 풍기고 있고 비평이라 할 적에는 분석과 판단을 함유하고 있는 것으로 감지된다.

필자는 학문적인 뉴앙스가 풍기는 비평이라는 용어를 선호한다. 우리나라 비평계에서는 비평과 연구를 별개의 것으로 차등화 하는 경향이 있다. '연구'를 '강단비평'(講壇批評)이라고 하면서 조금은 비양거리는 경향이 있다. 여기에는 '참의미로는 연구는 비평이 아니다'라는 어감이 감지된다.

하지만 필자는 '비평'과 '연구'는 어떤 기준에 의해 분리될 수 없다는 생각이다. 사회적인 제도라는 것이 있어 사회적인 제도라는 의미에서 비평이라는 것도 제도이고 연구라는 것도 제도이다. 이는 독자라는 제도에 제도로서 짜 맞추는 제도일 수도 있다.

단지 비평이라든가 연구라는 것의 대립이 보이는 것은 근대문학연구라는 시스템에서부터 시작되어진 듯 느껴질 뿐이다. 그렇다고 그 구별이 어느 시점에서부터라고 확실하게 구별 지어 말할 수 있는 것은 못된다. 필자의 견해로는 연구는 대학의 작품론・작가론이라든가에서 비롯되었다고 생각된다. '강단비평'이란 말이 생겨나고 성행하게 된 것도 이 때문일 것이다. 그리고 이러한 '강단비평'을 생성시키면서 '연구'를 비평과 차등화 시키던 경향을 보인 측은 저널리즘 성향을 띤 비평계였던 듯하다.

한편 '연구' 측에서는 오히려 저널리즘성 비평을 경시하는 경향이 대두했다. 그래서 비평이라고 하면 저널리즘적인 것이고 연구자에게는 마이너스를 의미하는 뜻이 되었다.

예컨대 저널리즘이라는 평가를 피하려는 움직임이 '연구'라는 것이 대두하게 되는 연유가 되었던 것으로 안다. 즉 '연구'라고 할 적에는 다분히 아카데믹한 뉴앙스가 깊이 있게 작동되기 때문이다.

필자는 비평의 올바른 방법이 무엇인가를 구명하기 위해 필자 나름대로 편리상 사전적(辭典的) 비평과 주석적(註釋的) 비평이라는 두 구분을 고안해 냈다. 사전적 비평과 주석적 비평이라는 것이 학문적으로 체계화 된 일은 거의 없는 것으로 알고 있다. 따라서 이 구분, 즉 사전적 비평이라든가 주석적 비평이라는 구분은 필자가 이끌어 낸 독창적 견해에 속한다.

이 두 비평의 방법은 닮아있는 것 같으면서도 큰 차이를 보인다. 즉 사전적인 것과 주석적인 것은 본래 그 상태와 효용을 달리 하기 때문이다.

작품은 형식(形式)에 따라 — 생활정경과 구성과 줄거리 말에 의해 — 내용은 그 다양한 모습을 세세하게 나타낸다. 이와 같이 작품의 형식은 그 내용에 의해 결정되는 것으로 결코 그 안에서 벗어날 수가 없다. 또한 역으로 말하면 작품의 내용은 일정의 형식을 가지고 비로소 나타난다.

작가가 문학적 형식을 자유자재로 사용하게 되면 할수록 그리고 생활을 좀 더 완전하게 그려내면 그려낼수록 작품의 사상적 =테마적 기초는 점점 더 깊이 있고 바르게 표하게 되어 작가는 형식과 내용의 통일로 근접하게 된다. 내용과 형식의 통일은 작품이 예술적(=예술성)이기 위한 불가결의 조건이다. 여기서 테마와 테크닉의 문제가 생성된다.

작가는 작품을 쓰고 대개의 독자는 그 작가의 작품에서 메시지(작품의 줄거리, 작가의 의도·전달) 위주로 읽어나간다. 반면 비평가는 거꾸로 테마에서 시작하여 테크닉으로 분석하여 나간다.

본서에서는 테마와 테크닉이라는 주제에 입각하여 작가들과 그들의 작풍을 발견하려 했다.

필자는 이 주제야 말로 서구비평, 나아가 전세계문학비평의 핵심이라 믿고 있다. 대체적인 문학사조, 학설, 논쟁의 핵심이 되고 있는 것이다.

이 비평서가 관심 있는 많은 분들과 연구자들에게 유용한 책이 되기를 희망한다. 아울러 이 책 발간에 도움을 주신 전남대학교 연구지원과와 출판부에 심심한 사의를 표하는 바이다.

2008년 여름

저자, 경당 고 영 자

차례

2장

소설의 테마와 테크닉

3장

비평 · 평론 문제

– 비평의 원점

4장

근대문학 작가의 정신풍토

– 대표작품의 새로운 평석(評釋)

5장

문학과 그림의 교차

1장

근대의 문학관·예술관의 부정

– 창작상의 규제로부터의 일탈

작품인가 텍스트인가?

❶ 「작가」 「작품」이라는 개념의 무효화

1. 텍스트

하나의 텍스트(text)를 작품으로 인정할 때 비평활동은 시작된다. 비평과 함께 문학은 나타난다. 문학은 형식(形式)이다. 문자(文字)로 표현(表現) 되어지면서 거기에 어떤 형식을 갖춘 것이 문학이다. 그래서 비평이 문학적 형식을 갖추기 위해서는 먼저 사고(思考)의 형식을 숙고할 필요가 있다.

따라서 비평은 아무리 비평적 의도로 썼고 좋은 비평문같이 보인다 해도 그 것이 단지 개인의 인상의 소박한 나열로 끝나고 있다면 문학 비평이라고는 말하기 어렵다. 비평은 인간의 지성과 감성(感性)을 잘 활용하여 조직화된 가장 쾌적한 기록이기 때문에 단지의 문자의 나열은 이러한 중요한 요소가 빠져있다고 보는 것이 이유다.

비평가가 무엇 때문에 작품을 논하는가? 작품을 논하는 것을 통해 무엇이 보여지는가? 무엇을 증명하려 하는 것인가? 이는 작품이라는 개념 및 실체가 문학에 관련되는 의미를 묻는 일이 된다.

이에 관해서의 해답은 일찍부터 있어왔다. 작품이라는 렌즈를 매개로 하여 작가의 허상(虛像)을 구축하려한다는 것이 가장 보편적인 해답이었던 것 같다. 다시 말해서 작품의 구조를 그것이 창작된 의도에로까지 끌고 올라가 소위 '작가의 자세' = '狀況에 대치한다'라든가, 아니면 '상황과 상대화하는 작가의 생의 양태를 파헤친다'고 하는 답변으로 요약된다. 작품을 논하는 것으로서 문화의 구조의 해명을 구한다는 답변이 나올 수도 있다. 또는 사회제도 내지 의식으로서의 차별의 구조를 명확히 하려는 연구를 함으로써 그 답변에 이루도록 하려는 노력도 간안될 수 있다.

다른 한편으로는 작품이란 무엇인가라는 물음도 있을 수 있다. 이런 문제를 앞세우면 근래 유행의 기미를 보이는 <작품인가 텍스트인가>라는 2者擇一을 둘러 싸고서의 논의도 불러 일으킬 수 있다.

작품과 텍스트는 본래 결정적으로 대립하는 별개(別個)의 레벨로 존재하는 것으로 보인다. 말할 것도 없이 인쇄물의 전부 또는 一部, 그 인쇄된 집합으로서의 본문(本文, 광의의 작품)을 독자 내지 연구자가 자기와의 관계에 놓고 임의로 텍스트로서 존재시킬까 작품으로서 존재시킬까하는, 근원적으로는 인식론과 실천론의 문제이다. 텍스트로서 생성시킬 수 없는 작품이 있는가 어떤가 하는, 말하자면 독자의 능력과도 상대화시키는 텍스트의 생성의 조건은 아무튼 무시된다. 요는 논으로서의 정합성(整合性)과 설득력(說得力)의 문제로 돌아가겠지만 이는 본문(*광의의 작품)을 작가의 소유(所有)로서 인식하는가 독자의 소유로서 인식하는 가의 선택이다.

본문이 작가의 소유인가 독자의 소유인가하는 문제는 바꾸어 말하면 작가가 개입한 본문의 성립과정으로 독자가 본문을 선택할 자유를 어디까지에서 가능한가의 문제이다.

문학작품을 텍스트로 포착하는 사고가 대두하면서 자유로운 독창적인 읽기가 중시되었다. 그런데 그 결과 단지의 읽기의 다름이나 강인한 해석까지도 창조적인 읽기로 둔갑되는 경향이 생겼다. 그리고 작품의 오리지널한 것의 의미가 퇴색하기에 이르렀다.

작품을 작가의 창조물로 포착하는 것으로서 비로소 작품의 오리지널이라고 하는 가치가 나오는 것인데 작품을 텍스트로서 포착하면 오리지널(*獨創)과 코피(*模倣)와의 구별이 애매해져 뛰어난 작품이 어떤가의 판단이 퇴색해진다. 오리지널한 것만이 뛰어난 작품과 그렇지 않은 작품과를 분별하는 근대적인 기준이 되기 때문이다.

1) 텍스트 개념과 작품 개념의 구별

텍스트라고 하는 개념과 작품이라는 개념과를 구별 할 필요가 있을 것이다. 소설이나 시를 문학작품이라고 칭할 때의 「작품」이란 소설가나 시인이 작가로서 제작한 것들을 지칭한다. 이제까지 작품을 읽는 일은 그것들을 만든 작가의 의도나 메시지를 살펴내는 일이라고 여겨왔다.

하지만 소설이나 시는 단지 작가의 의도와 메시지를 전하기 위한 도구는 아니다. 여기서 「작품」과 바뀌는 개념으로서 사용되게 된 것이 「텍스트」이다.

텍스트는 「물」(物)로서의 작품을 그것을 읽는 자 사이에 나타나는 하나의 공간(空間)이고 여기에는 계속 읽혀지는 작품과 다른 작품과의 대화가 있게 되어 다양한 의미가 생겨난다. 이와 같이 작품을 「텍스트」로서 포착하는 것으로서 작가의 의도나 메시지를 넘어서의 창조적인 읽기가 가능해졌다.

부언하면, 작가가 새롭게 시나 소설 등을 창작할 때 이미 기존의 창작되어 읽혀지고 있는 것들을 무의식적으로 참조하고 있다(相互텍스트性). 이러한 견지에서 보면 새로 창작된 작품은 이미 창작된 소설이나 시 등의 「인용의 짜깁기」로서 읽는 사람들 앞에 나타나게 된다. 이를 텍스트라고 한다.

텍스트는 그 자체가 문학은 아니다. 텍스트는 작품으로서 읽히는 것으로서 비로소 문학으로서 실현되는 것이다. 물론 순수하게 텍스트의 차원에서 처리할만한 문제가 이것저것 있는 섯도 확실하지만 본문(本文)연구를 소홀히 하는 것에 이유 같은 것이 있다고는 할 수 없다.

현재 텍스트론의 영향으로 오리지널한 성질을 함유한 작품이 무엇인가를 신중하게 논의하는 일이 무의미하게 되어 많은 독자가 흥미를 갖는 소설이 뛰어난 작품이라고 평가되기에 이른다. 여기서 작품과 텍스트가 원래 대립하는 것인가 어떤가를 논의할 필요가 있게 된다.

문학작품을 구성하는 것은 그것을 읽는 사람의 주관의 활동이다. 즉 텍스트가 물리적(物理的) 차원에 속하는 사실임에 대해 문학작품은 그러한 차원이 아니고 읽는 측이 그 작품을 만나고 그것을 경험하는 성질이라는 의미를 지닌다.

2) 작품의 전승

텍스트는 문학연구에서 대단히 중요한 의미를 갖는다. 작품의 전승(傳承, transmission)과 연관되기 때문이다. 전승은 시간의 축을 따라 역사적으로 전시대로부터 다음 시대에로 이동되는 것을 표하고 있기 때문이다. 뛰어난 작품은 작가의 수중에만 머물러 있어서는 안 된다. 어떻게든 향수자의 수중으로 이동해 들어가야 한다. 다음에서 다음으로 새로운 향수자의 손안으로 들어가야 한다. 이것이 전승이다.

문학연구자에게 가장 중요한 작업에 임할 수 있는 텍스트를 확립하여 후학들의 연구에 보탬이 되는 개척자의 역할이 기대된다. 그래서 어떤 텍스트를 취할 것인가를 음미하는 일은 대단히 중요하다. 아무렇게나 유포된 작품들을 텍스트로 취한다는 것은 연구자의 실격에 속한다.

2. 콘텍스트

콘텍스트(context, 文脈, 文의 전후의 관계, 사건 등의 맥락)는 발화행위(發話行爲)가 이루어진 환경을 말한다. 이것은 소위 '텍스트 이론'의 대두와 평행하여 같은 선상에서 나타났다.

콘텍스트는 서구의 개념의 폐쇄성과 경직화가 문제되어 그 재검토가 촉진되는 과정에서 '새롭게' 그 중요성을 띠고 나타난 용어다. '새롭게'라고 하는 이유는 본래 이 어휘는 문학사에 대표되는 전통적인 실증주의(實證主義) 비평에 있어 작품을 둘러싼 상황, 즉 작가의 개인사나 시대의 사조라고 하는 역사적 문맥을 암암리에 내비추고 있었다. 이 종류의 비평이 최우선으로 보고 있는 참조 조항, 작품을 둘러 싼 상황 등의 역사적 문맥 등이 작품을 그곳으로부터 인과적(因果的)으로 설명되는 원천(源泉)이었기 때문이다.

예를 들면, 셰익스피어의 『하므렛』이라는 작품을 분석하거나 해설함에 있어 이 작품을 구성하는 기호(記號)를 생산한 환경을 말하는 것이 된다. 엘리자베스朝의 잉글랜드의 상황, 셰익스피어의 상황, 극단(劇團)의 상황, 이외의 여러 상황이 참조된다. 또한 문학의 전통도 중대한 일부가 된다.

한편 마르크스주의 비평도 또한 역점이 작가 개인으로부터 그가 속하는 사회집단에로 이동하면서 그 경제적 결정론(決定論)에 의해 콘텍스트를 중시했다.

작품의 틀은 여러 잡다한 방향으로부터 개방되어, 동시에 전기적(傳奇的) 뉘앙스를 끌어들이는 어휘와 바꾸어 「텍스트」가 등장한다.

작품의 「외부」(外部)를 거부하고 작품을 그 자체 완결적인 대상으로 간파하고 그 작품의 내적 구조만을 취급하려 하는 것으로부터 생겨난 것이 뉴크리티시즘의 정독(精讀, close reading)이다. 그리고 구조주의 비평의 「내재적 독해」(內在的 讀解, analyse immanence)이다.

작품을 일체의 사회적 역사적 콘텍스트로부터 벗어나 숙고하려는 이러한 입장이 자연히 작품을 일종의 금지구역의 영역에 두려는 방향으로 기울은 경향은 상상하기 어려운 일은 아니다.

다시 말해서 뉴크리티시즘이 주장하는 텍스트의 자립(autonomy of the text)은 '작품은 작가가 제작하는 것이지만 제작되어진 그 순간부터 작가의 손에서 떠나 작품 자체로서만 생명을 갖고 읽히고 존재해 나간다'라고 하는 것이다.

하지만 작품의 「內」와 「外」의 경계는 그처럼 간단하게 확정 범위 안에 두는 일이 가능 할 수는 없다. 오늘날에 와서는 이 주장은 붕괴되어 있다. 하지만 텍스트를 자립시켜 완전체로 본 공로는 크다고 할 수 있다.

콘텍스트의 재평가(再評價)의 배경에는 구조분석에 모델을 제공한 언어학(言語學)의 내부에서의 변화발전이 있었다. 한마디로 언어학의 발전이다. 문(文)을 최소한의 단위로 하는 이 영역에서는 언어는 이야기 하는 주체와 그것을 받아들이는 측과의 관계를 중핵으로 하는 커뮤니케이션의 장(場)으로 포착한다.

❷ 구조주의

1. 근대에의 이의신청

구조주의(構造主義, structuralism)는 일반적으로 1960년대 중반경에 프랑스에서 일어난 사조를 일컫는다. 구조주의라고 하는 것은 간추려 말하면 다음과 같다.

우리는 항상 어느 시대, 어느 지역, 어느 집단에 속하고 있고 그 조건이 우리의 시각, 감지, 사고의 방향을 기본적인 곳으로 결정하고 있다. 그래서 우리는 자신들이 생각하고 있는 것처럼 자유로, 또는 주체적으로 사물을 보고 있는 것은 아니다. 오히려 우리는 거의 자신이 속하고 있는 사회집단이 수용하고 있는 범위만을 선택적으로 「보여지고」 「감지되어지고」 「사고되어지고 있다」. 그래서 자신이 속하고 있는 집단이 무의식적으로 배제하고 있는 것은 대체로 우리의 시계(視界)에 들어오는 일 없이, 그리고 그 때문에 우리의 감수성에 들어오는 것도 우리의 사색의 주제가 되는 일도 없다.

우리는 '자신들이 판단이나 행동의 「자율적인 주체」라고 믿고 있지만 실제로는 그 자유와 자율성은 무척 한정적인 것에 있다'라는 것을 철저하게 파헤친 것이 구조주의라고 하는 방법의 공적이다.

근래 「구조주의의 용어를 사용하지 않으면 구조주의의 성립법(창립법)을 설명할 수 없다」라는 식으로 구조주의 의식에 끌려들고 있다. 그러나 지나치게 구조주의 특유의 용어(시스템, 차이(差異), 기호(記號), 효과(効果)......)를 사용하고 있어 이 용어의 지나친 범람에 염증을 내게 된다. 이것이 구조주의가 지배하던 이데올로기였던 시대의 종말을 고하는 징조였다.

구조주의가 난해하다고 해도, 그리고 그것을 구축한 사상가들이라 해도 「인간은 어떤 식으로 사물을 관찰하고 감지하고 행동하는 것인가?」라는 물음에 해답을 얻고자 한 결과의 산물에 지나지 않는다. 단지 그 물음에 답을 얻는 길에서 보통사람들보다 강렬하고 깊이 있게 탐구하고자 한 것에 지나지 않는다.

「우리는 항상 이데올로기가 '상식'(常識)으로 지배하고 있는 '편견의 시대'에 살고 있다」라는 발상법, 그것이 구조주의가 가져온 가장 중요한 절단면(切斷面)이 되고 있다.

■ 소슈르의 사상으로

근대에의 이의신청을 다시금 추진한 것이 전후의 구조주의의 사상가들이고 다시금 「포스트구조주의」이다. 구조주의는 근대의 언어관(言語觀)을 크게 변화시킨 소슈르(Saussure, Ferdinand de)의 사상을 출발점으로 하고 있다.

소슈르는 언어(言語)는 「차이(差異)의 체계(體系)」라고 생각했다. 예를 들어 「고양이」라는 언어는 「개」「쥐」「말」 같은 것들과의 차이를 표하는 것으로 「고양이」라는 언어에 「고양이」의 본질이 표해지고 있는 것은 아니다. 그래서 인간은 이 「차이의 체계」로서의 언어의 망(網)의 눈을 통해 사물을 인식한다.

이러한 언어관을 펼친 소슈르의 언어학 등의 영향을 받아 구조주의는 인간의 인식이나 행동을 무의식(無意識)의 레벨에서 규정하고 있는 잠재적(潛在的)인 「구조」를 선명하게 추려내고자 한다.

예를 들어 국어를 모국어로 하고 있는 대한사람은 국어라고 하는 틀 안에서 사물을 인식하고 있어 그 틀 안에서 용이하게 벗어나지 못한다. 구체적으로 말하면 국어에는 관사가 없다. 그래서 관사가 없는 사고를 한다. 국어에는 「벼」「쌀」「밥」이라는 언어가 있다. 이런 것들을 별개의 것으로 인식한다. 영어에서는 이것들을 모두 「rice」로 하고 동일한 것으로 생각한다.

그래서 인간을 구속하고 있는 것은 언어만이 아니다. 인간은 자유로 살고 있는 것으로 보이지만 실제는 자신이 태어나고 자란 사회의 습관이나 시대의 가치관 등의 제약을 받으며 살고 있다.

그와 같이 인간이 무의식적(無意識的)으로 받고 있는 잠재적

(潛在的)인 문화의 체계를, 구조주의를 「구조」라고 일컫는다.

이러한 인간을 잠재적으로 규정하고 있는 구조를 문제로 하는 것은 근대라고 하는 시스템이 전제하고 왔던, 스스로의 이성(理性)에 따라 사는, 자유로 자립하고 있는 주체(主體)로서의 개인(個人)이라는 것이 환상(幻想)에 지나지 않는 다는 것을 고발하는 일에 연계되었다.

문화인류학자 레뷔 스트로스는 미개사회연구를 하면서 서양인들의 눈에 비합리적으로 보이는 미개인들의 행동도 실은 그 독자의 문화적인 구조에 따르고 있다는 것을 명확히 하고 서양중심주의의 사고를 비판했다.

2. 구조분석

구조분석이라는 말은 문학연구의 영역으로서는 특히 1960년대부터 70년대에 걸쳐서 프랑스에서 작품분석 및 이론구책(理論構策)의 하나의 조류와 연계되어 사용되었다. 소슈르의 언어학(言語學)을 그 기원으로 하고 있다.

구조분석은 크게 나누어 2개의 방향을 취하게 된다. 하나는 어느 작품을 대상으로 하여 그것을 하나(一個)의 전체로 취하고 그것에 대해 철저한 내재적(內在的) 독해(讀解)를 시도하는 방향이다. 여기에서는 전체는 그것을 구성하는 제요소로 구분되어 그것들의 요소간(要素間)의 등가(等價)라든가 대립(對立)의 관계가 음운론(音韻論), 통사론(統辭論), 의미론(意味論) 등 여러 레벨로, 다시금 제레벨 간에 조응, 혹은 통합관계로 탐구된다. 그래서 작품은 편입된 구조적으로 짜 맞추어진 관계의 제체계(諸體系)

로 된 하나의 큰 체계로 대두된다.

다른 하나의 방향은 어느 장르나 양식(樣式, 모드)에 관해 그 구조모델을 언어학을 원용(援用)하면서 성립시켜, 거기서 연역적으로 개개의 작품에로의 적용가능성(혹은 불가능성)을 시사한다는 방향이다.

이 두 방향은 그 이론적 일반성의 정도의 차는 있다 해도 몇 개인가의 공통의 원칙이 통해지고 있다. 그것의 가장 중요한 것을 들자면 '내재성'과 '과학성'일 것이다.

구조분석에서는 개개의 구성단위(構成單位)가 다른 구성단위와의 차이(差異)만으로 의미를 찾으려하는 닫쳐진 체계다. 이러한 비평의 내재성의 요청은 비평의 과학성의 요청과 밀접하게 관계되어진다.

구조분석의 물결이 계속된 것은 아마도 약 40년에 이른다. 「열려진 작품」「작품으로부터 텍스트에」「구조로부터 구조화(構造化)에」라는 슬로건이 나온 소치이다. 「내재성」(內在性)의 신화(神話)의 붕괴를 뜻한다. 언어학적 모델 만에 의거하는 것에서의 반성이다.

문학텍스트의 생성은 그것에 선행하는 여러 텍스트와의 대화를 빼놓고서는 논해질 수 없다고 하고, 또한 그 수용(受容)의 문제가 생산과 표리일체를 이루고 한편으로는 사회적・역사적 디 - 멘션(dimension, 次元)을 도입하는 것으로서 제기되었다.

이런 일련의 움직임은 언어의 외부에의 회귀(回歸)이기보다는 오히려 언어적 현실의 해석이 펼쳐져 그 복잡함이 인식된 결과라고 할 수 있을 것 같다.

문학은 동시에 「여러 것, 것」이고 동시에 문학에의 어프로치

(접근)도 또한 다양한 학문 영역에서 구해질 수 있다고 하는 견해다.

■ 구조주의 비판

구조주의적인 비평은 무엇보다도 먼저 문학 속의 작가를 매개로 하는 여러 현실(志向對象)의 반영, 즉 무엇인가의 실체적 의미의 실현을 보려는 전통적인 실증주의 비평 — 문학사적, 전기적 류의 비평 — 에 대한 안티테제로 행해진다.

이런 의미로 본다면 구조주의 비평은 프루스트, 엘리어트, 발레리 등의 비평활동, 다시금 구조분석에 앞서 생성된 금세기의 문학이론적 조류를 생성시킨 러시아포멀리즘, 독일의 문체론이나 문학형태론, 영미권의 뉴크리티시즘과 같은 큰 틀 안에 있어 뉴크리티시즘의 비전을 공유하고 있다.

구조분석은 문학도 그리고 그것을 취급하는 비평도 하나의 언어활동 이외의 것이 아니라는 것, 또한 언어는 발화주체(發話主體)의 의도와는 독립하여 그 자체의 현실과 법칙을 갖고 있다는 것을 우리에게 자각시킨다.

이들 2언어(對象言語와 메타언어)의 구조의 교제(交際)에서의 의미의 창출이 비평의 임무이고 그곳에서 '우리는 「우리의 시대의 이해가능성」(바르트)이 명확해지는 것이다'라는 발언이 있음을 기억할 일이다.

❸ 뉴크리티시즘

1. 미국의 뉴크리티시즘과 테크닉

미국의 뉴크리티시즘(new criticism, 신비평)은 정치적인 의미라든가 전기적(傳記的)인 방법을 제외하고 작품만을, 언어만의 내재적인 비평만을 강조한다. 그러나 이들은 소수파에 지나지 않는다.

뉴크리티시즘은 50년대의 맛카시즘(MaCarthyism)과 연계되고 있다. 맛카시즘은 1950년 – 54년경에 행해진 미국 상원의원 맛카시를 중심으로 한 공산주의자에의 탄압이다. 그 대상은 정계로부터 언론·사상·예능계에까지 파급되었다.

신비평가들(new critics)은 문학작품에서 정확성과 구조적 견고성을 추구한다. 그들은 문체와 아이러니 쪽으로 기울어진 어조(tone)를 따르기를 좋아했고 그 작품의 분석을 위해 어떠한 다른 작품 속에라도 파고 들 것을 주장했다. 또한 이들은 문학교사들이 문학작품 자체의 외부의 요인들, 즉 작가의 생애, 그 작가의 시대의 역사나 문학작품의 사회적 정치적 의미 등에 관한 관심에서 벗어나기를 요구했다.

간단히 말해서 신비평가들은 교사, 학생, 비평가들과 독자들의 주의를 작품이라는 본질적인 사상(事象)에로만 돌리게 했다.

신비평연구자들은 그들의 비평이론과 기법을 돋보이는 일련의 대학문학 교제를 통해 발전시켰다. 대학학년도 기간의 월간물인 「해설자」(*The Explicator*)는 1942년 이래 무척 다양한 문학

작품에 관한 간략한 해설서를 수백 권 간행하였으며 오늘날까지도 대부분의 신망 있는 월간지와 계간지에 신비평의 계속된 영향을 보여주는 논문들을 게재하고 있다.

2. 신비평의 해체

폴 드 만(Paul de Man, 1919－83)은 미국의 소위 신비평으로 알려져 있는 미국 비평의 원리에 논쟁의 바람을 일으켰다. 신비평에서 주장하는 형식(形式)과 의도(意圖)에 反해서다. 그렇다고 그가 신비평의 방법을 반대하는 입장은 아니었다.

만은 신비평에서 주장하는 「읽기」에 비판을 가하였는데 그는 신비평의 방법에서 텍스트를 중시하고 텍스트를 철저하게 세밀하게 읽고 「해석」(解釋)을 끌어내려고 하는 원리에는 찬성을 했다. 오히려 신비평에서 제안하는 텍스트의 자립성(自立性)과 그것을 정독(精讀)함으로서의 해석이라는 방법은 사회주의 비평이나 종교적 해석학 비평에 전념하고 있던 당시의 유럽비평에 크나큰 충격을 주어 마치 새로운 통찰이 되었던 점은 인정했다.

만이 공격하는 점은 미국의 신비평이 그 발단과 성숙에 이르기까지 거의 유럽의 해석학이나 그 외의 비평방법과 접속을 하지 않고 행해져 독선적이 된 결과를 가져온 점을 향해서다. 그리고 그로 해서 야기된 내적(內的)이나 외적(外的) 면에 관해서도 의문을 던지지 않은 점에 대한 공격이다. 예를 들면 만은 신비평에서 주장하는 텍스트의 「자립성」과 그것에로 이끄는 외적인 의도를 배제한다고 하는 원리까지에도 의문을 제시할 수 있다고 주장했다.

만의 비판은 신비평가들은 텍스트의 자립성을 주장함에 있어 '그것을 시인의 심중에서 울어난 「자연의 것」, 즉 돌(石)과 같은 것으로 생각하여 결코 텍스트를 「의도적(意圖的)인 것」 — 예를 들어 「의자」 — 이라고 생각하지 않으려 한다'에 있다.

덧붙여 말하면, 만은 텍스트를 「구조물」(構造物)로 생각한다. 구조물은 그 구성요소가 있고 작가는 어떤 「의도」(意圖)를 지니면서 요소(要素)를 짜 맞춰 나간다는 것이다. 말하자면 시라든가 소설이라든가의 문학적 텍스트는 결코 「자연의 것」으로서의 「돌」과 같은 존재는 아니라는 주장이다.

원래 신비평은 1930년대에 북부를 중심으로 하는 좌익세력(左翼勢力)의 소위 사회파(社會派)의 문예비평에 대항하여 남부의 시인・학자들에 의해 생겨난 것이다. 때문에 그들이 텍스트의 자립을 주장하고 의도의 배제를 주장하는 것은 당연했다. 예를 들면 문학텍스트에 정치, 사회, 역사 등이 끼어드는 것을 극도로 꺼렸다.

이에 관해서 만은 신비평가들의 주장의 원리가 되고 있는 '시의 자립성과 시의 순수성, 그리고 그 순수성을 그대로 평가하자는 주장으로 하여 시가 구조물 — 만들어진 것 — 이라는 점을 근본적인 개념에서 벗어나 있다고 보는 것이다.

즉 만은 '「의자」를 만드는 행위에는 이미 「앉을 수 있는 것」을 만든다는 의도가 들어있는 것이어서 그것을 만드는 제작자가 어떻게 순수하게 만들려했든가 아니든가 어떻든 간에 의도가 존재해 있다. 시이든 의자이든 만들어진 것은 「자연의 것」과는 달리 반드시 「구조상」의 의도가 함께하고 있다'고 주장한다.

텍스트가 만이 주장하는 것처럼 구조물이라고 본다면, 그곳에는 끊임없이 인공적(人工的)인 것이 개재했음을 인정하지 않을 수 없게 된다. 다시 말해서 언어 자체의 허구성(虛構性), 바꾸어 말해서 언어도 또한 하나의 구조물이라는 생각이 당연한 것으로 받아들여지게 되면 문학텍스트도 또한 「인공적」인 것이고 그로해서 「의도」는 배제될 수 없는 것이 된다.

만은 문학작품을 「인공적」인 것, 즉 구조물이라는 점을 큰 전제로 하고 있다는 것을 알 수 있다. 예를 들면, 같은 「총」이라도 포수의 손으로 만들어진 총은 실용(實用)의 도구(道具)일지도 모르지만 경기자(競技者)의 손으로 만들어진 총은 실용이 아닌 「완구」(玩具)다. 같은 것이라도 완구로서의 총의 존재를 인정하지 않을 이유가 없다. 문학이라는 것은 이와 같은 완구라고 생각하면 족하다.

그래서 만이 신비평가들을 향해 주장하는 것은 바로 「신비평」의 그와 같은 고집스런 자세, 맹점이 있으면서도 지나치게 권위적이 되었던 방법론(方法論)의 상위함에 있다. 그와 같은 상위함을 내포하고 있어 「신비평」은 진정한 의미에서 중요한 업적을 결국은 생성시키지 못했다고 그는 결론을 내린다. 만은 신비평을 「아메리칸 포말리즘」이라고도 칭했다.

하지만 만은 신비평가들에게서 크나큰 통찰을 얻었다고 토로한다. 신비평가들의 방법에 의한 '「텍스트 해석과 정독법」의 덕택으로 문학표현의 세부(細部)와 뉴앙스를 포착하면서 무척 고급의 세련된 기술(技術)이 완성되었다'고 긍정적인 입장을 표명하고, 또한 만은 신비평가들이 텍스트를 몇 개인가의 「형식」(形式)의 집합체로 보고, 더구나 구성요소를 개별적으로 취하기도 하고 나누든지 해서는 안 되는 정돈된 것으로 생각하여 문맥(文脈)으로서 해석한다고 하는 개념을 확립한 일에 공감을 표했다.

만은 어디까지나 하나의 「읽는 자」가 되려는 입장이었으므로 신비평이 비평의 방법을 규정하여 텍스트의 읽기 방법을 한정하는 지도적인 원칙을 만들어내려는 점에 관해서의 반발인 것뿐이다. 다시 말해서 만은 「작가－텍스트－독자」라고 하는 3자의 도식을 좀 더 분방하게 자유롭게 생각하고 있어 「작가－텍스트」의 관계에서 텍스트의 자립을 지나치게 희구함으로서 작가의 텍스트 구성에 관계되는 의도를 배제하는 면에 관한 반발이었다. 마찬가지로 「텍스트－독자」의 관계도 어떤 원칙에 입각하여 독자의 「읽기」에 규정된 틀을 세울 필요는 없다는 것이다. 이 양자(兩者)의 관계의 외측에 서있는 소위 「비평가」의 「읽기」가 「독자」에게 시사를 주어 「읽기」의 방향을 규정한 것에 관한 저항을 느끼고 있는 것에 지나지 않는다. 예컨대 만은 문학작품으로서의 텍스트는 그 다양성(多樣性), 허구성을 포괄하고 있어 그 「읽기」 또한 그와 대응할 수 있도록 자유롭지 않으면 안 된다는 생각이다.

간단히 말해서 만의 관점으로는 미국의 신비평의 원리는 앞서의 3자의 관계를 지나치게 한정하고 있다는 것이다.

어떻든 확실히 신비평이 주장한 텍스트의 「자립성」이라는 신화는 60년대 이후 급속히 붕괴되어 나갔다.

3. 형식주의 비평에서의 형식

■ 신비평과 관계되는 형식주의 비평

플라톤에서 헨리 제임스(1843–1916)에 이르기까지의 선배들이 있었지만 문학에서 조직적이고 방법론적인 형식주의 비평 방법은 1930년대에 신비평(new criticism)의 흥륭기와 대체로 관련된다.

형식주의 비평가는 외적인 형식에 정당성을 주며 관심을 보인다. 즉 실상 '외적 형식이 작품의 전체적 형식과 관련되고 연과 운율의 유형이 내적인 관련성, 반향(reverberations), 패턴, 체계와 불가결한 경우'에만 관심을 보인다. 형식주의 분석의 과정은 그 작품의 전반적인 형식과 관련하여 작품에 있어 모든 것이 설명되어질 때에만 완전하다.

브룩스(C. Brooks)와 워렌(R. P. Warren)은 「시의 이해」(*Understanding Poetry*)에서

> 형식의 성분으로서 리듬과 이미저리(心象)와 더불어 관념(idea)을 포함한다. 즉 「시의 형식이란 전체의 효과를 나타내기 위한 소재의 조직화이다.」[1)]

과거의 체계상으로는 형식은 흔히 우리가 외적형식(external form)이라고 말하는 것을 칭한다.

소네트(sonnet, 4행시)를 예로 들면, 시를 운율의 한 관례적 유형인 양강격, 5운각 14행시로 동일화하고 두 부분으로 관례적인

---

1) New York: Holt, Rinehart and Winston. 1960, p. 554

구분을 짓고 있다. 엄격한 정형시(定型詩)다. 소넷을 중세 이태리에서 확립된 규칙에 의하면 반드시 14행의 시(詩)로 성립되고, 최초의 부분은 두개의 4행시, 다음은 2개의 3행시가 되어야 한다.

형식만이 실체를 포착하고 지탱하고 지속한다. 형식만이 무미건조하고 미지근한 무익한 요설의 혼란에서 실체를 건져낸다. 작품이 「유기적 형식」(organic form)을 성취했을 경우에 온갖 것은 중요한 것이 된다.

예술가가 그의 테크닉(기술)을 지닐 때에 작품 속의 어떠한 것도 쓸데없는 것이 될 수 없고 형식이 나타나게 될 것이다. 형식이 나타날 적에 소설작품의 온갖 상이한 국면, 즉 배경, 주제, 장면과 서사(敍事), 이미지, 상상의 상황의존과 유사가 이야기 된다.

예컨대 그 작품의 형식과 효과를 이름 짓고 정의하고자 노력하는 가운데서는 그 작품의 모든 양상들을 설명하는 것에 강조점이 주어진다.

현대, 즉 형식주의 비평은 '내용(內容)에 관해서 말한다는 것은 예술(藝術)에 관해 말하는 것이 아니다'라고 설명한다. 비평가로서 말한다는 것은 '하나의 예술품으로서의 예술작품, 즉 성취된 내용(achieved content), 다름 아닌 형식에 관해서 말한 것뿐'이라고 설명한다.

> 내용 즉 경험과 성취된 내용(achieved content) 즉 예술과의 차이는 기교이다.

기법(technique)이라고 하는 것은 작가가 주제(subject)를 발

> 견하고 계발하고 발전시키는 데 있어서, 또 주제의 의미를 전달하고 마침내 그 가치를 평가함에 있어 유일한 수단이 되는 것이다.[2]

라고 말한다.

형식에 관한 이와 같은 개념은 문학작품(그 문제에 있어서의 여타 예술의 형태)을 죽은 사물이 아니라 살아있는 유기체로 발전시킨 유추에 역점을 두고 있다. 다시 말해서 이미지나 감정과 함께해서만 시작된다고 본다. 작가의 상상력은 작품이 성숙할 때에 그 출발점(헨리 제임스가 예술가의 몰아의 능력이라고 일컫는 것)과 밀접한 관련이 있거나 또는 유기성을 띤 상상력에 의해서 유효하게 된 모든 구성요소를 공급해 준다고 본다. 작가의 창조적인 상상력은 작품을 연의 패턴과 이미저리나 심벌의 조직, 일련의 사건(플롯)이나 감각 즉 감정(서정시)으로 형성된다고 본다.

하지만 철저한 독해는 원문의 어휘들에 관한 감도(感度)와 그 어휘들의 외면적이고 내포적인 가치와 의미에서 시작된다는 점을 상기해야한다.

사전을 찾는 일에서 복합적인 의미와 어휘의 어원까지도 숙지하는 일은 그 작품이 무엇을 표현하느냐에 관한 의미심장한 안내도를 제공한다는 점을 잊어서는 안 된다.

낱말들의 의미와 어원에 관한 확장된 지식을 가져야 하고 말들의 의미와 역사적 변화의 상세한 내용과 사례들을 찾아내야 한다.

---

2) 「기법의 발견 Technique as Discovery」, Hudson Review, 1 [1948. 봄호], 67쪽.

예를 들어 보면, 셰익스피어의 겨울에 관한 시가(詩歌)에서 「기름기 흐르는 조안이 냄비를 식히는 동안에」(While greasy Joan doth keel the pot)에서의 keel이 더껑이를 걷어냄으로서 식힌다는 것을 의미함을 모르고서는 이 시가의 구체적인 이미저리를 상실하게 된다는 점을 독자는 알고 있다.

더욱이 독자는 신화, 역사와 문학상의 인유에도 주의를 깊게 해야 한다. 예를 들어 엘리어트의 「황무지」(*The Waste Land*)와 이즈라 파운드의 「칸토스」(*Cantos*), 제임스 조이스의 「율리시즈」(*Ulysses*)는 그 작품들 안에 많은 풍부한 인유를 이해하지 못하고서는 거의 이해가 불가능하다.

문학원문에서 개개 낱말들에 숙달한 다음에는 독자는 말들의 구조와 패턴, 상호관련성을 살펴본다. 그리고 톤(말들의 선택, 말투, 작품내용과 태도)의 관련성, 체계(은유, 상징, 신화, 이미지, 인유 등과 관련된)의 상호관련성을 파악하여야 한다. 이와 같은 내재관련성이 점차로 모든 종속적인 패턴이 조절되고 설명될 수 있는 어떤 형식(form), 즉 어떤 원리를 드러낸다는 점이다.

내적인 논리(internal logic)가 이뤄졌을 때 독자는 그 작품의 종합적인 형식의 확인에 무척 근접해지게 된다.

엘리어트의 「황무지」에서는 테에베의 예언자 티레시아스(Tiresias)라는 등장인물의 존재를 시종일관 상기해야 한다. 이 시에서는 다른 등장인물들은 그로 인해서 존재 의의를 획득한다. 테레시아스는 작품 속의 각 에피소드나 상황들에 관해 반어적(反語的)으로 배치된 관찰자로 참여한 해설자인 것이다. 고대와 현대 세계에서 이끌어낸 다수의 단편적인 경험이 뒤엉킨 요소들(이것들은 두루 티레시아스와 연관된다)을 알아차렸을 적에 이 시의 형식이 명백하게 드러난다.

2장

소설의
테마와 테크닉

一. 테마

❶ 테마와 작가

1. 테마(主題)의 파악

작품의 테마(英, theme. 희랍어, thema)는 그 작품을 창작한 작가의 사상과 떼어낼 수 없는 관계에 있다. 문학작품의 테마는 '그 작품이 표현하려는 사상 · 행위 · 정경(情景) 등이고 작품이 여기에 수험해가는 통일점이다'라고 정의 할 수 있다. 문학작품에서 테마란 것은 작품의 중심 사상, 또는 작가가 작품 속에 집중시킨 사상이란 것이어서 이를 취하지 않으면 안 된다. 테마는 작가의 묘사의 대상이고 한편 쓰여진 것을 작가가 어떻게 평가하고 있는지, 그리고 작품 안에 그려진 것은 작가가 무엇을 이야기 하려 하였든가 등은 사상이기 때문이다.

즉 작가가 쓰려는 의지의 지향(志向)과 발상, 이 두 가지는 대단히 중요하다. 기술적(技術的), 형식적(形式的)인 것은 그 다음의 일이다. 왜냐하면, 이후에 오는 문장의 형식이라는 것은 작가의 생각하는 일을 실감적(實感的) 문장, 내면의 충실이 전해지는 것 같은 문장, 다시금 표현 이전의 사고까지가 전해지는 것

같은 등등의 언어의 문장이라고 생각되기 때문이다.

작품이 작품이기 위해서는 전자(前者, 사상, 테마)가 우선이지만 그렇다고 후자(後者, 기술적 형식적)를 무시하거나 방기해도 좋다는 뜻은 아니다.

작품이 작가로부터 자립해 있기는 해도 완전히 분리해 있을 수는 없기 때문이다. 그러나 전자를 후자가 손상시켜서는 안 된다.

이렇게 볼 적에 테마는 작가에 의해 작품 안에 제출되어 일정(一定)의 자료(資料)에 근저 하여 조명된 문제라고 말 할 수 있다. 완전히 같은 생활현상이라 하여도 작가의 사상, 세계관에 따라 조명의 방법이 달라진다.

테마와 사상은 작품의 통일적인 사상적 주관적 기초를 형성한다. 예를 들면 체호프의 희곡 『세 자매』의 테마는 1905년의 러시아혁명 사건 전야의 제정(帝政) 러시아의 지방의 작은 도시의 인텔리겐챠(지식계급)의 생활이다. 『세 자매』는 포병사단이 진주하고 있는 지방의 작은 도시를 무대로 하면서 그 곳의 사단장인 유명을 달리한 장군의 딸 3인을 중심으로 그곳에 집중된 군인들의 생활을 그려낸다. 지방생활의 어쩔 도리 없는 무기력(無氣力), 그 무기력에서 발생하는 속물성, 그 때문에 신선한 과실같은 청순함조차도 부패(腐敗) 될 수밖에 없음을 그려낸다. 즉 그들의 음산한 현실을 그려냈다.

체호프의 복잡한 기분과 사고가 응축된 간결한 세리후로 새로운 문체를 형성하고 있다. 톨스토이가 체호프의 언어나 문체의 새로움을 말하면서 격찬한 것은 이 때문이다.

러시아의 최고의 작가로 알려져 있는 톨스토이(1828－1910)의

『안나 카레니나』의 테마는 당시의 제정 러시아 귀족의 생활의 모순, 퇴폐, 무모한 소비적 생활, 그 비인간적 생활현실이다. 또한 톨스토이의 『전쟁과 평화』의 테마는 나폴레옹(1769 - 1821) 황제의 (나폴레옹)전쟁에서의 그의 영웅성과 관계가 깊다. 나폴레옹의 러시아 침공은 러시아의 표테르대제(大帝) 이래 제1의, 유일의 전세계사적인 러시아의 사건이었기 때문이다.

나폴레옹은 프랑스혁명에 포병사관으로 참가하여 이집트 원정후인 1799년 쿠데타를 일으켜 집정정부(執政政府)를 세운 후 1804년 황제에 즉위했다. 나폴레옹 전쟁을 수행하여 유럽의 태반을 제압하고 대륙봉쇄령을 내리고 영국과 대결하다가 러시아 침공에서 실패한 전패(戰敗)는 유명하다. 황제즉위에서 퇴위(1814년)하여 엘바섬에 유배되었다가 다시 재기하였으나 영국과의 워털루전쟁에서 패하여 몰락했다. 나폴레옹은 말했다. "짐은 지상(地上)과 마찬가지로 해상(海上)도 통합하여 동방(東方) 및 서방(西方)을 지배하기를 바란다.[3] 나폴레옹의 대체적인 전쟁의 의의는 전세계적 군주제(君主制)를 확립하여 새로운, 의식적인 장엄한 형식으로서의 고대 로마문화를 재생하는 것이었다. 나폴레옹은 다시 말한다." "현세계의 방책으로 황제는 종교계까지도 짐의 권력 안에, 법왕(法王)도 휘하에 넣어 양심까지도 짐의 권력 안에 넣을 것이다." "파리는 기독교세계의 수도가 되고 마찬가지로 짐은 정치계와 한가지로 종교계도 지배할 것이다."[4] 나폴레옹은 계속해서 말했다. "법왕은 파리로 올 것이다. 왜냐하면 기독교세계의 수도로 정치상의 주권자와 병

---

3) メレヂユコフスキ－, 三宅賢譯, 『宗教家としてのトルストイとドストエフスキ』, 淸教社, 1934. 52쪽.

4) メレヂユコフスキ－, 三宅賢譯, 상게서, 52쪽.

행하는 장소가 아닌 곳 어느 장소에 기독교교회의 주권자가 있을 곳이 있겠는가?"[5] 나폴레옹은 반(反)기독교도였다. 나폴레옹은 말한다. "짐은 종교를 창조하려 하고 있었다."[6]

예컨대 환상으로 그치기는 했으나 나폴레옹은 '인간의 최후의 번뇌라 할 수 있는 전세계통합(全世界統合)의 요구'의 신비성의 측면을 향해 계속적으로 근접해 가고 있었던 것으로 볼 수 있다.

나폴레옹의 타격이 러시아의 혼을 일깨웠다. 그리고 이 어마어마한 타격의 반응으로 나타난 것이 단지 1812년의 위대한 전세계사적인 사건으로 그치는 것만이 아니라 위대한 전세계사적 관조(觀照), 즉 프쉬킨에서 톨스토이에 이르는 러시아 문학이었다. 즉 1812년 이후 이들 문학에 나타나는 나폴레옹의 형상이야말로 러시아문학이 전세계적인 의의를 결정적으로 지니게 하였다.

나폴레옹 심중의 서유럽문화가 러시아국민 면전에 대두된 문제에 관해 러시아에서는 두 가지 양상으로 답했다.

즉 톨스토이의 『전쟁과 평화』 속의 역사적인, 현실적인 모습으로서의 나폴레옹, 그리고 토스토 에프스키의 『죄와 벌』 속의 선악(善惡)에 대한 영웅과의 관계에 있어 도덕적인 결정체로서의, 또한 심리적 연구의 대상으로서 나폴레옹이 대두하고 있는 것이다.

톨스토이는 『전쟁과 평화』에서 심각한 국민적 정신에 충실한 감각은 당대 러시아의 예술가에게 가장 위대한 문제로서

---

5) メレヂユコフスキ－, 三宅賢譯, 上同.

6) メレヂユコフスキ－, 三宅賢譯, 상게서, 58쪽.

나폴레옹과 러시아와의 투쟁을 그려내고자 했다.

그려내고자 한 비극 속에는 둘의 중요한 양자, 서로 격투하는 적대자, 즉 나폴레옹과 러시아가 있었다. 그래서 이 양자의 등장의 완전한 관조로부터에서 만이 그 비극적 연출(演出)의 완전한 관조가 가능했다. 즉 타격의 힘에 의해서만 저항의 힘이 판단될 수 있었다. 나폴레옹의 위대함에 의해 러시아의 위대함이 판단되는 일이었다. 한 편이 없이는 다른 한편의 이해도 그려내는 일도 그려낼 수 없었던 것이다.

생활을 그 여러 제현상과 함께 올바로 반영한 예술 작품에서는 제1의 테마를 포착함과 동시에 이 제1테마와 함께 기본적 통일적인 사상적, 예술적 총체의 형을 만들고 있는 종속(從屬) 테마를 포착할 필요가 있다.

2. 작품을 읽는다는 것

<읽는 것>이란 어떠한 것인가? 언어예술은 하나하나의 언어를 연쇄시키는 것으로 그 명맥을 유지하는 것이다. 말하자면 언어의 연쇄의 배후에는 작품이 내포하고 있는 「기도」(企圖)가 있다. 그 배후에 위탁되고 있는 「기도」에 진지하게 귀를 기울이는 것이 <읽는 것>이다. 그 기도의 총체(總體)로부터 수렴(收斂)되어진 것이 테마라고 하는 것이 된다.

문학작품은 말할 것도 없이 언어(言語)로 구축된 하나의 소세계(小世界)이다. 문학작품의 독자는 그 소세계에 전개해 있는 중심사상을 <읽는> 것이다. 주제의 파악이란 것은 그 중심사상

을 읽어 내는 것이다.

문장을 읽는다는 것은 표현을 읽는다는 것이다. 그래서 문장을 문장으로서 어디까지나 유기적인 전체로서 읽는 것이다.

각기의 문장은 발상(發想)을 뿌리로 하여 전체를 통일시키는 주제, 주제를 전개하는 구상, 구상을 뒷받침하는 서술로 되어 있다.

테마를 파악한다는 것은, 작품을 <읽는 것>은 언어의 연쇄에 위탁되어진 「기도」를 진지하게 파악해내는 일이다.

작품은 그 처음에 작가가 언어의 연쇄로 창조시킨 것이 그 출발점일 것이다. 그렇다면 작가의 언어의 연쇄에 위탁된 총체의 끝에 그 작품의 주제가 구축되어 있는 것이 된다. 그러나 작품은 그 소세계가 성립되었을 때 일단은 작가로부터 자립한다. 자립해 있는 지평(地平)으로부터 작품은 읽힌다.

독자가 취득한 테마는 반드시 작가의 「기도」의 총체와 중첩된다고는 할 수 없다. 오히려 그것은 결락일 수 있다. 결과로서 중첩될 수도 있고 극언하면 역방향일 수 있는 가능성도 있다.

즉 문학작품의 테마를 파악한다는 것은 작가가 위탁한 테마와 그곳에서부터 가장 근접하지 않은 별개의 지평의 그 두 점에 끼어 있는 것일 수 있다.

작품의 읽기는 강요되어지는 것은 아니다. 독자가 그 두 점에 어느 지점을 취득하는가는 독자의 선택에 달려 있다.

3. 에큐리츄르

에큐리츄르(écriture)는 쓰는 행위로서의 문장행위나 문자행위 등을 의미하는 프랑스어이다. 로랑 바르트(Barthes, Roiand)는 작가의 문장에 나타나는 독특한 어법(語法, 언어 사용법)을 스타일(文體)이라고 하고 이에 반하여 같은 직종의 사람들이 공유(共有)하고 있는 어법을 에큐리츄르라고 했다. 예를 들면 법률문(法律文)에는 법률문의 어법이 있고 소설에는 소설의 어법이 있다는 것이다. 바르트가 말하는 에큐리츄르란 이러한 어법을 지칭한다.

발상의 중요성을 주장하여 「발상이라는 것은 작가가 대상을 그려내려 하면서 그 작가에게 특별하게 겸비된 시고력·감지력(感知力)을 지니고 그 대상에 근접해 갈 적에 그 대상 속으로 들어가 그 내용을 들어내기 위해 그 단서를 발견하면서 동시에 그 전체의 구상을 얻는 일」이라는 설명이 있다. 여기에서 발상과 더불어 발상력이라는 생각을 표하게 되는 이유가 생긴다. 발상은 문장을 쓰는 일의 뿌리(근본)이고 발상력은 발상에서 발(發)하는 에네르기라고 말해도 좋을 것이다.

다시 말해서 「대상을 쓰겠다」라고 할 적에 그 무엇(何)(주제, 要旨)은 정해져 있고 발단을 발견한다는 것은 즉 「착상」(着想)이다. 이후 「구상」을 거쳐 기술이 구체적으로 행해지는데 이는 간단히 말해서 정신과 육체의 협동작업이다.

발상과 발상력은 고정적인 것이 아니고 항상 유동적이고 유기적으로 각 단계에 기능한다. 이 발상과 발상력의 관계와 기능은 기본적으로 장르의 구별 없이 임해지는 것이 아니다. 오히려 개인의 문제이고 각 개인의 인격이나 사상이나 지향성(志

向性)에 따르는 상위라고 생각하면 옳을 것이다.

■ 발상 · 발상력

현재 발상이라는 어휘는 매우 일반적이 되고 있다. 즉 착상(着想)이나 구상(構想)을 이끄는 것이라는 정의이다. 예컨대 「어떤 사고 · 사상 등을 문장 · 詩歌로 표현하는 것」 등의 이해를 근저로 하여 기술론(技術論)에 경도되어 있다. 그래서 분석적, 형식적(形式的)이 되어 있기 때문에 가장 중요한 전체(全體)와 글쓰기의 정신이 안 보이는 결과를 낳고 있어 발상은 발상 본래의 힘이 저하되는 양상을 띠고 있다.

발상 그 본래의 의미를 재고한다면 쓰는 행위(文章行爲 · 작품행위), 표현한다는 것은 전인적(全人的) 행위이고 쓰여 진 것(文字言語) 그 표현 자체를 그 사람의 생(生)의 연소의 상징이라고 주장하여 그 쓰는 것이라는 행위 전체를 발상이라고 보는 견해가 대두한다. 이는 구조주의(構造主義) 등에서 말하는 「쓰는 행위」(에큐리츄르)와 거의 동의이다.

❷ 내용과 형식

1. 내용은 형식으로 나타난다

문학작품에 있어 내용은 그곳에 비추어 드러나 있는 생활, 즉 작품의 테마를 결정하는 생활현상을 일컫는다. 이들 생활현상은 작가에 의해 일정의 견지로 인식되어 그려진다. 그리고 일정의 견해가 이번에는 작품의 사상을 결정한다.

작품의 내용을 결정하는 이 사상적 = 주관적인 기초는 작가가 그려낸 생활정경, 즉 등장인물의 행동과 체험, 그들의 성격 안에 표시된다.

이와 같이 작중 등장인물들은 작품의 줄거리를 따라 전개되는 사건의 참가자로서 일정의 생활상황에 근저 하여 그려진다. 작품 안에서 어떠한 상황이나 성격을 그려내는가에 따라 등장인물의 말과 작가의 말, 즉 작품의 말이 결정된다.

따라서 내용은 작가가 어떠한 생활정경이나 등장인물이나 줄거리가 되는 사건을 선택하여 다시금 어떻게 구성과 말, 즉 형식을 선택하여 그것을 그려내는 가를 결정하는 원인이다. 이 형식(形式)에 따라 — 생활정경과 구성과 줄거리 말의 의해 — 내용은 그 다양한 모습을 세세하게 나타내는 것이다.

이와 같이 작품의 형식은 그 내용에 의해 결정되는 것으로 결코 그 안에서 벗어날 수가 없다. 또한 역으로 말하면 작품의 내용은 일정의 형식을 가지고 비로소 나타난다.

작가가 문학적 형식을 자유자재로 사용하게 되면 할수록, 생활을 좀 더 완전하게 그려내면 그려낼수록 작품의 사상적 =

주제적 기초는 점점 더 깊이 있고 바르게 표하게 되어 작가는 형식과 내용의 통일로 근접하게 된다. 내용과 형식의 통일은 작품이 예술적(=예술성)이기 위한 불가결의 조건이다.

1) 서두의 중요성

문장에서 항상 야기되는 것은 「내용과 형식」이다. 그 관계를 모두 명확히 하는 일은 어려운 일이다. 독자는 「형식」으로부터 문장에 들어갈 수밖에 없다. 서술의 형식을 먼저 살펴보게 된다.

■ 문장의 서두

문장의 서두는 문장의 출발점인 동시에 독자에게 어느 인상을 주는 결정적인 인상을 부여하기 때문에 무척 주목되는 부분이다. 걸작으로 일컬어지는 작품의 서두는 대체로 짧고 강한 인상을 주고 있는 것이 이를 말해준다.

글의 첫머리, 서두(序頭)는 소설에서 어려운 것으로 알려져 있다. 특히 단편소설의 경우에는 서두만 정해져도 그 한편이 완성되었다고 할 정도라고 말해진다.

주제라고 하기보다는 「주제라고 할 만한 것」을 창출해내기 위해 작가와 고심하는 것이다. 그리고 그것은 이미 서두의 문장 안에 포함되어 있는 경우가 많아 서두의 문장을 고심하는 것도 한편의 주제를 포착하는 어려움은 같은 것이라고 해도 과언이 아니다.

다음과 같은 문장의 서두는 상당히 어필해오는 점이 있다.

> — 나는 가난하다. 그러나 다른 사람들이 갖고 있는 것을 하나만은 나도 갖고 있다. 그것은 생일날이다 — 라고 하는 시(詩)가 서양에 있었다.

생일날에 관해 이러한 서두로 시작되는 작품이 있다면 독자에게 주는 인상은 강렬할 뿐 만 아니라 그 작품의 테마까지도 어느 정도 추출이 가능해지는 정도에까지 이른다.

> 싸움, 간통, 살인, 도둑, 구걸, 징역, 이 세상의 모든 비극과 활극의 근원지인 칠성문 밖 빈민굴로 오기 전까지는 복녀의 부처는 (사농공상의 제2위에 드는) 농민이었다. 복녀는, 원래 가난은 하나마 정직한 농가에서 규칙있게 자라난 처녀였었다.
>
> (「감자」의 서두)

「감자」의 작가 김동인은 우리나라 단편소설계에서 독보적인 위치를 차지하는 대표작가다. 「감자」의 서두를 보면, 평양성 밖 빈민굴이 어떠한 곳인지가 곧바로 가늠되고 그러한 곳을 배경으로 등장하는 여주인공 '복녀'의 인물상도 대체적으로 추출될 수 있다. '복녀'의 '운명형상(運命形象)의 줄거리가 예견된다.

왜정기의 우리나라의 끝을 알 수 없는 서민의 가난의 형태를 하나의 예로 들어 작품을 쓴다고 하면 아마도 그 서두는 다음과 같은 것이 될 것이다.

> 여자들의 대부분은 거의 벗고 있는 것 같았다. 겨우 허리에 다 헤어진 걸레조각 같은 몽당치마를 걸치고 있을 뿐이다. 천장이 얕은 컴컴한 탄광굴에서 4명이 한 패가 되어 2백킬로그램의 석탄을 실은 궤짝을 옮기려고 안간힘을 쓰고 있다.

가장 험하고 위험하고 위생시설이라는 말조차 사치일 수 있는 탄광에까지 남자들 대신 여자들이 나가서 일하고 있는 정경이다. 당시의 우리민족의 생존의 밑바닥이 어떠한 지경에까지 가있었는지가 역력하게 상상될 수 있다.

2) 작품 구조

작품구조의 총체는 무엇보다도 먼저 제목(타이틀)에서 명시내지 암시되어 있다고 보아야 한다. 그것을 먼저 확인하며 염두에 두어야 하고 또한 각 장의 장의 제목이 있으면 이를 타이틀과 연결지어 생각하는 것이 작품의 구조의 큰 틀을 볼 수 있게 된다고 본다.

다음에는 작품의 서두에 주목하여야 한다. 작품의 엔딩(끝마무리)과의 조응에 눈을 돌리게 한다. 모든 작품은 '화자'에 의해 이야기되어 나간다.

화자가 주인공인 경우, 즉 1인칭 경우는 별개로 하고 일반적인 경우는 '화자'가 무인칭인 경우가 많다. 이러한 경우 화자가 어떤 작중인물에 가까이 다가들고 있는가, 또는 일체화하여 이야기하고 있는 가를 주의하게 된다. 이런 경우 화자가 반드시 1사람의 인물에만 다가가고 있는 것이 아니므로 이런 경우는 주의를 요하게 된다. 즉 카메라 눈에 가까운 '화자'도 존재하고 한편으로는 전지전능에 가까운 화자도 등장하기 때문이다.

화자의 존재와 정보량 또는 그 화자의 방향, 방법, 힘 또는 이야기하는 동기 등을 추출할 수 있으면 작품 구조는 무척 명료한 形을 띠며 떠오르게 된다.

물론 다음에는 화자가 어떤 드라마를 이야기하여 나가는 가에 주목하는 것이 중요하다. 이 드라마가 어떤 시공에서 어떤 인물들에 의해 생성되어 가는 가를 파악하는 것이 중요하다. 화자와 일체화하면서 드라마를 생성해나가게 된다. 이런 경우 특히 인물들이 존재하는 시공(時空)에 주목하게 된다. 그것이 특정의 시공인가 어떤가가 중요한 경우가 무척 많기 때문이다. 시간이 어떻게 흘러가고 있는지가 주목된다. 다시 말해서 화자가 드라마를 어떻게 이야기하고 있는 가가 문제다.

인물들의 관계는 물론이지만 이러한 점에 주목하며 읽어나가면 자연히 작품구조가 명백하게 드러난다. 이런 것들은 제목과 장제(章題)를 조응시킬 때 작품은 구조가 무척 잘 떠오르게 된다.

2. 작가의 개성

작가가 소설을 창작할 때에 그 기교의 정교함 만에 부심하지는 않는다. 인간성의 근본적 진리를 직관하여 통찰하는 일에 익숙하도록 자신의 생활을 조정해 나가는 일이 가장 중요시된다.

기교의 수련 등은 책을 읽는 것으로도 가능하다. 습작을 여러번 되풀이 하는 것으로도 가능하다. 명작가가 이루어 놓은 것을 신중하게 음미하는 것으로도 가능하다. 그리고 이름 높은 비평가의 언의(言議)로도 습득되어 질 수 있다.

그러나 예지를 진보시켜 전개해 나가는 일은 그리 용이한 일은 아니다. 책에서의 암시(暗示) 등은 그다지 효과가 있는 것은 아니다. 생활에서 습득하는 일은 어느 외적인 원조에서 얻어지는 것이 아니라 생활 그 자체의 길에서 파악되고 습득하지 않으면 안 된다.

예를 들어 이광수의 『무명』이라든가 김동인의 『태형』을 예로 들어 생각해 보아도 이런 특출한 단편이 어떠한 수법으로 쓰여졌는가를 아는 것은 그다지 문제가 되지 않는다. 그러나 인간 생활에 관한 총명한 통찰을 하고 있다는 점에서는 일종의 경이를 느끼게 하기에 충분하다.

모파상는 『페-르와 쟝』의 서문에서 다음과 같이 밝혔다. 비평가가 작가에게 요망하고자 하는 것은 「작가의 소질에 응해 자신이 가장 편리한 형식으로 美일 수 있는 어떤 것을 창작해 낸다」라고 한다. 「비평가는 지불되어진 노력의 성질(즉 작가의 의도)을 파악하는 일만에 집중하여 감정한다. 비평가는 상반하는 예술관도 평등의 흥미를 가지고 인정하여 용인하고 그 예술관의 소산인 작품을 비평하는 경우에는 그 작품의 근거가 되어지는 일반적 개념을 a priori(先天的)로 해서 용인하고 세밀히 그 예술적 가치라는 입각점에서만 비평하는 것이다. 작품이 낭만주의이든 사실주의이든 어느 문학사조에 속해 있는가는 작가의 권리로 이를 비의(非議)하는 것 같은 것은 즉 작가에게 그 소질의 변개(變改)를 강요하는 것이 된다. 작가의 개성을 몰각하여 자연이 준 눈과 이성의 사용을 작가에게 거부시키는 일이 된다. 작가가 예술가인 이상 그가 희망하는 바대로의 방법으로 요해하고 관찰하고 사유하는 자유를 허하라」이다.

❸ 제명(題名)이 표하는 테마

러 · 한 · 일 3국의 '백치'

- 비교문학적 관점에서 본 3국의 '백치'

러시아의 대표작가 토스토 에프스키(1821－1881)의 소설 『백치』의 '백치', 국문학의 대표작가 계용묵(1904－1961)의 「백치 아다다」의 '백치', 일본의 坂口安吾(사카쿠치 안고, 1906－1955)의 『백치』의 '백치'에서 볼 수 있듯이 이들 3국의 세작품은 어느 것이나 작품명이 '백치'라는 것과 주인공도 '백치'라는 공통점을 지니고 있는 것이 특징이다.

더구나 이들 『백치』는 모두 토스토 에프스키의 소설 『백치』(1868년)의 영향을 받고 있어 관계가 크다. 계용묵이 토스토 에프스키를 읽고 있었고[7] 坂口安吾도 청소년기부터 문학에 심취하여 종교와 철학에 관한 책을 탐독했는데 러시아작가를 연구하여 「토스토 에프스키와 발작크」(「ドストエプスキとバルザック」 1933년)라는 평론을〈行動>에 발표한 일이 있다. 여기서 坂口安吾가 토스토 에프스키를 무척 깊이 있게 연구하였다는 사실이 판명된다. 그래서 坂口安吾의 『백치』(白痴, 1946년)도 토스토 에프스키의 작품과 제목을 같이 하는 「백치」의 영향이 있었음이 확인된다.

또한 이들 세작품은 하나같이 제명(題名)을 키워드로 해서 테마가 파악될 수 있다는 점도 주목을 요한다.

---

7) 계용묵, 「象牙塔」 9, 우생출판사, 1955. 126쪽.

러・한・일 3국의 '백치'는 비교문학적 관점에서 살펴 볼 수 있다. 비교문학이란 어떤 것인가에 관해 다음과 같은 정의가 있다.

> 대략적으로 말하면, 국제적인 시야에 따르는 문학현상의 연구라고 정의 할 수 있는데 그것을 좀 더 명확화 시키고 학문으로서의 방법론의 확립에로 이끌어가려하면 의견이 분열하여 많은 논쟁이 발생한다.[8)]

이는 오늘날의 비교문학의 목표와 동시에 관련되는 문제가 모두 응축되어 있다고 할 수 있을 것이다. 이와 관련해서 생각하면, 먼저 비교문학의 발생은 국문학적 문학연구의 협로(狹路)를 타개할만한 것으로 생성된 것, 그 목적인 <국제적인 문학현상을 하나의 시야에 넣어 상대적으로 보는 것, 문학을 폭넓게 살아있는 이해로 이끌어가는 것>이 된다. 오늘날에도 긍정되는 견해다.

토스토 에프스키의 『백치』, 계용묵의 「백치 아다다」나 坂口安吾의 『백치』는 한가지로 '백치'가 작품명이 되어 있어 토스토 에프스키의 소설에서 제재(題材)를 차용했음이 확실하다. 그래서 3국의 문학의 창작의 동기에 공통하고 있는 무엇인가가 있다는 것을 상상시킨다. 풍토도 시대도 다른 예술가의 입장에서다.

하지만 그들 3국의 작가들의 발상이나 작품내용에 있어서는 일치하지 않는 상위점을 발견해 낼 수 있다.

---

8) <國文學> 7月號 , 第34卷8號, 38쪽.

1 토스토 에프스키의 『백치』

1. 무이쉬킨 공작

토스토 에프스키의 『백치』의 서두는 다음과 같이 시작된다.

> 11월 하순 진기하게 따뜻한 어느 날 아침 9시경 페텔스블그 바르사바 철도의 한 열차는 전속력으로 페텔스블그에 접근하고 있었다. 공기는 습하고 안개가 자욱하여 밤이 힘겹게 날을 밝혀낸 듯이 생각되었다. 기차 차창 밖은 좌우 어느 곳도 10보 밖의 물건까지도 아무 것이나 분별이 되지 않을 정도였다.
>
> – 『백치』에서

『백치』의 서두는 주인공 무이쉬퀸이라는 천치이고 무일푼인 공작이 스위스에서 러시아에 돌아오는데서 시작된다. 그리고 그 제1편은 주인공이 수도 페텔스불그에 도착한 바로 그날 곧 바로 사교계의 스캔들에 휘말리는 그 날의 일이 이야기 되고 있다.

페텔스불그에 도착하자 무이쉬킨공작은 장군의 신분으로 사업을 크게 벌이고 있는 에반친공작(장군)댁을 방문한다. 그는 그곳에서 우연히 나스타샤의 사진을 본다. 그녀는 우아하고 품위가 있었지만 기구한 자신의 운명을 증오하는 듯한 강렬한 표정을 짓고 있다.

나스타샤는 고아 출신으로 토츠키라는 지주집에서 자랐으나 토츠키는 어린 나스타샤를 줄곧 노리개로 삼고 있었다. 나스타샤가 성장하자 토츠키는 에반친공작의 딸과 결혼하는 대신 나스타샤를 에반친의 비서 가나야에게 지참금 7만5천루블을 붙여 시집보내려 하고 있었다. 비서도 그 돈을 밑천삼아 사업을 하겠다는 욕심을 갖고 있었다. 나스타샤를 둘러싼 그와 같은 복잡한 이야기를 무이쉬킨은 장군과 비서의 대화를 곁에서 듣고 알게 되었다.

무이쉬킨공작이 페텔스불그에 도착한 그날은 나스타샤의 25번째 생일날로 바로 그날 밤에 그 모든 일이 성사되기로 되어 있었다.

나스타샤는 여러 손님이 모여 있는 자리인데도 자신의 딱한 사정을 무이쉬킨에게 의논한다. 바로 그 자리에 로고진이 10만루블의 돈다발을 들고 나타나 나스타샤를 데리고 가려 했다. 무이쉬킨은 그를 가로막으며 자신이 나스타샤를 맡겠다고 했다. 무이쉬킨은 막대한 재산을 유산받기로 약속이 되어 있어 큰 소리 칠 수 있었다. 그러자 갑자기 나스타샤가 라고진의 돈다발을 난로에 던지더니 가나야에게 줏으라고 소리 지르면서 시끌벅적한 사람들 틈을 비집고 라고진의 손을 끌며 그 자리를 피했다. 이것을 말리는 무이쉬킨에게 라고진은 비수를 꺼내 휘둘렀다.

무이쉬킨은 격분한 나머지 간질발작을 일으켜 그 자리에 쓸어졌다. 그 바람에 목숨을 건질 수 있었다.

제2편 이하는 소설의 무대가 일변하여 반년 후의 6월부터 7월에 걸친 완전히 페텔스불그 교외의 바오르스크 별장지가 된다.

제12장은 끝맺음이라고 제목이 붙어있다. 당시의 소설의 상투방법처럼 주요 등장인물의 그 후의 소식을 간단히 알려주고

『백치』의 막은 내린다.

소설의 종결 부분을 보면 무이쉬퀸이 나스타샤와 결혼식을 거행하게 되어 있어 마침내 그녀가 교회당에 나타난다. 갑자기 신부가 한마디 큰 소리를 지르더니 계단을 내려가 군중 속으로 뛰어간다. 군중 속에 로고진이 있는 것을 발견한 때문이다. 그녀는 그의 품 안에 뛰어들면서 "도와주어. 날 데리고 가 주어. 아무 곳이라도 좋으니까"라고 외친다. 두 사람은 손에 손을 잡고 도망간다.

나스타샤는 무이쉬킨과는 여러 면에서 어울리지 않는다는 생각을 하게 된 것이다. 이튿날 무이쉬킨은 두 사람을 찾아 나섰다가 로고진을 만났으나 로고진은 제정신이 아닌듯 보였다. 로고진은 자신의 집으로 무이쉬킨을 데리고 간다.

무이쉬킨이 로고진의 집으로 가보니 나스타샤는 싸늘한 시체가 되어 있었다. 결국 그녀는 로고진에게 살해당한 것이다.

나스타샤의 시체 곁에서 두 사람은 하룻밤을 밝혔다. 이 두 사람에 관해서 다음과 같은 장면이 전개된다.

> 로고진은 가끔씩 갑자기 날카로운 목소리로 앞뒤가 맞지 않는 말문을 열기도 하고 웃어대기도 한다. 그러면 공작은 떨리는 손을 내밀어 그의 머리에 대기도 하고 머리카락이나 뺨을 만지기도 한다.........그외에는 어떤 일도 할 수가 없었다. 그 자신도 떨릴 뿐으로 갑자기 다리가 얼어붙는듯했다. 무엇인가 아주 새로운 감각이 끝을 알 수 없는 우울에 휩싸여 그의 마음을 무겁게 한다. 마침내 동이 트자 그는 진이 빠진 상태로 절망하며 베개에 의지하며 미동도 하지 않는 로고진의 파랗게 질린 얼굴에 자신의 얼굴을 댔다. 눈물이 그의 눈에서

흘러 로고진의 뺨으로 흘렀다. 하지만 그때 그는 이미 자신의 눈물을 느끼지 못했고 어째서 자신이 눈물을 흘리고 있는지 그 이유도 몰랐을 것이다. – 『백치』에서

백치 무이쉬킨은 다시 원래의 백치로 되돌아간 것이다. 그래서 독자들은 악몽과 같은 소설 속의 장면과 인물들을 멍하니 회상하게 만든다.

■ 진실하고 아름다운 인간 그려내기

토스토 에프스키의 『백치』는 '진실로 아름다운 인간'을 그려낸, 또는 그려내고자 한 소설이라고 평해진다. 토스토 에프스키 작가 자신도 『백치』의 주인공 무이쉬킨공작이라는 인물을 선량하고 진실로 아름다운 인간의 전형으로 그려내려고 했다고 선전하고 있어[9] 그것은 틀리지 않을 것이다.

무이쉬킨의 특징은 그가 순진무구하다는 점에 있다. 그의 순진무구한 성벽으로 해서 그는 구면이 아닌 상류사회사람들과 곧바로 섞기는 일이 가능했고 아그라야가 그에게 마음을 빼앗기게 되고 나스타샤가 결혼 직전에 로고진의 품으로 뛰어드는 결과를 낳게도 했다.

이러한 주인공의 기질이라는 것이, 예컨대 인간끼리의 대응의 형식은 『백치』의 이야기를 만들어가는 근본의 동기였다. 그의 말은 예언적이기도 하고 사람들을 놀라게 만들기도 한다.

여기서 작가가 어째서 '진실하고 아름다운 인간'을 그려내려 했는가 그 '어째서'라는 것을 분석해 나갈 필요가 있다.

9) 新谷敬三郎, 『白痴を讀む』, 白水社, 1979. 36쪽.

『백치』에서 작가가 의도하고 있는 것은 生과 死, 그리고 인간의 부활인지 모른다. 무이쉬킨공작은 되풀이해서 사형집행 당하게 될 남자의 공포를 언급하고 있고, 주인공 공작에게 돌발적으로 엄습해오는 간질병 발작, 死가 곧 닥쳐올 것을 예기하고 있는 잇포리가 견뎌낼 수 없어 토설해 내는 자기변명, 그러한 속에서 이야기되고 있는 호르파인의 그림에서의 십자가에서 내려진 그리스도의 죽음의 모습(*死相), 그리고 로고진의 나스타샤 살해라고 하는 비극적 종말 — 이러한 것이 어떠한 맥락을 근저로 하여 이루어지고 있다는 인상이 크기 때문이다.

2. 그리스도는 선사(選士)

주인공 무이쉬킨은 음산한 방에 십자가에서 내려진 순간의 그리스도의 모습을 그린 그림이 걸려있는 것을 보고 대단히 뛰어난 묘사라고 말하면서, 그는 외국에서 그 그림을 본 기억이 있고 잊을 수 없는 인상을 받았다고도 했다.

> "나는 저 그림이 대단히 좋다."……
>
> "저 그림을! 예상도 못했던 상념에 빠져" 무이쉬킨은 외쳤다.
>
> "저 그림을! 아니 저 그림을 보고 있으면 개중에는 신앙을 잃을 사람들이 있을는지 모른다."
>
> "확실히 잃을게 틀림없어." 생각지도 않게 라고진이 맞장구를 친다.(제2편 4.에서)

그 그림이 그 황량하고 음산한 방에서 『백치』의 사건과 모든 인물을 연관시키는 특이한 집중력을 과시한다. 그 그림이 라고진의 인생과 별개의 인생과의 회전기가 되는 일이다.

폐병에 걸린 젊은 체렌체프는 자신의 고백에서 그 공포스런 집의 방문의 전말을 말하면서 라고진이 자신에게 말했던 일을 다음과 같이 기술한다.

> 그것은 처형당하기까지의 무한한 격렬한 고통을 견디어 낸 인간의 死骸의 상세한 묘사다. 그것은 상흔과 고문과 관리의 채찍과 민중의 채찍을 받은 거대한 구절, 십자가를 짊어져 그 무게에 짓눌려 넘어지고 후에 참형을 당하는 고통을 인내하는 인간이었다…………그곳에는 단지 自然이 있을 뿐으로 전혀 어떠한 인간이라 하더라도 저러한 고통을 당한 후에는 실제로 저러한 死骸를 보일 것은 틀림이 없다…………이 그림의 얼굴은 채찍에 지치고 매맞아 피투성이가 된 몸이 부어오르고 옆으로 보고 있는 양눈의 흰자위는 무엇인가 죽은 자가 내뿜는듯한 빛을 보이고 있다……….
>
> 이러한 그림을 보고 있으면, 自然이라는 것이 어쩐지 거대한 무자비한 벙어리의 짐승같이 느껴진다. 아니 좀 더 정확히 말하면, 조금 묘한 말이지만 自然이라는 것이 최신식의 거대한 기계와 같은 것으로 무한히 귀한 존재를 멋대로 무감각하게, 무의미하게 갈기갈기 부순 것이다. 이 존재야말로 自然 전체에도 또는 그 법칙으로 바꾸기 어려운 것, 아마도 저 존재의 출현을 위해서만 창조되어진 이 지구 전체와도 바꾸기 어려운 것이다. 이 그림은 있는 모든 것을 전부 정복하는 것, 그러면서도 어둡고 교만한 무의미한 영겁의 力이라는 것의 관념을 표현하여 보는 사람에게 전하는 것이다…….(제3편 6.에서)

이것이 토스토 에프스키의 신조였다. 神性을 신빙하는 것이 아니고 인간 그리스도에게 기대는 정렬적인 愛에의 귀결이었기 때문이다.

토스토 에프스키 같은 인간은 그리스도의 육체의 고통을 희생하여 그리스도의 神性에 대한 신앙의 보증을 결코 하려하지 않는다. 그의 魂은 그것을 보증하려는 욕망에 고뇌한, 그러면서도 그는 그것의 보증이 제공되었다 해서 이를 그만두지 않는다. 그만큼 그리스도에 대한 愛는 끝이 없는 일이었다.

그리스도에 대한 환영은 그의 생애를 두고 일관되었다. 그것은 하나는 그리스도는 그에게 있어 영원한 고통의 상징이고 수성력(獸性力)이었다. 또한 그것과 함께 그것은 인간적 완성의 전형이고 암투의 악마로 해서 고뇌하는 인류 최고의 '선택된 인간'(選士)이었다. 그리스도 속에서 인간은 수성(獸性)에 직면하여 그것과 격전하였던 것이다.

감정이나 사색 등 모든 깊이 있는 능력을 지닌 모든 정신과 같은 것으로 토스토 에프스키의 정신에는 인간이 영겁의 선악에 휘말려있는 세계와 싸우는 일에는 길은 두 가지 있다. 즉 행위와 인종이다.

이 두 가지는 외면상으로는 대립하는 성질을 지닌 것같이 보이지만 내용적으로는 동일한 것으로 어느 쪽이나 개체의지가 보이지 않는 힘과 격투한다. 절대적으로 행위하는 인간은 최후적으로 의지를 긍정하려고 노력한다. 그런데 절대에 인종하는 인간은 이 궁극적 단계를 넘어선 자신의 의지를 주장한다. 그는 자신의 의지의 섬멸 쪽을 취한다.

어느 일에나 견디며 만사에 행위하면서 본능 또는 법칙의 어느 것도 상관없이 모든 것을 자각적인 의지로 상층에서부터의 구속하는 것을 허하지 않는다. 이것이 모든 것을 인내하고 어느 것에도 행위하지 않고 모든 타이(他異)의 힘(力)에도 의지를 꺾지 않는 것, 이는 의향으로 볼 적에 동일한 것이다. 여기에는 아무런 신비도 없다. 길은 함께 자기섬멸에 통하고 있다. 의지로 하려는 인간의 운명은 그 자신의 분쇄를 의지하는 것이 되기 때문이다.

앞서 그리스도가 선사(選士)라고 했다. 그리스도는 모든 것을 견디며 인종하는 것으로서 인생으로부터 비밀을 탈취해 내려 했기 때문이다. 생의 비밀을 추구하며 생과 투쟁하는 것, 이것이야말로 참의 의식을 지닌 인간의 생이냐 아니냐를 아는 유일한 길이다.

고통을 직시하는 명명한 정신에 대한 인생에의 길 – 이것이 아마도 토스토 에프스키가 탐색하는 대상이고 그는 그리스도에게서 이것을 보았던 것일 것이다.

토스토 에프스키에게는 그리스도는 탐구의 길로 들어선 사람들 중 가장 고귀한 사람, 가장 완전한 기사였다. 그럼에도 그는 그리스도에게서 영원한 물음에 대한 답은 얻지는 못했다. 그리스도는 물음을 발설한 인간일 뿐 물음에 대답을 한 神은 아니다. 이 점에서 토스토 에프스키는 그리스도를 사랑한 것이다.

3. '백치'상

토스토 에프스키는 『백치』에서 자신의 환영을 구현하려 했다. 행위에의 의지는 이도리가이프에게 있어서는 결정적인 환멸이 되어 분쇄되지만 작가가 무이쉬킨에게서 시도한 것은 다른 길, 즉 인종에의 의지였다.

'백치'라는 표제 그 자체에 이미 절망이, 냉소적일 수 있는 절망이 보이는데, 완전인(完全人)이라고 하는 개념을 이 세상의 정신에서 범람하는 관념성에 대응하기 위해서는 무이쉬킨은 백치로서 표할 수밖에 없었던 것이다.

토스토 에프스키는 『백치』를 집필하기 시작한 1868년에 질녀에게 편지를 썼다.

'이 작품의 기초 관념은 참말로의 완진한 고귀한 인간의 표현이다.'

즉 완전하고 고귀하기 때문에 근대사회의 주민들에게는 자연스런 순로(順路)에서는 벗어나 있는 것같이 보일 수밖에 없는 사람, 그러한 인간인 것이다. 그래서 작가는 작품 중의 인물과 다르게 하기 위해 무이쉬킨을 '간질병자'라는 간질환자로 설정해서 다른 인물들과 다른 인간으로 분류해 놓았다.

무이쉬킨은 미지의 세계에서 러시아의 생활로 내려오는 것이다. 정상인의 표준으로 보면 그는 변질자(變質者)이고 건강한 자편에서 보면 그는 병신이다. 하지만 완전한 인간은 이 세상에서는 자신의 완전성에 대한 죄값을 지불하지 않으면 안 된다. 이것이야 말로 무이쉬킨을 창조한 인간이 도전한 문제였다.

『백치』의 구축은 무이쉬킨이 이 세상에서 범하고 있는 악인 같은 나스타샤 필립보브와의 해후다. 이 악 때문에 작가는 끊임없이 하나의 상징을 사용으로, 즉 순결한 유아(幼兒)의 위에 가해지는 능욕으로 이 작품에서 끝까지 몇 번이나 나타난다.

나스타샤는 소녀 시절 돗스키공작에게 능욕 당했다. 그녀는 9년 동안이나 자신의 악행을 생각하며 고뇌한다. 인생의 무대에 등장한 아침, 무이쉬킨은 이 얼굴을 사진으로 보고 그 고통의 최초의 환영이 그에게서 한시도 떠나지 않았다. 무이쉬킨은 이 고통에서 얼굴을 돌릴 수 없었고 또한 그의 사랑에서도 고통이 진정되지 않았다. 왜냐하면 그의 사랑은 연민이었고 나스타샤는 교만해서였다. — 이것이 『백치』의 이야기다. 무이쉬킨이 자신을 연민하고 있다는 생각이 나스타샤로서는 견딜 수가 없었다.

4. 토스토 에프스키의 사상

토스토 에프스키가 그의 소설에서 문제로 한 사상이라 할까, 아니 오히려 이야기의 주인공을 조형하는 동기로서의 사상이라 하는 것이 좋을 것이지만 그의 사상은 추상적으로 일반화하면, 국민문화의 전통과 그 운명의 문제이고 그의 말에 따라 구체적으로 말하면 유럽과 대결하는 러시아의 문제이다. 집약해서 말하면 그것은 결국 자신 속에 내재해 있는 유럽과 어떻게 투쟁할 것인가의 문제일 것이다.

이는 단지 그에 한한 과제만은 아니었다. 예를 들면 톨스토이도 물론 그러했고(『전쟁과 평화』 1863-9년), 지식인을 주인공으로 하여 문제 제기를 주제로 한 많은 장편을 창작했던 뜨르게네프(『귀족의 소굴』 1856년) 등 동시대의 사람들이 하나같이 추구하던 과제였다. 그 과제의 배후에는 절대적인 것(自然) 또는 초자연적인 것(神)으로 향하는 것으로의, 아무 것에서도 치유될 수 없는 우울한 동경이라는 것이 있었다.

어째서 무이쉬킨은 스위스로부터 미지(未知)일 수밖에 없는 모국, 그것도 무척 유럽화 되어 있는 도회지에 와서 그 상류사회의 색(色)과 욕망의 와중에 휩쓸려 결국은 원래의 백치로 돌아가 다시 스위스로 되돌아가지 않으면 안 되었는가? 어째서 지능과 의지와 완력에 있어 아무것도 결핍되어 있지 않은 스타뷔로긴은 유럽을 방랑한 끝에 이전에 포부하고 있던 관념 일체를 버리고 약삭빠른 지하운동가의 음모에 이용되어 스스로 스위스의 시민이라고 이름 하면서 목매달아 죽지 않으면 안 되었던가? 어째서 베르시로프는 황금시대의 꿈을 꾸면서 유럽을 방황하고 세 개의 재산을 탕진하고 러시아로 돌아와 다시 색과 욕망의 와중에 휩싸였다가 결국 백성여자 쏘냐의 가슴에 안기지 않으면 안 되었던가? 그리고 토스토 에프스키의 주인공 러시아인들은 유럽에서 오지 않으면 안 되었던가?

이것이 『죄와 벌』 『카라마죠프 형제』를 포함해서의 토스트 에프스키의 장편소설 창작의 사상상(思想上)의 동기가 되어 있었다. 물론 그것은 그가 스스로 깊이 생각하던 동기에서가 아니라 러시아가 유럽의 문명을 섭취하여 국민국가를 형성하기 시작한 시기부터 러시아인들 사이에 조성되어 온 정신운동의 동기였다.

원래 문학작품의 창작에는 그 작가 한 사람에게서만 배양된 동기라고 하는 것은 없다. 이는 당연히 독자의 동기가 되지 않으면 안 된다. 물론 동기가 독자 가운데서 잠자고 있다가 그것이 작품의 어휘에서 눈을 뜨게 되는 일도 있고 반대로 작품의 어휘 속에서 잠자고 있던 동기가 독자의 소리에 눈을 뜨고 작용하기 시작한 일도 있다.

그래서 작가는 다른 작품의 독자이기도 해서 작가와 독자의 관계는 상호적이고 대화적이다.

2 계용묵의 「백치 아다다」

1 '백치'

1. 외면당하고 있는 계용묵

계용묵(1904 - 1961)은 평생 동안 문학에 뜻을 두고 외골수로만 작품 활동을 하여 30여년의 활동기에 40여편의 단편[10)]과 한권의 수필집[11)]을 남겼다. 「조선문단」(1927년) 3월호에 「최서방」을 게재 한 것이 창작활동의 시작이다.

「백치 아다다」「별을 헨다」 등의 대표작품으로 잘 알려진 작가이지만 그의 작품세계에 대한 연구는 그리 많지 않다.

계용묵에 대한 연구가 이상하리만큼 소홀하여 그에 대한 작가론 등이 거의 씌어지지 않았음은 의아할 정도이다.[12)]

---

10) 3권의 단편집 속에 계용묵의 단편이 대부분 실려있다.
「병풍에 그린 닭이」(1944. 서울 조선출판사). 「백치 아다다」(1945. 서울 조선출판사. 별을 헨다(1950. 서울 首善社.

11) 계용묵, 「象牙塔」 9. 1955. 서울, 우생출판사.

12) 이주일, 「계용묵소설의 분석연구」, 1980. 53쪽.

> 계용묵은 이처럼 어둡고 가난하고 불안하고 자유스럽지 못했던 시대에 젊은 시절을 보냈었고 온 민족이 염원하고 기대했던 찬란한 해방과 잔인하고 비극적인 6·25동란을 몸소 경험했다. 이렇듯 그의 개인적인 체험은 그리 순탄하지 않았음에도 불구하고 그의 문학에는 소위 역사의식이 부재되었으며 시대적 감각이 부족했던 것을 엿볼 수 있다. 이러한 소극적 태도 속에서 단조롭게 쓰여진 작품세계가 오늘날의 계용묵의 문학이 충분히 연구되어 있지 못한 요인이 된 것이다.[13)]

계용묵은 조부가 참봉벼슬을 지낸 엄격한 집안에서 장손이자 외아들로 자랐다. '천자문' '소학' '대학' 등 한문을 배웠다. 그는 신학문을 배우려 몇 번이나 서울로 올라와 中東학교, 휘문고보 등에 입학했지만 그때마다 조부에게 이끌려 고향으로 내려갔다.

계용묵의 독서는 실력을 키우는 것이 목적이었는데 이는 바로 창작을 위한 기초실력을 배양하는 방법이었다. 그 먼저 방법이 '세계명작을 통독하는 것'[14)]이었으며 이런 후에 붓대를 들면 실력이 있기 때문에 창작에 크게 문제가 될 것이 없다고 스스로 생각한 것이다. 그가 읽은 책은 플라톤, 아리스토텔레스, 특히 토스토 에프스키의 「죄와 벌」에서 "내 허전한 마음을 찔리는 두 번째의 자극을 받았다."[15)]라고 쓰고 있다. 그가 세계명작을 읽으면서 많은 영향을 받았다는 것이 드러난다.

---

13) 박창순, 숙명여자대학원 석사학위논문, 1979. 4쪽.

14) 계용묵, 「명작독파에서 창작의욕을」 <자유문학>7. 43쪽.

15) 계용묵, 「상아탑」 상게서. 126쪽.

■ 계용묵 평가

본격적인 계용묵론을 쓴 초기의 채훈, 송백헌은 계용묵의 소설 전체를 개괄적으로 논했는데

> '위대한 작가는 아니고 성실한 작가'라는 식의 부정적인 편에 가까운 평가를 했다.[16)]

김영화는

> '인생과 사회를 바라보는 안목에서 작가적이라기보다는 수필가적이다'라는 부정적 평가를 내렸다.[17)]

> 그가 작품을 대하는 태도에서 몇 가지 문제점을 발견하게 된다. 즉 새로운 것이 없다 라는 결정적인 생각이 그로 하여금 천편일률적인 작품을 쓰게 하였으며 시대나 현실을 초월해서 존재하는 예술작품의 일반론에 충분히 부합되는 작품을 쓰지 못한 것이다.[18)]

2. 「백치 아다다」

계용묵론에서 항상 거론 되는 작품이 「백치 아다다」(<조선만단> 6월호, 1935년)다.

벙어리로 선천적으로 천치에 가까운 '아다다'는 논 한섬지기

---

16) 송백헌, 「계용묵작품연구」 충남대논문집, 17집(1979), 31쪽.

17) 김영화, 「소설의 수필화」, 현대문학, 1975. 9월호, 274쪽.

18) 박창순, 「桂鎔默작품연구」, 상기 석사논문, 1979. 6쪽.

를 붙여 겨우 시집을 갔는데 한 5년간은 그런대로 살았으나 남편이 돈을 벌면서부터 학대가 심해져 결국은 남편의 매에 못 견뎌서 친정으로 쫓겨났다. 매사에 실수를 잘 저지르는 아다다는 친정에서도 늘 학대를 받았다.

그녀는 마침 30살이 넘는 노총각 수롱이 자신을 아껴주자 그의 아내가 되었다. 둘이는 신미도로 가서 땅을 사서 살려했는데 아다다는 수롱이 땅 살돈을 가지고 있다는 데에 오히려 겁을 냈다. 이전에 시집에서 가난하였을 적에는 지신에게 잘 대해주다가 돈이 생기자 자신을 학대하던 생각을 하고 돈이 있으면 다시 자기를 학대할 것이라는 생각에 수롱이 모르게 땅 살돈을 전부 바다에 처넣었다.

뒤늦게 아다다를 쫓아와 이 사실을 알게 된 수롱이는 화가 나서 아다다를 바다에 발로 차 넣어 죽인다는 내용이다.

3. 서두에 나타나는 한편의 테마

「백치 아다다」의 서두는 단번에 주인공을 등장시키고 있다. 이러한 수법도 좋은 방법일 수 있다.

> 질그릇이 땅에 부딪치는 소리가 났다고 들렸는데, 마당에는 아무도 없다. 부엌에 쥐가 들었나? 샛문을 열어보려니까, "아 아 아이 아아 아야!"하는 소리가 들려온다.........장독대 밑, 비스담한 켠 아래 아다다가 입을 헤벌리고 납작 엎뎌져, 두 다리만을 힘없이 버지럭거리고 있다. 그리고 머리편으로 한 발쯤 나가선 깨어진 동이 조각이 질서 없이 너저분하게 된장 속에 묻혀 있다. "아이구머니나! 무슨 소린가 했더

니 이년이 동애를 또 잡았구나! 이년아! 너더러 된장 푸레든! 푸레?"

– 「백치 아다다」에서

서두에서 아다다가 '입을 헤벌리고 납작엎더져 있다든가 두 다리만을 버지럭거리고 있다든가의 표현은 이 단편 전체를 통해 그려져 있는 아다다의 인물 성격이 예고되고 있다. 아다다의 인물의 윤곽이 대체적으로 드러난다.

독자는 여주인공은 이름이 있지만 벙어리여서 아다다라는 별명이 붙었다는 것, 친정에 와서 얹혀살고 있으며 어머니에게서 몹시 구박받고 있다는 사실을 곧 알게 된다. 그녀 자신은 무척 성실하게 쉬지 않고 무엇인가를 열심히 일하지만 그녀가 하는 일은 거의 실수로 끝나는 일이 많아서 어머니는 그녀의 몸을 돌보지 않고 막노동하듯 하는 일들이 조금도 달갑지가 않다.

4. 작품에서의 인물성격

「백치 아다다」에 인물성격이라는 것이 있는가, 이것이 먼저 떠오르는 의문인데 '백치 아다다'에 <성격>이 잔존해 있는가 하는 단순한 의문도 있지만 이를 깊이 있게 생각하게 되면 본래 작가가 이 작품에서 <성격>을 지니는 것으로서의 인간을 그려내고자 했는가 어떤가에 주의하게 된다.

성격이란 그 인간의 사고 행동에 근저한 것으로 각기의 인간에 고유한 것에 속한다. 그렇다고 한다면 인간을 그려내는 소설에 있어 각기의 작중인물의 성격이 그려져 있을 것이라는 것은 보편적으로 생각되는 일이다. 그래서 여러 소설 안에서 작중인물의 성격이 갖는 역할의 차가 있을 것이다.

일반적으로 인간은 자연의 법칙에 따라 2개의 종류로 분류된다. 저급한 종류(常人), 즉 소위 '種의 보존'이라고 하는 효과를 위한 물질쪽과 본래의 인간 즉 자기의 세계에 대한 새로운 말을 제안할 수 있는 천성을 가진 인간의 2형이다. 물론 여기에는 무한의 세세한 구분이 있다.

그러나 이 양분의 특징은 확연한 사실로 되어 있다. 제1의 종류, 즉 물질 쪽은 개괄해서 말하면 그 자기의 천성에 의해 보수적이고 예의 바르고 복종 속에서 생활하고 또한 복종하는 것을 좋아한다. 그들은 복종할만한 의무가 있다. 왜냐하면 그것이 그들의 의의(意義)이고 또한 그것이 그들에게 있어서는 아무런 굴욕적인 것이 아니기 때문이다.

제2의 종류는 법률을 초월하고 있어 그들은 모두 그 재능에 의해 판단하고 그것을 파괴하든가 또는 그것에 어깨를 견주게 된다. 이들 인간의 범죄는 물론 상대적인 것이고 종종 잡다한 것이다. 그들은 무척 여러 잡다한 형태의 일이긴 해도 대부분 좀 더 좋은 명분을 내세우며 현재의 것의 파괴를 요구한다.

그러나 만일 자신의 개념 때문에 시체를, 피를 밟고 나가지 않으면 안 되는 경우에는 그들은 자신의 관념과 그 정도에 따르는 것이기는 해도 그 피흘림을 밟고 지나가는 것이 허용될 수 있다고 생각한다. 이들에 주의하게 된다.

그러나 군중은 결코 그들의 이 권리를 수용하지 않는다. 그리고 그들을 벌하고 그들을 교수형에 처한다. 여기에는 정도의 차이는 있으나 그것으로 자신들의 보수적 의의를 수행하고 있게 된다. 그러나 다음 세대는 오히려 그들을(제2의 종류) 존경하게 된다.

제1의 종류의 것은 항상 현재의 주인이고 제2의 종류는 미래의 주인이다. 제1의 것은 세계를 보수하고 그 수를 증가해 나간다. 제2의 것은 세계를 움직이고 그 목적의 방향으로 이끌고 간다.

여기에서 주목되는 것은 「백치 아다다」에 등장하는 '아다다'를 제외한 인물들은 대체로 제1의 종류에 속한다. 반면 '아다다'는 비록 백치로 설정되어 있으나 그녀는 제2의 종류에 속한다. 이 구별을 위해 작가는 '아다다'를 세상의 상식으로 보아서는 '병신'으로밖에 볼 수 없는 '백치'라는 인물을 대두시켜 그 분별을 하고 있는 것으로 필자에게는 보인다.

■ 「백치 아다다」의 의미

이 작품은 세상의 상식으로서는 백치로 밖에 판단할 수 없는 인물을 등장시켜 상식적인 보통 인간과의 구별로서의 백치를 주제로 하고 있다.

「백치 아다다」는 제목 레벨에서도 명확하게 드러나고 있는 것처럼 '아다다'는 인간으로서는 실격(失格)의 존재라는 것이 확인된다. 즉 「백치 아다다」는 「백치 인간」으로 바꾸어 생각할 수 있게 된다.

> "야! 야! 아다다야! 너 돈 안건새햄? 돈, 돈 말이야 돈?............"
>
> 아다다가 움직이는 것을 보더니 아직도 살았느냐는 듯이 번개같이 쫓아내려가 다시 한번 발길로 제겼다. ....
>
> – 「백치 아다다」에서

소설이라는 것이 그 줄거리가 일목요연할 경우 그 독후의 인상의 형성에 가장 큰 역할을 하는 것은 말하자면 결말부분이다. 주인공의 운명 등에 관심을 가지면서 읽어나가는 것이므로 결말에 대한 기대는 클 수밖에 없다. 기대가 큰 만큼 인상도 커질 수밖에 없다. 「백치 아다다」의 결말 부분은 다음과 같다.

> 그 물 속에 영원히 잠들려는 아다다를 못 잊어함인가? 그렇지 않으면 흘러버린 그 돈이 차마 아까워서인가? 짝을 찾아 도는 갈매기 떼들은 눈물겨운 처참한 인생비극이 여기에 일어난 줄도 모르고 <끼약끼약>하며 흥겨운 춤에 훨훨 날아다니는 깃[羽]치는 소리와 같이 해안의 풍경만 도웁고 있다.
>
> – 「백치 아다다」에서

아다다는 수롱이의 발길질로 물속에 빠져 죽었다. 아다다는 수롱이의 삶을 향한 통속관념에 대해 입을 다물었다.

아다다의 '죄'는 속세적인 생활능력을 이해하지 못한 점에 있다. 세상사에 약삭빠르지 못한 생활인으로서의 결함에 있다. 즉 아다다가 백치인 것은 '돈에 대한 백치' '생활물정 제반사에 대한 백치'인 것을 뜻한다. 아다다가 백치인 것은 그 생활무능력에서만 지닐 수 있는 순수성(純粹性)이 있음에서다. 이러한 류의 인간은 영리하고 사악한 인간 앞에서는 비상식적이고 또한 어리석은 인간으로 보이는 것이다.

그래서 「백치 아다다」는 그 순수성을 인간 실격, 즉 백치 형태로 뒤집어 보이는 형(形)으로 작가가 그려냈다고 필자는 생각한다.

결말에서 보이는 무심한 '갈매기 떼들의 깃치는 소리'나 '해안풍경'이라는 현장풍경은 작가가 지적하는 작품 속의 '인생비극'과는 전혀 동떨어져 있고 무심하기만 한, 하등 무관계로 보이는 자연계를 드러내 보인 것이 된다.

2 계용묵의 「청춘도」

1. 「청춘도」

계용묵의 「청춘도」(1938년)를 필자가 주목하는 것은 「청춘도」가 작가 자신의 젊은 날의 기록으로 보이는 때문이다. 일반적으로 청춘기는 꿈과 이상을 향해 정진하는 인생의 황금기이다. 그런데 「청춘도」에서는 작가의 청춘기가 얼마나 고뇌의 시절이었는지를 독백하고 있다.

「청춘도」에는 작가의 예술인식을 확인시키기 위한 일관된 사상으로 통일되어 있어 그 외의 것은 이 작품 속에서는 다른 아무 것도 이야기 되고 있지 않음을 알아차리게 된다.

「청춘도」는 <(서곡) 창조의 마음> <1. 욕망> <2. 예술> <3. 애욕> <4. 생명> <(종장) 생명의 성격>, 이렇게 6부분으로 나뉘어 스켓치 하듯 쓰여 있어 어찌 보면 에세이 같이 느껴지는 작품이다.

하지만 단편소설의 경우에는 하나의 강렬한 모티브가 중심적 역할을 이루며 작품이 구성된다는 점을 고려할 적에 「청춘도」에는 일관되게 작가의 예술에 대한 사상이 내재해 있어 에세이라기보다는 하나의 형식을 갖춘 단편소설로 간주될 수 있다.

다시 말해서 작가가 인식한 예술이라는 자신의 정념을 구체적인 형태를 띠면서 연작같은 형태를 띠고 있어 짧은 작품이지만 하나의 정돈된 세계를 표하고 있다.

2. 「청춘도」에 나타나는 예술에의 정념

<(서곡) 창조>의 마음 첫 서두는 다음과 같이 시작된다.

> 자유로 하여 된 꿈일진댄 아름다운 꿈이라도 꾸고 싶다. 세상을 경도시킬 걸작이야 꿈엔들 그려보기 바라련만, 하다못해 <마코>라도 한갑 생기거나 그렇지 않으면 계집이라도………
>
> -「청춘도」에서

서두에서 주인공 상하의 '창조의 마음'이 얼마나 어려움 속에 있는 가를 밝히고 있다. (예술) 창조의 꿈을 꾸고 있지만 걸작을 바라지는 못할 것 같고 그렇다고 돈이 생기는 것도 아니지 않는가 하는, 자신의 예술에의 갈망이 상당히 암담하고 막막하다는 심경을 토로하고 있다. 자신의 궁핍은 하다못해 담배 '마코' 한 갑도 자유로 사서 필수 없는 형편임을 한탄한다.

「청춘도」에서 주목되는 점은 <(서곡) 창조>의 마음부터 <(종장) 생명의 성격>에 이르기까지 '금주'라는 여성이 등장하고 있는 점이다.

<(서곡) 창조>의 부분에서 처음으로 등장하는 금주는 '배꽃을 비웃는 하얀 얼굴은 금새라도 피를 콸콸 쏟아낼 듯한 정경'(<(서곡) 창조의 마음>)의 여인이다. '배꽃을 비웃는 하얀'은 바로 그녀가 말기 폐병환자여서 폐병 특유의 얼굴색을 말한 것

이다.

> 이성을 상대로 일어나는 불길임을 알았다. 초저녁 한 동안을 이 불 속에서 싸우치던 불길이다. 맹렬히 붙음이 안타깝다. 끌 수 없음이 가엾다. 공상과 공상의 접촉은 기름과 같이 기세를 더한다. - 〈(서곡) 창조의 마음〉에서

상하는 금주를 만나면서 맹렬한 이성에의 불길이 일어났다고 했다. 그러나 서두에서 상하의 '예술에의 꿈'을 꺼내고 있었던 점을 감안하면 '금주'를 이성으로서의 여인이 아닌 '예술'의 다른 이름으로 간주해도 무방하게 된다. 오히려 '금주'를 상하가 꿈꾸는 '예술'의 다른 이름으로 간주하는 편이 오히려 타당한 것으로 보인다.

그래서 금주에게 향하는 이성에의 불길은 바로 주인공의 예술을 향한 불길이다. 그러나 그 불길은 금주가 말기 폐병환자인 것에서 상징되듯 절망감이 앞선다.

> 금주에게도 다시 봄이 올까. 두드러진 뺨을 능히 감추고 살이 올라 배꽃같이 하얀 그 얼굴에도 진달래꽃빛 물이 들어볼까. .... 한 사람의 폐병환자를 취급할 것은 잊을 수 없는 대상이었으나 하필 금주를 그리고자 한 바는 아니었건만 참을래야 참을 수 없는 예술의 충동에서 시험하려는 붓끝에 못 잊는 금주가 모르는 듯 날아들음이 이상한 감흥을 자아내 주었다. - 〈2. 예술〉에서

'금주'는 물론 이성의 여성으로 나타나지만 앞서 기술한 바와 같이 '금주'는 '예술'의 다른 이름일 수 있으므로 '금주'에

게로 향하는 '이상한 감흥'은 바로 '예술에의 감흥'이다.

> 삶의 힘, 그것은 금주의 욕망의 전부다. 청춘에 살려는 봄꿈의 보금자리에서 썩어지는 봄의 생명이 가엾기도 했다. 안타깝기도 했다. 상하는 이 가엾은 생명을 예술의 힘으로 영원히 살리고 싶었다. 다시 붓끝에 정신을 모았다.
>
> – 〈2. 예술〉에서

'삶의 힘'은 금주의 욕망의 전부다. 그런데 '금주'를 '예술'로 대치하면 '삶의 힘'은 '예술'에의 욕망의 전부'라고 바꾸는 일이 가능해진다. 그러나 다음과 같은 상하의 반론을 듣는다.

> 상하는 놀랐다. 금주를 위하여 정력을 다한 예술품이 자기를 박차고 금주를 사랑하는 사나이의 청춘을 위로함으로써 금주의 사랑에 만족을 줌이 되는 것이다. 사랑하는 이를 예술화시킴으로 만족할 것같던 상하의 심정은 예술에 있지 않고 애욕 속에 있었다. 애욕, 그것은 예술보다도 위대한 힘으로 상하의 마음을 불태웠다. 이 세상의 온갖 힘으로도 꺾을 수 없는 가장 큰 힘 같았다..........."금주씨! 그 그림을 내 눈앞에서 용감하게 찢어 보일 수 없습니까? 없습니까? 금주씨! "
>
> – 〈3. 애욕〉에서

상하는 생각한다. '금주' 곧 '예술'에의 정념이 '애욕'을 능가하지 못하는 것은 아닌가 하는 회의이다. 여기서의 '애욕'은 바로 인간의 기본 본능에 속하는 것이므로 즉 '인간의 본능'이 예술보다 우선하는 것은 아닌가 하는 물음이다. 그래서 상하는 '인간의 본능'은 이 세상의 온갖 힘으로도 꺾을 수 없는 가장 큰 힘 같다고 느낀다. 그래서 상하는 외친다. "예술, 그것을 자신에게서 용감하게 떼어낼 수 없겠는가"하고.

그러나 상하는 다시 예술은 자신의 '생명'이라고 되돌려 말한다. <4. 생명>이란 곳을 보면, 주인공 상하가 자신의 청춘의 지향이 예술에 있었다고 하면서 다음과 같이 밝힌다.

> 예술은 곧 자기의 생명이 아니었던가. 십여년동안 예술을 위하여 닦은 공부는 그대로 자기의 생명이었다. 만일 자기에게 예술이란 세계가 제어되어 있었던들 자기는 스스로 목숨을 끊고 영원한 예술 속에 깊이 잠들어 있었을는지도 모른다. 오직 예술 속에서만 참 삶을 살 수 있었던 것이다. 거지같은 오늘의 생활 ― 그것도 다만 예술에 충실하려는 마음이었다. 밥만을 위하여 삶을 찾았더라면 자기는 결코 이러한 처지에서 한 대의 담배조차 궁하게 되지는 않았을 것이다. 예술을 희생하고 뜻 아닌 곳에서 밥을 벌수는 없었다. 그것은 곧 자기라는 생명을 희생하는 것과도 같았던 것이다.
>
> ― 〈4 생명〉에서

상하가 얼마나 예술에 집착하고 있었는지가 짐작된다. 상하는 '밥'만을 위한 삶에 의미를 두지 않고 있음을 단언한다.

주인공 상하는 자신의 생명이 예술이라 했고 금주를 자신의 예술 그 자체라 했다. 그런데 금주는 폐병환자다. 그래서 상하가 추구하는 예술은 온전한 건강한 상태는 아니라는 것이 드러난다. 즉 상하가 추구하는 예술의 세계는 온전한 것은 못된다. 건강하지 못한 상태라는 것을 암시한다.

그런데 「청춘도」에서의 상하는 작가 자신의 상과 겹친다. 작품은 완전히 작가와 동떨어질 수 없기 때문이다. 즉 작품은 작가의 분신이라 할 수 있기 때문이다.

작가가 구체적으로 「청춘도」에서 생생하게 자신의 예술에 대한 정념을 되풀이 토로하고 있어 작가의 사상을 이해할 수 있게 된다.

다시 말해서 「청춘도」 전편에 대두하는 '금주' 그리고 '금주에 관한 연애감정'은 사전적 의미 내역 그대로의 여인 '금주'도 아니고 '금주에 관한 연애감정'도 남녀 간의 연애감정을 묘사한 것이 아니라는 것이 확실해진다.

작가가 이 작품에서 목적 하고 있는 것은 작가 자신이 인식하고 있는 자신의 예술에의 정념이다.

3. 계용묵의 기교론 - '기교'

계용묵은 '기교'에 대해 다음과 같이 언급한 일이 있다.

> 작품에 있어서는 그저 기교가 절대한 조건임을 알아야 한다. 기교라는 걸 사람으로 쳐놓고 입은 옷에다 비하는 사람도 있다. 이건 말이 안된다. 기교가 내용을 만드는 것임을 모르는 말이다. 그러기 때문에 기교중치(技巧重置)란 말은 좀 더 말이 안되는 말이 된다. 기교적일수록 그 작품의 생명은 더하게 됨으로서다.[19]

이는 계용묵이 소설쓰기를 그만 두기 바로 직전인 1948년에 기술한 내용이다. 그가 소설 출발기에서 가졌던 기교주의의 문학관을 끝까지 고수하였음을 확인시켜주는 말이다. 위의 인용

19) 계용묵, <작품과 기교>, <백민> 3월호, 1948. 40쪽.

문에서 그는

> ‘기교라면 거기 세련된 문장, 구성의 묘법이 혼연일치 되어 표현되는 그 과정을 말하게 되는 것으로..........여기엔 문장의 재주가 지대한 조건이 된다 고 했다.[20]

4. 「백치 아다다」와 「청춘도」와의 관계

「청춘도」는 전체적으로 일관되게 작가 자신의 예술혼을 밝히고 있는데 특히 <4. 생명>에서는 주인공 상하가 사랑한다고 고백하는 여인 ‘금주’는 폐병환자라는 점이 주목된다. 즉 폐병환자는 온전한 인간이라 볼 수 없다. 온전한 인간으로 보기에는 모자라는 점이 있다. 그런데 주인공은 ‘금주’는 ‘예술’이라 했다. ‘금주’ =‘예술’이다.

> 폐병환자임에도 불구하고 마음을 당기는 금주, 애타는 마음 속에서도 못잊는 예술의 감흥, 알 수 없는 신비로운 심경, 그것을 자연미와 조화시켜 놓으려는 충동 — 그 소재의 하나가 금주다. 금주는 예술이다. 예술 속에 금주가 있다. 금주는 내 붓 끝에 갈기갈기 요리될 것이다. 금주는 이미 내것이다.
>
> – 〈2. 예술〉에서

여기서 앞서의 「백치 아다다」를 돌아보면 「백치 아다다」의 ‘아다다’와 ‘금주’에게서는 공통점이 발견된다. ‘아다다’는 온전한 인간으로 볼 수 없는 모자라는 상태다. 그런데 금주는 폐

---

20) 계용묵, 상게서, 40쪽.

병환자다. 그래서 '금주'도 인간으로서는 모자라는 상태, 온전한 인간으로 볼 수 없다. 이 온전하게 볼 수 없는 '모자란다'는 공통점은 '아다다'와 '금주'를 같은 동일선상으로 놓고 볼 수 있게 한다.

여기서 물론 작품 발표연수는 차이가 있으나 「청춘도」가 청춘기의 작가 자신의 인생목표를 예술에 두고 있었다는 것을 감안하고 또한 '금주'가 곧 작가의 '예술'을 상징하고 있고, 금주는 완전한 상태가 아니라는 점에서 완전하지 못한 백치 '아다다'가 등장하는 「백치 아다다」와 연계하여 숙고해 볼 수 있게 된다는 것이 필자의 견해다.

예컨대 '금주'는 '예술'이고 '금주'와 '아다다'가 모자란다는 공통점을 갖고 있어 '아다다'와 '금주'를 같은 선상에 놓을 수 있어 '아다다' = '금주' = '예술'이라는 등식이 성립될 수 있게 된다.

이렇게 본다면, 즉 '아다다'를 '예술'의 상징으로 본다면 「백치 아다다」의 작품의 성격은 또 다른 의미로 분석될 수 있는 소지가 발견된다.

더욱이 상기한 바 있는 계용묵의 「기교론」에서의 '기교'라는 것이 참고 될 수 있을 것으로 생각된다.

5. 「백치 아다다」의 종래의 평가

계용묵의 일부 작품들은 긍정적인 평가를 받고 있으나 작품세계의 전체는 부정적인 평가를 받고 있는 편이다.

「백치 아다다」는 진정한 사랑과 인간다운 삶에 대한 갈망이 질병, 인간의 물욕, 무지, 인습, 악성 등 복합적 장벽들과 날카롭게 맞서다가 결국은 그것을 극복할 출구를 찾지 못하는 이야기를 합리적인 사건들과 간결, 적확한 문장과 심리묘사, 그리고 군더더기가 없는 구성으로 만들어낸 작품이다. 주인공은 벙어리에다 백치인데 재물 때문에 시집을 갈 수 있었고 물욕의 충족에 따른 배신과 여자는 마음대로 내쫓을 수 있다는 인습 때문에 시집에서 쫓겨나고 여자는 출가외인이라는 인습적 논리로 친정부모에게서도 박대 받고 마지막에는 무지에 기인한 부적절한 대응과 동거남의 물욕 때문에 사랑과 안정된 생활을 확보하지 못하고 죽음에 이른다. 동거남의 돈을 없애는 것이 유일한 자기 구원의 길이라는 판단은 무시한 그녀로시는 최선의 것일 수밖에 없고 평생 모은 돈이 사라져버리는 것을 본 동거남의 행동 역시 현실성을 가지는 것으로서 위기적 상황에 적극적으로 대처하려는 의식의 산물이다. 이 이야기는 이런 장벽들이 횡횡하는 사회에서 이러한 부류의 사람들에게 닥치는 비극의 한 전형이 될 수 있으며 당연히 독자들의 공감을 얻을 수 있다. 마지막 장면의 묘사는 간결하고 객관적이면서 작중 인물들의 심리상태와 현장 풍경을 실감있게 나타냈다. 바로 이런 점들 때문에 이 작품은 오늘날까지도 대표단편의 하나로 읽히는 것 같다.[21)]

일찍이 백철은 「백치 아다다」를 '기교주의에 흐른 인생파적 작품세계'라고 했다.

1930년대의 인생파 생활에 대하여 그것을 현실적으로 개척하고 추구하는 적극적인 것이 아니고 그 인생을 옆에서

21) 이주형, <어문학> 제 87집. 2002. 653-654쪽.

방관하고 섰는 관조적인 태도요 그들이 그 현실적인 생에 대해선 적극성을 결여한 사람들인 대신 그 생을 예술화하려는 의미성이 상당히 강했던 것이다. 그래서 그들의 작품은 예술적인 것, 工匠的인 것, 또는 묘사적인 것으로 나타났던 것이다.[22)]

백철은 또한

그의 인생파적 면으로서 그 작품들에 나타난 공통적 일면은 인생의 가치를 척도 하는데 있어 물질이나 그보다도 문화적인 것이나 두 가지의 대조적인 중간의 심판대에 서면서 그러나 결정권을 포기한 태도다. '인간은 빵으로만 사는 것이 아니다'라는 인생관이 항상 이 작가의 염두에 있었는지 모르나 작품의 주제로서는 다만 판결이 되는데 중요한 자료만을 제시했을 뿐 항상 명확한 결정은 일부러 내리지 않는 태도이다. 그것은 인생의 가치에 대한 인생파로서의 태도인 동시에 작품을 너무 결정적인 결론으로 끌고 가지 않는 것을 예술적인 것으로 생각하는 문학관의 표시이기도 하다. 그런 인생관적 태도는 그의 재출발의 평가작인 「백치 아다다」의 '아다다'의 소박한 인생관 위에도 표현되었다.[23)]

백철의 상기와 같은 (계용묵) 평가는 상당히 의아스러움을 자아내게 한다. 계용묵의 인생파적 작품들에 나타난 공통적 일면은 '인간은 빵으로만 사는 것이 아니다'에 두고 있는지 모른다고 했는데, 일제강점기에 그 자신도 극도의 빈곤 속에 살고 있었고 우리 민족의 극심한 고난을 체험하고 있던 그가 그처럼

22) 백철, 신문학사조사』, 민중서관, 1955. 330쪽.

23) 백철, 『국문학전사』, 신구문화사, 1961. 419쪽.

초연한 태도만을 견지할 수 있었을까 의문시되기 때문이다. 따라서 백철은 계용묵의 창작기가 왜정기라는 점을 전혀 고려하지 않고 있다는 점이 의아스러운 것이다.

필자는 계용묵의 작가정신에는 상당히 항일정신이 들어 있다고 보고 있다. 예를 한 두 가지만을 든다 해도 「최첨지」에서의 '송지주'는 말할 것도 없이 왜정기 총독부의 무단정치 하에 수탈된 우리 농민들의 생활상의 한 일면을 그려낸 것에 해당되고 「인두지주」 또한 왜정기에 우리민족의 비참한 한 단면을 그려내고 있는 때문이다.

따라서 왜정기를 고려하지 않고서의 계용묵론은 올바르게 논의될 수 없다고 생각된다.

3 坂口安吾의 『백치』

1 『백치』(1946년)

1. '백치녀'(白痴女)

일본의 태평양전쟁 시기에 활동하던 작가 坂口安吾(사카구치 안고)는 학문적으로 불교를 연구하려 하여 동양대학 인도철학과에 입학했다(1926. 4. 20세). 그는 많은 문학서적을 탐독했는데 특히 체호프의 「지루한 이야기」에 감동을 받아 몇 번이나 되풀이 읽기를 반복 했다. 그는 많은 작가를 탐독하고 1930년(24세)부터 유명작가의 작품을 번역 출간하였다.

프랑스의 작가들을 연구하였는데 발레리를 연구하여 「스테

판 말라르메」를 발표(1931년)했다. 토스토 에프스키를 연구한 일이 표제가 똑같은 「백치」라는 단편을 쓰게 했다.

「백치」의 내용은 다음과 같다.

伊澤(이쟈와)은 집주인이 거처하는 곳에서 떨어져 있는 작은 방을 빌려 살고 있다. 그 집 근처는 부도덕을 부도덕이라고 느끼지 못하는 짐승같은 쓰레기 같은 인간들의 소굴같은 곳이었다. 그중에서도 인접해 살고 있는 미친사람 부부같은 사람들은 가장 저열했다. 집주인이 어떤 지방 갓길에서 마음에 이끌려 데리고 와서 며느리로 삼았다는 여자는 백치이기는 해도 어인 일인지 인물이 출중한 미인이었다.

伊澤은 영화사를 다니고 있었다. 당시는 전시(戰時) 중이어서 신문기자나 영화제작자들은 천대 받는 천업에 종속해 있었다. 27살의 伊澤은 특별히 배급되는 담배와 싼 임금을 받으며 아무런 재미도 느끼지 못하는 나날을 보내면서 전시이기 때문에 경습공보 소리에 긴장하면서 그런대로의 생활을 하고 있었다.

어느날 밤 집에 돌아와 보니 백치여자가 자신의 방 붙박이장 안에 들어와 숨어 있었다. 남편에게 학대받아 도망쳐 온듯해서 쫓아내는 것도 가련해서 사람들의 눈을 피해 동거하게 되었다.

여자와 사는 저급한 생활은 아무래도 견딜 수 없는 것이었으나 백치여자는 아무런 느낌도 없는 모양이다. 백치여자는 감각이 있을 뿐이다. 그런 백치를 안고 사는데서 오는 고독감은 더욱 깊어지지만 의식의 붕괴를 피하면서 그대로 지낼 뿐이었다.

대공습이 있어 사방이 온통 불바다가 되는 일이 있었다. 伊澤은 백치를 데리고 제일 나중에 피했는데 백치는 가끔 제 스스로 냇가에 몸을 담근다. 백치가 처음으로 자신의 의지가 있는 행동을 하는 '인간'을 발견하였다고 여겨 伊澤은 감격하지만 나중에 위기를 모면하여 잡목 숲 언덕에서 쉬게 되었을 때 백치는 여전히 돼지처럼 잠에 빠진다. 그것은 인간이 아니다. 그것은 하나의 육(肉)의 덩어리에 지나지 않는다.

伊澤은 잠들어 있는 백치여자를 보면서 한순간 그대로 여자를 버릴까하는 생각도 했으나 결국은 여자를 버리지 않았다. 살아가야 할 명백한 내일의 희망이 없는 곳에 새로운 행동은 일어나지 않을 것이다.

2. '백치'의 세계는 벌레의 세계

『백치』는 강렬한 표현력으로 쓰여 있다. 서두는 옆집이나 근처 사람들에 대해 묘사하면서 그 중 '최대의 인물'로서 주인집의 정신이상자에 대해 자세하게 그려내고 이어 그 주인이 데리고 온 여자가 백치인 자신의 처라는 것을 이야기 한다.

伊澤는 다음과 같이 설정되고 있다. 문화영화의 연출가로 되어 있는데 이는 작가 자신이 패전의 전년에 일본 영화사의 촉탁으로 있으면서 영화의 각본 등을 쓴 일이 있어 이를 바탕으로 한 인물설정이다.

伊澤이 당시의 저널리즘이나 영화세계에 대해 품고 있던 불신과 비판과 절망을 그려낸다는, 실은 작가 자신의 불신과 비판이나 절망을 생각나는 대로 한 설정이다. 이는 전전(戰前, 태평양전쟁 전)의 군국주의의 군부의 검열과 언론통제가 극심했던 상황을 떠올리게 하는 부분이다.

伊澤은 어느 날 사장실에 가서 전쟁과 예술성의 빈곤과의 상위에 어떤 이론상의 필연성이 있느냐고 힐난하면서 군부의 뜻대로 움직이는 예술로 구성되어야 하느냐, 특별한 사명을 위해 우리 예술가의 존재가 있느냐고 대항했으나 전혀 상대도 하여 주지 않았다. 사장은 '노도와 같은 시대에 美가 무엇이냐, 예술은 無力이다. 뉴스만이 진실이다 라고 호통 칠 뿐이었다' 라는 소설 속의 이야기는 완전히 작가의 경우가 겹쳐 있다.

伊澤은 백치가 제 발로 자신의 방으로 숨어 들어오자 '이 여자는 마치 나를 위해서 만들어진 슬픈 인형같은 것이 아닌가' 라고 생각하며 그녀를 품고 암울한 광야를 몰아치는 바람에 불리면서 걸어가는 무한의 여정을 눈앞에 그려본다. 그날부터 백치는 伊澤의 집에 숨어살며 결국은 그의 소유가 된다.

작가가 이러한 타이프의 여성을 설정한 것은 하나는 물론 태평양전쟁 하의 공습이라는 극한상황 속의 인간관계의 설정이었다. 하지만 이는 작가가 토스토 에프스키의 『백치』를 염두에 둔 설정으로 필자에게는 보인다.

주인공 伊澤은 저급한 생활을 혐오하여 발랄한 삶을 기대한다. 그러나 본인은 스스로가 세간의 평범함에 사는 비소한 인간에 지나지 않음을 자각한다. 이중의 고독이 있어 그는 안주할 곳이 없다.

마침내 그는 『백치』에게서 비소한 것에서의 탈피를 본다. 그러나 그것은 하나의 '벌레의 세계'였다.

백치에 대해 伊澤은 다음과 같이 말한다.

> “백치의 여자는 단지 기다리고 있는 육체에 지나지 않고, 그 외의 아무런 생활도 손톱만큼의 사고도 없다.” “눈떠 있을 때도 그녀의 혼은 잠자고 있고 자고 있을 때도 그 육체는 깨어있다.” “있는 것은 단지 육욕뿐. 그것은 모든 시간을 통해 깨어있고 벌레 같은 반응을 일으키는 육체에 지나지 않는다.”
>
> –『백치』에서

백치의 얼굴에서 떠올릴 수 있는 다른 하나의 인상이라면 그들의 작은 집안까지 공습이 덮쳐오자 무어라고 말 할 수 없는 백치의 고민의 표정이다.

백치가 공습기에 보인 추악한 고민의 표정에 대해 伊澤은 다음과 같이 말한다.

> “아, 인간에게는 理智가 있다. 어떠한 경우에도 또한 어떠한 억제와 저항이 남아있게 마련이다. 그 정도의 이지도 억제도 저항도 없다는 것이 이처럼 한심하고 비열할 수 있는가, 여자의 얼굴과 전신은 단지 죽음(死)이 가까이 있다는 데서 오는 공포와 고민만으로 휩싸여 있다. 고민이 생겨 고민에 허우적거리다가 그 고민으로 하여 한 방울의 눈물을 흘린다. 만일 개의 눈에서 눈물이 흐른다면 개가 웃고 있는 것같은 무척 괴상한 것이겠지………… 조금의 이지도 작용하지 않은 눈물이라는 것이 이처럼 추악한 것인가! 작은 벌레가 몸을 부풀리며 허우적거리고 있다…….. 말도 소리치는 일도 신음도 없고 표정도 없다. 伊澤의 존재조차 의식하고 있지 않았다. 인간이라면 그처럼은 아닐 것이다. 남자와 여자 단 둘이 대피하고 있는데 그 한쪽을 잊는다는 것이 인간의 경우에 있을

수는 없는 일이다.........그것은 작은 벌레의 고독이고 그 절대 고독상의 한심함이다. 한조각의 마음의 고민의 相이 없는 것을 보는 견딜 수 없는 추악함이다.

벌레(*백치여자)는 대공습이라고 하는 극한상황에서 인간을 회복하였는가 하고 생각했으나 그것도 상황의 소멸과 더불어 사라진다.

주인공은 백치여자가 잠들고 있을 때 여자를 버려두고 가려는 생각을 하였으나 그것조차도 싫게 느껴졌다. 사람이 물건을 버리는 것은, 예를 들어 종이쪽지를 버리는 일에도 버리는 것에 대한 이유와 결백쯤은 있을 것이다.

그런데 이 백치여자를 버리는 데에는 이유도 결백이라는 것도 없다. 조금의 애정도 없었고 미련도 없었고 버리는 것 만에 대한 이유도 없었다.

'살기 위해서의, 내일의 희망이 없어서였다'하는 것이 이 소설의 말미와 직결되어 있다.

『백치』는 여기서 끝나고 있다. 내일의 희망이 없어서라는 이유에서인데 어떻든 伊澤은 백치를 버리는 일은 하지 않는다.

3. '구제가 없다는 것이 구제다'

伊澤은 자신도 벌레화 하는 것으로 고독의 심연에서 살고자 한다. 그러나 아무런 연속도 없는 감각만의 세계에서는 결국 만족할 수 없다.

伊澤은 공습이 있던 다음날 새벽 일체의 사념을 잃고 단지 오늘 아침 해가 돋을까 어떨까를 생각한다. 이는 다시금 보다 심화된 形에로의 '백치'의 세계에의 함몰이었다.

그러나 작가는 "구제가 없다는 것 자체가 구제다"라고 말했다. 이 주제로 해서 『백치』 한편이 일본의 패전 직후의 사람들에게 어필했던 이유가 되었다.

이러한 점에서 『백치』는 『타락론』(후일 『속타락론』으로 개칭)과 그대로 상통하는 구조의 소설이다.

2 『타락론』

1. 『타락론』과 『백치』

坂口安吾는 『타락론』(1946년, <新潮> 4월호)을 에세이로 발표하고 이어 같은 <新潮> 6월호에 『백치』를 써서 일본 전후문학의 대표작가의 물망에 올랐다. 『타락론』의 내용은 다음과 같다.

> 무사도나 미카도이즘(日王制), 그리고 전시 중 강조되었던 내핍생활은 옛 일본인이 도의심이 깊고 지조가 강건해서였다는 것을 의미 하는 것은 아니다. 무사도나 미카도이즘은 일본인이 그렇게 되지 않으면 안 된다고 통찰한 정치의 창작에 지나지 않는다. 특공대원이 암거래 장사꾼이 되고 전쟁과부가 새 애인을 만들고 3군을 지휘하던 노장군이 생에 연연하여 법정으로 들어선다. 이는 패전으로 해서 인간들이 변한 것이 아니다. 그 모습이야말로 인간의 실상이다. 여기서 대의명분이라든가 불의, 의리 인정같은 데서 거짓의 옷을 벗

겨 적나라한 마음이 되자, 이 적나라한 모습을 끌어내어 보는 것이 먼저 인간부활의 제1의 조건이다. – 『속 타락론』에서

우리는 '건전한 도의에서 타락하지 않으면 안 된다.' '도의, 퇴폐, 혼란을 일으키자. 피를 흘리고 독을 미시자. 먼저 지옥의 문을 들어서서 천국으로 올라가지 않으면 안 된다'

– 『속 타락론』에서

「타락론」을 발표하고 작가가 곧바로 『백치』를 발표했다는 것은 『타락론』과 『백치』에 어떤 연관관계가 있다는 것을 짐작하게 한다. 더구나 작가는 『타락론』이나 『백치』를 저작하기 전에 체호프의 『지루한 이야기』를 탐독했다. 『지루한 이야기』는 제목 레벨에서 대체적으로 어떤 내용일지가 추측된다.

따라서 이 3자의 관계는 큰 연관성이 있다고 필자는 판단한다. 즉 『지루한 이야기』 → 『타락론』 → 『백치』이다.

여기서 인간의 지루한 의미 없는 삶의 한 상징적인 모델이 작가의 '백치'의 모습이라고 간주된다.

■ 『타락론』의 의의

『타락론』 『속 타락론』은 허무나 퇴폐를 쓰고 있는 것이 아니었다. 그것은 '인간부활' '인간해방'의 진솔한 외침이었다.

坂口安吾는 일찍이 인간존재를 '큰 모순'이라고 보고 있었기 때문에 오히려 작가는 『타락론』 『속타락론』에서 '인간의 모든 것을 전적으로 하나도 남김없이 긍정하려 하는 견해'를 보였다. 그리고 이러한 것을 규정하고 있는 것 등에서 그 맹아를 보이고 있었다.

그는 '전쟁에 패했기 때문에 인간이 타락하는 것이 아니다. 인간이기 때문에 타락하는 것'이고 '살아있기 때문에 타락하는 것'이란 확신을 가지며 창작활동에 임했다. 그로 해서 작가는 서민생활의 추악함을 그려내면서 그러한 입지를 견지하는 태도를 창작의 출발점으로 해나갔다.

그는 현실을 한층 더 암흑의 것으로 덧칠하며 그려내는 것으로서 그와 대립하는 자아의 존재감을 확인하는, 그러한 문학 동향이 현저하다.

이는 일본에서 전후문학의 실존주의적 경향이라고 불리는 데서 이와 같은 성향이 많았다. 즉 고뇌의 고백으로서의 근대성은 군국주의에의 굴종에 따른 문학의 황폐가 압도적으로 진행되고 있었는데 이러한 상황에서 눈에 띠지 않을 정도에서 그것에 대한 문학적인 저항을 가하는 몇 안 되는 흐름이 있었던 것이다. 그 하나로 坂口安吾의 문학을 들 수 있다.

2. 3국의 '백치'의 상위점

토스토 에프스키의 '백치' '무이쉬킨'

소설의 서술은 일반적으로 묘사, 설명, 대사(*회화), 독백으로 되어 있다. 물론 이들 서술의 작품의 표현에 점유하는 위치나 작용하는 기능은 각기 작품에 따라 다양하다.

계용묵에 있어서는 대사가 많이 나온다. 토스토 에프스키의 『백치』의 경우도 대화가 무척 많이 나오는데 그의 경우는 단지 작품의 표현 전체를 점하는 것에 있는 것뿐만 아니라 하나의 인물의 독백이 되고 있다는 특색이 있다. 그 독백은 어느 때는 심리 분석이 되기도 하고 어떤 형이상학적 고찰이 되기도 하고 또는 작품의 이야기와는 관계없는 우스꽝스런 삽화가 되어 있기도 한다. 그러나 이는 작가가 의식적으로 그러한 대사와 독백의 효과를 노리고 있는 결과다.

토스트 에프스키의 『백치』의 주인공 무이쉬킨은 남성이고 신분은 공작이고 유산상속으로 재산가다. 그리고 주인공을 좀 더 보통 인간과 별다르게 나타내 보이기 위해 간질병 환자로 설정되어 있다. 즉 무이쉬킨이 간질발작을 일으키는 병증은 작가가 그 발작이라는 점을 서술하는데 목적이 있는 것이 아니라 무이쉬킨의 기괴한 언동을 그러한 병증을 상기시키게 하는 데에 있다.

무이쉬킨의 인물상이나 그 외의 『백치』에 나오는 인물들이 어떻게 그려져 있는가 하는 것과는 별도로 작가 토스트 에프스키의 소설에서는 인물은 이데올로기이고 작가와 주인공(사고하는 이데올로기)은 같은 평면에 위치하고 있다. 작중인물의 말의 대화적(對話的)인 콘텍스트의 상황과, 작가의 말의 그것과는 근본적으로 다르다.

작중인물의 말은 작품 안에 그려진 대화에 참가하는 것이고 동시대(同時代)의 현실의 이데올로기적 대화 — 즉 현실의 언어 커뮤니케이션 — 작품의 전체는 이것에 참가하여 이해된다. (작중인물의 말은 작품 전체의 요소로서만 이것에 참가한다) — 에는 직접 참가하지 않는다.

이에 반해 작가는 확실하게 이 현실의 대화 속에 무엇인가의 위치를 점하는 것이고 동시대의 현실의 상황에 규정되어진다.

계용묵의 '백치' '아다다'

계용묵의 「백치 아다다」의 여주인공은 김초시의 딸이라 신분이 미천하지는 않지만 '딸'이면서 선천적으로 벙어리 백치여서 '아다다' 자체는 재산도 가진 것이 없고 사회적 신분도 갖고 있지 않은 여자다. 무이쉬킨이 '간질병'이 있는 것과 다르게 아다다는 '벙어리'로 설정되어 있다.

계용묵은 아다다를 벙어리로 설정해 놓고 그녀가 하는 행동을 보여 주는 것으로 여주인공의 인물상을 조형(造形)해 나갔다. 그래서 아다다가 말로서 어떤 자신의 의중을 표하는 일은 거의 없다. 아다다는 단지 자신의 행동으로 의중을 표할 뿐이다. 아다다의 행동이 곧 그녀의 인물상이나.

「백치 아다다」 작품 서두에서부터 그녀의 행동은 그녀의 인물상의 표현이다. 즉 그녀의 행동은 곧 그녀의 인물상인 동시에 그녀의 심리, 성격의 표현이 되고 있다.

아다다의 죽음이라는 비극으로 끝나게 되는 그녀의 마지막 행동이 되고 있는, 수룡이가 장사밑천으로 귀중히 뭉쳐놓은 돈을 전부 바닷가에서 물속으로 던져 넣은 일에서도 그녀의 심리와 행동이 그녀의 인물상임이 드러난다.

그러면 '아다다'의 인물상은 무엇을 표하고 있는가가 문제가 된다. 이는 제목이 주제가 되어지는 경우에 해당되기도 한다.

필자는 '아다다'는 작가의 '예술관' 또는 다른 보통인과 다른 특별한 특정인의 다른 이름이라고 판단한다. 그래서 그의 '예술'은 현실로 대변되는 아다다의 친정이라든가 수롱이로 대변되는 현실세계에서 '백치'처럼 소외된다. 마찬가지로 사회로부터 용납되지 않는 특정인은 '백치'처럼 소외당할 것이다.

坂口安吾의 '백치' '백치녀'

坂口安吾의 '백치'는 伊澤이 세들어 살고 있는 집주인이 길에서 주워와 며느리로 삼은 백치여자이다. '백치녀'는 재산도 없고 배운 것도 없고 신분도 없는 아무 것도 가진 것 없는 떠돌이다. 육체의 덩어리 같은 존재다.

주인공 伊澤은 그 백치가 제 발로 자신의 방으로 숨어들어 오자 그때부터 그 백치는 그의 소유물이 되었다.

伊澤은 아무런 감각도 이지(理智)도 없는 인간의 벌레의 삶과 같은 세계를 보여주기 위해 '백치여자'를 설정했다고 본다. 인간의 삶이 그런 것일 수 있겠느냐는 작가의 인간관이 표출되어 있다. 실존주의의 성향이 발견된다.

3 계용묵의 「오리알」

1. 계용묵의 「오리알」과 토스토 에프스키의 『죄와 벌』

「오리알」

계용묵의 「오리알」(1936년)은 토스토 에프스키의 『죄와 벌』의 모티브와 주제를 그대로 떠올리게 하는 작품이라고 생각한다. 『죄와 벌』에서 제재(題材)를 차용했다고 본다.

열살의 주인공 만금이는 선생님이 홍수로 인해 생사의 기로에 선 동포를 돕자는 말씀을 듣고 자신도 수업료를 못내는 가난한 처지이면서도 그들을 돕겠다는 결심을 했다.

돈 5전을 마련하기 위해 만금이는 어머니에게까지 졸라 산에서 돌무더기를 날라 팔기로 했다. 모자는 돌들을 사겠다는 초시 집으로 그 무거운 돌들을 가져갔으나 초시의 아들은 작년에 만금이네가 빚으로 가져간 강냉이 두말 값이 아직 안 갚아졌다며 돌 값을 그것으로 대봉친다고 했다.

만금이는 일시에 부풀었던 마음이 사라지고 눈물이 났다. 그는 돌부리를 차고 넘어졌다가 담 뜰 밑에 오리 알 세개가 있는 것을 발견하고 그것을 팔아 이재민을 위한 성금을 내기로 마음먹었다.

오리알 3개의 값은 6전이었다. 만금이는 6전을 성금으로 선생님께 드리는데 1전이 더 왔다고 하는 선생님의 말씀에도 자신은 1전을 더 내겠다고 하여 선생님을 감동시켰다.

선생님은 만금이를 무척 칭찬했고 만금이의 칭찬받을 만한 선행은 온 동네에 퍼졌다. 그러나 만금이가 낸 돈은 초시집 오리알이라는 것이 밝혀지고 초시는 선생님을 불러다가 호통을 쳤다. 선생이 가르친다는 것이 도적질이냐는 호통이었다.

선생님은 만금이를 책망했다. 만금이는 다시는 그런 일을 하지 않겠다고 하고 부끄러움에 머리를 수그렸다. 만금의 눈에서는 호소할 길 없는 눈물이 비오듯 뒤를 잇는다.

만금이가 오리알을 훔친 것은 생사에 허덕이는 동포를 위한 선행에 목적이 있었다. 말하자면 『죄와 벌』의 주인공의 행위를 연상시키는 점이 있다. 선행을 위해서는 도적질도 할 수 있는가 하는 것이 모티브가 되고 있다.

오리알의 주인은 초시네다. 초시네는 부자이고 더구나 오리가 낳은 오리알을 초시는 모르고 있다. 그리고 초시는 부자이면서도 남의 곤궁함에 인정을 베풀지 못하는, 나쁘게 말하면

악덕한 사람이다.

그러한 초시의 오리알 3개는 만금이가 마음먹은 선행으로서의 성금을 생각할 때 어찌 보면 있을 수 있는 일로 간주될 수 있다. 그러나 선생님은 이를 나쁜 일이라고 결정했다.

그리고 만금이는 눈물을 비오듯 쏟았다고 했는데 그 눈물의 의미가 모호한 감이 있다.

만금이는 10살의 어린 아이이므로 선악의 판단이 어른같지는 않다. 그러나 만금이의 눈물은 어떻게 해석해야 하는가가 문제로 대두된다고 여겨진다. 즉 정말로 선생님의 판단처럼 나쁜 도적질로만 분간되어야 하는 가이다.

2. 『죄와 벌』에서의 범죄성

『죄와 벌』 소설의 사건이 현실의 사건과 일치하고 있는 일은 주목할 만하다. <러시아報知者>에 라스코리니코프의 범죄의 묘사가 게재되던 호가 나오던 날 신문에는 모스토아에서 일어난 이와 완전히 비슷한 사건의 보도가 있었다. 어느 대학생이 전당포를 하는 남자를 살해하고 금품을 강탈했다는 보도였다.

여러 정황을 종합해 보면 그 대학생은 부정한 상태를 바로하기 위해서는 모든 수단이 해답으로 될 수 있다는 허무사상적(虛無思想的)인 확신에서 그 일을 실행했던 일로 나타났다.

『죄와 벌』은 현대인의 심리에의 깊은 통찰로 러시아사회를 크게 경악하게 했다. 토스토 에프스키가 놀랄 만큼의 세세한 묘사로 그려낸 그 심리 해부로 해서 본질적으로는 무척 선량한 인간들이 그와 같은 무서운 범죄로 가는 경로와 그 관계에서의 현대사회에 있어서 유행인 어느 정리(定理)의 방향이 명확해진 것이다. 이런 정리의 유행성은 작가에게 있어서는 어떤 정신적인 전염병같이 생각되었다.

주인공 라스코리니코프는 선량하고 동정심 많은 남자인데 전당포의 노파와 그 여동생을 죽였다. 그의 범죄는 이전에 어떤 잡지에 게재한 자신의 논문 가운데 기술한 적이 있는 자기류의 사회도덕의 정리에 영향된 결행이었다.

그 정리에 의하면 그 범죄는 그것이 만일 완전히 사회의 행복을 각성하기 위한 것이라면 허용될 수 있는 성질의 것이었다. 소설 속의 심문관인 포르 휘 페토로이치카가 전하는 바에 의하면 이 정리는 모든 인간은 2가지의 규범 즉 정상인과 비정상인으로 나뉠 수 있다고 하는 데서 성립될 수 있다. '그래서 비정상인은 모든 범죄를 수행하고 모든 방법으로 법률을 파괴하는 권리를 갖는, 말하자면 그들이 비정상인이기 때문이다'라고 했다.

라스코리니코프는 다음과 같이 좀 더 확실하게 전한다.

나의 논문은 전혀 그렇지가 않다. 그러나 당신은 나의 논문의 의미를 거의 정당하게 파악했다.......단지 차이점은 이러한 것이다. 나는 비정상인이 당신이 말씀하신대로 모든 제멋대로 일을 해나가고 또한 그럴 의무가 있다고 하는 것같은 것은 나는 전혀 주장하지 않았다.........나는 단지 비정상인은 그 권리를 갖고 있다. 즉 公權은 아니지만 자기 자신, 만일 자신의 관념의 수행(때로는 이 관념은 아마도 전 인류의 구원을 위해서일 것이다)이 이를 필요로 하는 경우 그런 경우에만 모든 다른 장애에 머뭇거리지 않고 행한다는 자기의 양심이 허하는 권리를 갖는다 이다. ....그 길의 장애로 대두하는 한 사람 내지 10인 내지 백인 혹은 그 이상의 인간의 생명도 희생하지 않으면 인간에게 알릴 수 없다고 하는 경우에는 뉴턴은 그의 발견을 전 인류에게 알리기 위해 이 10인 내지 100인의 인간도 없앨 권리를 갖고 있다,

아니 '의무가 있다'라고 전하는 것으로 이를 위해 뉴턴은 살해하고 싶은 인간을 손닿는 대로 차례로 살해하고 또한 시장에서 매일 도둑질을 하는 일과는 전연 다르다.

나의 논문 안에 있는 모든 자들, 예를 들어 인류의 입법자나 조직자는 아주 옛날부터 시작되는 소롱(Solon, 고대 아테네의 입법자, 7賢의 한 사람)에서 나폴레옹 등 그 후로도 쭉 모두가 범죄자였다. ― 그들이 새로운 법률을 포고하고 그것으로 사회에서 존경받던 선조의 전래로부터의 옛 법률을 파괴했다고 하는 그것으로도 이미 범죄자라 할 수 있다. 그리고 만일 장렬한 피흘림이 효과가 있다면 그들은 물론 피흘림 앞에 주저하며 멈춰서지는 않는다고 생각한다.

이들 인류의 은인의 조성자의 대부분이 수차 특히 무서운 살육자였다는 것을 주목해야 한다. 한마디로 말해서 나는 모든 인간은 위대한 인간이 아니어도 어떤 새로운 일을 발설하는 일을 할 수 있는 인간이라면 그들은 그 天性에 있어 반드시 다소와 상관없이 범죄자가 아니면 안 된다고 결론을 내린다. 그렇게 하지 않으면 그들은 그 궤도에서 벗어나는 일이 곤란하다. 그러나 그 궤도 안에 안주하는 것은 또한 자신들의 천성상 받아들이지 않는다.

3. 주인공의 논문

한마디로 말하면 나(*라스코리니코프)의 논문에 의하면 모든 인간들이 완전히 동일한 권리를 갖는다. ....그래서 '영원히 투쟁한다. 물론 새로운 에르살렘까지. ....새로운 사상을 지니는 인간은, 무엇인가 새로운 것을 내세우는 재능 있는 자의 출현은 인간의 생식의 규정으로 볼 때, 아마도 대단히 정확하게 어떤 자연의 법칙에 의해 작은 수밖에 태어나지 않는다고 확언할 수 있다. 아마도 10만인 중 한사람쯤 약간의 천분 있는 자가 탄생한다. 그래서 거의 이 위대한 천재는 아마도 수십억의 인간이 지상에서 괴멸된 후에 겨우 태어난다고 보아야 한다. 예컨대 여기에는 우연이 존재할 수는 없다. 「죄와 벌」의 주인공 라스코리니코프가 수행한 범죄도 이와 같은 정리로 설명될 수 있다. 그는 사회에서 확산되고 있는 어떤 류의 견해에 반항해 가는 길을 감히 이행했던 것이다. 자신의 정리(定理)에 따라 행동한 그는 비상식인에 속했다. 주인공은 자신의 정리가 수용되기를 바란다. 그래서 그 신앙이 돈을 빌려주는 노파를 살해로 귀결되었다.

하지만 작가는 그 정리를 거부하고 그 허무주의에 반대하는 입장임은 확실하다. 작가는 자신의 소설의 주인공을 폭력을 가지고 행동하는 인간으로 사고하고 있어서다.

작가는 이 소설에서 허무주의(니힐리즘)를 비판하고 있다고 해도 좋다. 작가는 1860년대의 소설가들처럼 허무주의의 해명에 종사하려고 하지 않았다. 그들 소설가들에게서 작가는 추악함과 저속함만을 찾아낼 뿐이었다.

허무주의자들 중에서 제1로 빈약한 이지와 빈약한 정감을 지닌 지력의 명확함과 생생한 마음의 따뜻함을 잃은 인간들을 보게 되는 일에 분개한다. 이들 허무주의자들은 자신의 의지로 인생에서 완전히 떨어져 심한 어리석음으로 밖에 여겨

> 질 수 없는 정리를 내세운 것이다. 그리고 이들 정리를 기초로 하여 그들은 자신들 혹은 다른 사람들의 생활을 파괴하고 그 파괴함 속에서도 그러한 생활의 추악함을 이해하지 못하고 감지하지도 못하고 살고 있는 것이다. 그래서 허무주의자라고 불리는 것은 작가에게는 괴상스럽고 저열한 것으로 생각되는 것이다.
>
> 예컨대 그들의 형태는 그 본질을 말하면 항상 동정을 받지 못할, 단지 조소와 오해를 불러일으킬 수 있는 여지가 있다.

이것이 가장 명확하게 나타나는 것은 라스코리니코프에 대해 아름다운 소냐치카의 모습에 두고 있다. 매춘부 소냐치카를 순수한 공상의 산물로서가 아니라 현실생활 가운데서 취하고 있다.

작가는 그녀가 더렵혀져 있는 상태에 있음에도 불구하고 도덕적으로 순수함을 완전하게 지니고 있다는 것을 표하고 있다.

즉 그녀는 계속적으로 자신의 영혼과 육체가 함께 소멸되어 나가는 두려운 직업에 있으면서도 이 순결함을 지닐 수 있었던 것이고, 그래서 그녀는 자신과 자신의 가족생활을 이 두려운 업종에 종사하고 있었음에도 지탱해 나갈 수가 있었다. 지적인 발전으로 해서 그녀는 무척 높은 경지에 놓여 있다.

그녀는 이런 모든 것과 더불어 도덕적인 견고한 세계관을 지니고 있다. 소냐츠카가 '당신은, 당신 스스로에게 무슨 일을 하셨나요?'라는 라스코리니코프를 향한 말에서 하스코리니코프의 허무사상적 정리를 부정하고 소냐츠카의 입을 빌려 그것에 대한 판단을 갖게 한다.

그녀의 아무렇지 않은 것 같은 말이 라스코리니코프에게 좋은 약이 되어 그의 고차원의 총명에서 오는 허위와 허영을 벗겨낸다.

그녀의 감정과 확신은 복음서의 흐름을 담고 있는 그 감정과 그 추구는 주인공의 정리와는 전연 반대의 것이었다.

높은 도덕적 발전을 한 인간이 가장 뛰어나다고 하는 사상이다. 그러나 이들 인간은 영리하고 사악한 인간 앞에서는 어리석고 또한 단순한 인간으로 보이는 것이다.

二. 문장표현의 테크닉

문장은 테크닉이다

1. 소설의 표현 양식

'문(文)은 사람이다'라고 프랑스의 박물학자 뷰흐옹이 약 200년 전쯤에 말한 일이 있다. 그는 진리는 만인의 것이지만 그 기술의 방법은 사람마다 다르다고 했다.

오늘날까지도 빈번히 사용되고 있는 '문은 사람이다'에는 문장(文章)은 작가의 사람됨이 드러난다든가 문재(文才)는 천혜(天惠)라든가 사람의 얼굴이 모두 다른 것처럼 모든 사람의 각양각색의 문체가 있다든가 하는 의미를 내포하고 있다.

문장은 물론 우리의 사고(思考)를 표현하는 하나의 방법이겠는데 옛날에는 수사학(修辭學)이라든가 미문(美文) 쓰는 법이라든가 하면서 언어를 발표하는 기술(技術)로서 인간과 독립해서 생각했다.

이런 경향이 근대에 와서 낭만적인, 개성존중, 자기중심주의가 나타나면서 배제되기 시작했다.

즉 문장이 어떻게 아름답게 쓰여 있는가보다는 '확실히 어느 사람이 쓴 문장이다, 그 사람이 아니면 쓸 수 없는 문장이다'

라고 하면서 존경을 표하게 되었다. 파격적인 흐름의 조잡한 글도 오히려 그 사람의 특징이라고 시인하는 경향으로 바뀐 것이다.

화려한 문체, 수수한 문체, 힘 있는 문체, 경쾌한 문체 등등의 여러 잡다한 형용으로 작가들을 평하면서 비평가들이 사용하고 있는데 이는 비평가가 어느 작가의 작품을 읽고서의 인상의 표현들이다.

문장의 감상에는 다양한 시점(視點)이 있다. 예를 들면 문체론에서는 「文體印象」, 「어휘」, 「文・문맥」, 「문장구성」, 「묘사」 등에서 「템포・리듬」, 「수사」(修辭, 레토릭) 등이다. 「문체인상」을 빼면 모두 분석적이고 당연히 그 테크닉(技術)도 필요하게 된다.

본래 문장(文章)은 담화(談話)와 마찬가지로 의사(意思) 감정을 표시하는 것인데 담화와는 전혀 다른 별개의 것으로 방식도 테크닉도 다르다.

오늘날의 우리나라의 다수의 문학종사자들 중에서는 '문장은 가슴・정열로 쓰는 것이어서 테크닉으로 쓰는 것은 아니다'라는 생각을 갖고 있는 사람들이 많은 것 같다. 말하자면 '자신을 감동시키지 않고 어떻게 다른 사람을 감동시키는가'에 초점을 둔다. 이는 오래전부터 계속되어 온 문장론의 일환이다.

우리가 문장을 쓸 적에는 자기를 창조하고 자기를 비판해 나가는 일이다. 좀 더 알기 쉽게 말하면 자신이 자신의 문장을 비판하며 쓰는 때문에 무엇인가 비판의 표준이 될 것이 필요하게 된다. 이는 검(劍)을 만드는 장인이 검을 날카롭게 하기 위해 숫돌(砥)이 필요한 것과 동일하다. 숫돌은 물건을 자르는 힘은 없어도 검을 날카롭게 만든다. 문장을 예리하게 하는 것은 즉 수사학이고 이것이 연유가 되어 문장기술이 습득된다.

때문에 문장비판에 척도를 주고 또한 사고(思考)를 가장 강력하게 표출을 가능하게 하는 기능이 '수사'라고 정의 한다.

2. 수사학의 필요

희랍인은 처음에 화술(話術)의 연구에서 수사술(修辭術)을 생각하기 시작하여 이를 레토릭(rhetoric, =수사학)이라 했다. 레토릭은 수사법 또는 수사학이라고도 번역한다. 언어나 문장의 효과를 높이기 위한 기술(技術, 테크닉), 수사학이다. 부언하면 레토릭은 자신의 발언을 설득력 있게 하거나 문장을 아름답게 장식하게 하는 표현기법(表現技法)이다. 비유. 도치법, 반어(反語), 대구(對句) 등 문학적인 기법(技法) 모드를 망라한다.

수사적 표출방법은 대체로 다음과 같은 원리를 기초로 하는 것으로 한정되어야 한다.

- **구체표출(具體表出)** - 알기 어려운 것을 구체적으로 돌려 말한다.
- **비유표출(譬喩表出)** - 다른 것을 예로 들어 어느 것을 기술한다.
- **추상표출(抽象表出)** - 노골적이 아니게 얼버무려 말한다. 구체적 표현이 있다면 반대로 구체적인 것을 추상적 언표 같은 필법이 있게 된다.

- 생략표출(省略表出) – 전부를 말하지 않고 쉽게 이해시킨다.
- 인용표출(引用表出) – 고사고어(古事古語)를 인출하여 서술한다.
- 점차표출(漸次表出) – 가까운 것에서 먼 것으로, 쉬운 것에서 어려운 것으로 점차 언급 한다.
- 기경표출(奇警表出) – 기경한 언어로 사람의 관심을 끌어들인다.
- 반복표출(反復表出) – 인상을 깊이 있게 하기 위해 동일어(同一語)를 되풀이한다.

이 외에도 다른 수사의 표출법이 있겠으나 대체로 문장의 표출법의 원리는 이 8가지로 집약될 수 있다.

3. 문체

문체론에는 크게 나누어 2개의 입장이 있다. ① 언어학적(國語學的) 문체론과 ② 비평적(文學的) 문체론이다. 전자는 문학작품을 내용과 형식으로 나누어 누구의 눈에도 사실로서 그 존재를 확인할 수 있게 되는 형식상의 제 특징을 분석하는 것에 비해, 후자는 그러한 외형적 특징이나 기법(技法)도 물론 염두에 두지만 문학작품의 형식을 내용과 떼어내어 생각할 수는 없다는 입장에 서면서 언어적 표현사실(表現事實)에서가 아니라 어디까지나 그 문학적 가치를 문제로 삼는다.

즉 문체과학과 같은 전자에 반해 문체미학(文體美學)을 고집하는 입장이다. 그래서 비평가가 어디까지나 문체를 양식(樣式)

이라 칭하면 다음과 같은 개념규정을 정의할 수 있게 된다.

양식(문체)이란 외면(外面)의 형식(書法으로서의 文章體)으로부터 규제를 받으면서 외면의 형식을 지키면서 작품을 통일적으로 형성시켜 나가는 작가의 개성적 법칙성(法則性)이다.

「작가의 개성적 법칙성」이라는 말에서 문체는 작가의 개성이나 습벽으로 환언되어지는 것이라고 생각해서는 안 된다. 어디까지나 작품 전체의 문학적 가치를 중시하는 일은 그 가치가 독자로 하여금 창조되어진다는 것을 강조하면서 결론으로서 「작품이 독자에게 불러일으키는 독자의 감동의 분석과 재구성(再構成), 그것이 문체의 분석의, 즉 문학연구의 목적일 것이다」가 된다.

말하자면 문체론보다는 오히려 뛰어난 비평이나 작품론이나 작품 감상에서, 그러한 의미에서의 문체의 분석이 구명된다는 소이이다.

영국의 비평가이며 편집자인 J.M 마리(1889－1957)는 자신의 저서 『소설과 시의 문체』(兩角克夫譯)에서 문체를 다음과 같이 셋으로 나누었다.

(1) 개인적 특이성으로서의 문체
(2) 표현기술로서의 문체
(3) 문학상의 최상의 성과로서의 (절대적인 의미로서의)문체

마리의 설을 요약하면 (1)은 개성(個性)이고 (2)는 '문장을 쓰는 기술'이다. 소설가나 시인은 개성을 발휘하고자 하는 신념을

명확하게 표현하기 위해 기술을 연마한다. 그 결과 잘 되면 독자에게 작가의 개성이, 내적 경험이 빠짐없이 전해지는 기적과 같은 것이 일어난다. 개인적인 특이성(特異性)이 독자를 얻어냄으로서 개인적인 특이성이 초월의 성과를 얻어낸 결과다. 이 때 그 작가는 절대적인 의미에서의 문체를 획득한 것이 된다. 마리의 설은 대체적으로 이러한 문체발생의 과정을 설명한 것이다.

시인이며 문학사가(文學史家)인 原子郎(하야시 로, 1924-)은 「자신에게 적합한 문체의 발견」이란 논문에서 문체를 다음의 4가지로 분류했다.

(1) 일반직 상식적인 의미에서의 문체 – 독자가 생각하는 문체. 쓰여 진 문장에서 그 문장의 문체를 읽어내는 것.
(2) 발상・표현기법으로서의 문체 – 작가가 고안하는 문체의식. 작가의 수단이나 방법. 작가의 의식적인 문체.
(3) 예술적 가치로서의 문체 – 뛰어난 작품만이 지니고 있는 절대적인 가치가 있는 문체.
(4) 초개성적(超個性的)인 양식으로서의 문체

이 중에서 (4)에 대해서 보충하면 그는 문체란 너무나 개성주의 적으로, 또는 실증적(實證的)으로 생각하고자 하는 근대주의적 사고에 충격을 주고자하여 이 (4)를 꺼내놓았다고 볼 수 있다. 즉 '개성에 의해 문체가 생기는 것이 아니고 작품이라든가 문장이 공동체(共同體)의 기반 속에서 공동체의 소리로서 생겨나는 때만이 문체가 발생한다'이다. 이러한 시대양식(時代樣式)에까지 올라간 문체는 말하자면 공동체의 공감이라고 해도 좋을 것이어서 그것이 1등의 존귀한 문체다.

原子郞의 문체론을 소설가로서 재음미하면 다음과 같아진다. 즉 소설은 '독자'라고 하는 이름의 「동시대에 사는 동료들」을 향해 쓰여 질 수 있는 것이다. 동료들은 각기의 내부에 무엇인가 몽롱한 것을 품고 생활하고 있다. 그 몽롱한 것에 응분의 이름을 붙일 수 있다면 얼마나 상쾌할 것인가라고 생각하면서 살고 있다.

또한 동료들은 제각기의 내부에 혼돈된 이야기 같은 것을 담고 있다. 즉 동료들 = 독자들은 내부에 무엇인지 이름붙일 수 없는 언어, 형(形)을 이루고 있지 않은 반투명의 것을 담고 살고 있는 것이어서 그 몽롱한 것에 이름이 주어지고 그 반쪽의 이야기 군에 형을 주는 것이 작가의 일이다. 당연히 작가가 사용하는 언어도 독자의 언어가 되지 않으면 안 된다. 그런데 이 일에 성공한 작가는 자연히 '시대양식에까지 올라간 문체'(=공동체의 實感)를 지닌다.

상기한 두 사람의 설을 정리하면 다음과 같아진다.

(1) 문장형식(文章形式)
(2) 문장유의(文章流儀)
(3) 문장성과(文章成果)
(4) 문장양식(文章様式)

문체라고 하는 어휘를 일단 염두에서 빼놓고 대신에 새로운 언어를 4개를 더해 놓은 것이다.

문장형식이라는 것은 한마디로 '장르의 문체'라고 바꾸어 말해도 좋다. '이다 · 입니다(體)', 기사문(記事文), 서사문(敍事文),

설명문(說明文), 강의체(講義體), 회화체(會話體), 서간체(書簡體), 일기체(日記體) 등, 문장상의 외견을 그 언어사실을 일거에 이 (1)로 구분되는 것을 말한다.

문장유의라는 것은 (1)에 쓰는 사람의 개성이 가미된 것이라는 정도의 의미다. 필벽(筆癖)이라고 해도 틀리지 않는다. 예를 들면, 야뇨증을 '매일 밤 잠자고 있는 사람을 깨놓고 마는 습관'이라고 쓰든가 창녀를 '술을 권하는 여자'라고 쓰는 것 등, 말하자면 어떤 말을 각기 쓰는 사람의 감각(感覺) 등 같은 것도 이 문장유의에 포함된다.

문장성과라는 것은 이는 앞서 기술한 마리설(說)에서의 '문학상의 최상의 성과로서의 문체'에 대체로 해당된다. (2)가 잘 되어갔을 적에 이 (3)이 실현된다. 즉 (2)와 (3)은 개인의 문체이다.

문장양식이란 천재(天才)나 거인의 문체라고 생각하면 된다. 즉 '시대의 문체'라고 생각하면 된다. 즉 공동체의 양식으로서 채용되는 평이하고 명석한, 그리고 새로운 문장이 (4)이다.

우리는 한사람도 빠짐없이 누가나 자기들 자신의 내적 경험이라는 것을 머리 한곳에서 항상 '무엇인가 몽롱한 것의 성(城)'에 잠기어 있다. 그 '무엇인가 몽롱한 것'을 명확히 하기 위해서는 그것에 대해 어떤 형(形)이 주어지지 않으면 안 된다. 예를 들어 언어라고 하는 사회적 형성물(形成物)을 사용하여 자신의 개인적 체험을 사회화 하지 않으면 안 된다. 그렇게 함으로서 비로소 우리는 '무엇인가 몽롱한 것'의 정체를 꿰뚫어 알 수 있게 된다.

앞서 서술한 것을 다시 나름대로 새롭게 정리해보면 대체로 다음과 같아진다.

(1) 문장형식 - 문장의 외견상의 특징.
(2) 문장유의 - 쓰는 사람의 개성이 드러난 것.
(3) 문장성과 - (2)가 잘 되어 가면 이 (3)이 실현된다. 문학상의 최상의 성과로서의 문체.
(4) 문장양식 - 그 문장을 모델로 한다면 그 시대의 사람들이 각기 자신의 내적 경험을 표현할 수 있을 거라고 생각할지도 모르는, 그 언어의 모델이 될 만 한 문체.

4. 묘사

묘사(描寫)는 영어의 description의 번역어다. '자연묘사, 성격묘사, 인물묘사, 환경묘사, 내면묘사, 외면묘사, 측면묘사, 행동묘사 등 묘사라는 어휘는 상당히 많은 복합적인 의미를 함유하고 있다.

문장에 가장 강렬한 힘을 줄 수 있는 것은 묘사다. 묘사라는 것은 사물을 그려내면서 눈앞에 펼쳐지는 것처럼 표현하는 것을 회화(繪畵)의 언어를 빌려서 묘사라고 한다. 그래서 역사상의 사실을 논술하든지 학문상의 의견을 논증하는 것 같은 설명문 같은 글쓰기는 기술(記述)이라고 하고 묘사라고는 하지 않는다.

경치나 사물을 베껴내어 읽는 사람으로 하여금 그 경지에 있게 하고 그 경지 내에서 떠도는 것 같은 기분에까지 잠겨들게 하기 위해서는 그 장면을 명료하게 그려내는 노력이 필요하다.

자연묘사(自然描寫)의 경우에는 영어의 description, 이 글자가 잘 어울리지만 성격묘사는 characterization이어서 이것은 오히려 성격인상(性格印象)이라고 번역하는 편이 낳을지 모른다. 인물묘사는 picture 또는 portrait(肖像), 행동묘사는 narrative(敍述), 심리묘사는 analysis(分析)로 하는 편이 훨씬 타당하다. 이처럼 분화해 말 할 수 있는 것을 통상 '묘사'로 통합하고 있다.

우리나라에서 문예평론이 형태를 취한 시기는 자연주의(自然主義)의 시대, 플로베르나 졸라의 영향을 받은 사실주의의 시대였다.

「묘사」는 말할 것도 없이 어느 대상을 「그림 그려내다」라고 생각하고 있어 객관주의의 입장을 전제로 하고 있었다. 즉 한편으로 작가라고 하는 주체가 있고 환경도 자연도 인물도 객체(客體)로서 그곳에 있는 것을 「그려내다」라고 생각했다. 그려낸 것이 '객체와 같을수록 좋다'라고 하는 묘사주의의 미학이 전제되었던 일이다.

예컨대 경치나 사물을 베껴내어 읽는 사람으로 하여금 그 경지에 있게 하여 그 경지 내에서 떠도는 것 같은 기분에까지 잠기게 하기 위해서는 그 장면을 명료하게 그려내는 노력이 필수요건이다.

아름다운 풍경을 보고 '아름답구나'하는 것은 자기의 심리다. 자기의 심리인 '아름답구나'만 써가지고는 독자는 아

> 무 아름다움도 느끼지 못한다. 독자에게도 그런 심리를 일으키기 위해서는 그 풍경의 아름다운 소이(所以)를, 천(天, 하늘), 운(雲, 구름), 산(山), 수(樹, 나무), 석(石, 돌) 등 풍경의 재료를 풍경대로 조합해서 문장으로 표현해주어야 독자도 비로소 작자와 동일한 경험을 그 문장에서 얻고 한가지로 '아름답구나' 심리에 이를 수 있는 것이다.[24)]

인용문에서 설명한 바와 같이 제재의 현상을 문장으로 재현시키는 것이 묘사다.

5. 묘사는 표현테크닉

묘사는 대상의 사실(事實)이나 현상의 정황에 관해 보든가 듣든가 느끼든가 생각하든가 하는 것을 좀 더 효과적으로 쓰는 표현기술(表現技術)이고 주로 감동 감명을 주는 것을 기하고 있다. 따라서 묘사는 정확함, 정밀함, 또는 각별한 작가의 고안에 불과하다. 작가의 발상·발상력으로부터 감수성, 관찰력, 그것을 문장으로 조형(造型)하는 표현력이 요구된다.

즉 한 편의 문장은 그 강약의 차이가 있다고는 해도 설명과 묘사 양편의 요소를 함유하고 있다. 그 문장의 목적, 장르나 성격에 따라 그에 합당하는 조화가 있게 마련이다. 원래 설명적, 논리적 문장에서는 설명(記述)이, 문학적 문장에서는 묘사가 중심이 되는 것은 당연하다. 문학적 문장에서 자연묘사라든가 풍경묘사, 인물묘사, 심리묘사라는 것이 대두하는 것은 이 때문이다.

---

24) 이태준, 『문장강좌』, 창작과 비평사, 1988, 214쪽.

묘사에서 관찰력이 잘 되어 있으면 그다지 곤란한 문제가 아니게 된다. 보는 것, 듣는 것, 촉감 받는 것, 무엇이나 극명하게 서술해 나가는 것이다.

인간의 감정을 직접 문장으로 써서 그려내는 것은 대단히 어려운 일이지만 묘사로서 감정을 표현하는 일은 쉽고 또한 효과적이다.

예를 들어 친척의 할아버지의 죽음을 쓰려할 적에 「슬펐다」라고 백편을 써도 작가의 슬픔이 독자에게 전해지지 않는다. 「울었다」라든가 「눈물」이라든가를 쓰면 조금 알게 되지만 어째서 그처럼 할아버지의 죽음이 슬퍼졌는지 알 수 없다. 여기서 묘사가 필요하다.

자신이 밤에 책을 읽고 있었는데 전화가 걸려왔고 할아버지가 구급차에 실려가 입원하셨다는 말을 들었다. 늘 다정하시던 할아버지의 목소리가 아니고 이웃집 사람의 목소리였다. 나는 택시를 타고 병원으로 달려갔다. 그 도중에 창밖으로 본 전등불빛으로 환한 거리, 평화롭게 걷고 있는 사람들, 택시기사의 느릿한 태도, 병원입구에서 본 흰옷차림의 남자, 간호부, 305호실이라는 입원실 호수, 입원실 문을 열자 보이는 산소호흡기, 할머니의 안절부절 하시는 태도, 주위를 둘러싼 친척들의 얼굴, “어떻게 된 일이지요?” “혈압이……. 혈압이” 할머니는 울기 시작하신다. 할아버지의 붉은 색을 띤 얼굴, 술에 취한 것 같은 혼수상태, 누런 색 점액, 복도에 나와 의자에 앉는다. 친척 아저씨와 작은 목소리로 이야기를 나눈다. 위험한 상태라고 한다. 환자에게 아무것도 해드릴 수 없는 나. 짙어지는 불안, 어두운 전등, 어쩔 도리 없이 복도를 걷는다.

팔목시계가 10시를 가리키고 있을 적에 할머니가 뛰어나오

셔 간호부실로 가신다. 할아버지의 얼굴색은 급격히 검은 자색으로 변한다. 곧바로 강압심장마시지로 들어간다는 결정이 내린다. 의사는 시급히 가슴을 누르며 인공호흡으로 들어간다. 이때 할아버지의 위급을 들은 조카가 뛰어 들어온다. 멀리 살면서도 다행히 시간을 맞추어 왔다. 갑자기 할아버지와의 이런 저런 일들이 생각난다. 술에 취하시여 춤추실 때의 할아버지, 나의 비운을 위로해주시던 할아버지, 할머니에게 항상 잔소리를 들으시던 할아버지, 그리고 일하시고 일하시다 쓸어 지신 할아버지……… 의사가 병실에서 나온다. 간호부도 따라 나온다. 땀에 흠뻑 젖은 모습. 기운 없는 뒷모습, 병실에서 울고 계신 할머니. 할아버지는 아직 살아계신 듯 한 얼굴로 잠들어 계신다. 우리들은 소리를 내어 울기 시작했다.

대충 이러한 것들을 하나하나 꼼꼼히 묘사해나가는 것으로서 쓰는 사람의 감정이 충분히 전해지게 된다. 「슬펐다」 같은 말을 할 필요가 없다. 오히려 쓰지 않는 편이 낫다. 「슬펐다」는 상당히 광범위한 종류의 슬픔의 총칭이므로 무척 모호한 형용의 형태다. 이 경우밖에 존재할 수 없는 특별한 슬픔을 표현하는 일은 앞서의 골격과 같은 살을 붙인 묘사가 있어야 비로소 필요하고 충분한 서술이 된다.

인간의 감정에서 「슬프다」 「기쁘다」라는 형용사로 표현되는 것은 무척 일부분이고 대부분은 물건이 표현해 주는 것이다. 앞서의 예문에서라면 '구급차'이고 '산소호흡기'이고 '누런 색 점액'이고 손목시계다. 이런 물건 들 자체에는 감정이 없지만 문장 중에 놓인 위치와 물건을 보는 사람의 마음이 감정을 만들어내는 것이다.

■ 자연묘사

자연묘사(自然描寫)는 소설의 본질은 아니다. 서구에서는 18세기 루소 이래 유행한 낭만취미의 결과 소설 가운데 들어가게 되었고 「쿠레뷔의 뒤안」에 자연묘사가 한 곳밖에 없어 이는 유명한 이야기가 되었다. 그것은 「(누무르)공은 은신처 집의 뒤로 나와 그곳에 흐르고 있는 시내가의 버드나무 아래를 걸어갔다」는 일행(一行)이었다. 물론 자연묘사를 의식하고 쓴 것은 아니었다. 이는 17세기 궁정인으로서는 상식에 벗어난 행위, 즉 연애에 사로잡히지 않으면 그러한 쓸쓸한 곳을 함께 동행하지 않으면 안 되었기 때문에 특히 정경(情景)을 지어 내놓은 것이었다.

고대 희랍의 상류가정에서는 야산(野山)을 걷는 일을 좋아하는 것을 광기로 보는 경향이 있었다. 러스킨의 말에 의하면 '호메로스 작품 중의 자연묘사는 '시내'라든가 '강'이라든가 나무그늘이 많은 곳 같은, 즉 군대와 여행자가 휴식하기에 좋은 장소에 한해서 자연묘사가 있었다고 했다.[25] 모두가 필요에 응해서 묘사되었던 일이다.

이러한 희랍인의 자연에 대한 태도가 붕괴된 것은 도시국가(都市國家)의 이상(理想)이 사라진 헬레니즘(Hellenism)[26]의 시대, 목가(牧歌)와 서정시(抒情詩)가 우위를 점하는 시대에서다.

어떠한 의미에서든 인간이 현실로부터 도피하려 할 적에 자연은 필수적으로 아름다운 휴식의 장소로서의 모습으로 나타난다.

---

25) 大岡昇平, 『現代小說作法』, 第三文明社, 1977. 182쪽.

26) 서양사상의 원류로 칭해지고 있는 고대 희랍의 사상·문화. 역사적으로는 알렉산더대제의 동정(東征, 기원전 334)으로부터 로마의 이집트 정벌(기원전 304)까지의 시대를 지칭한다. 文化史적으로는 오리엔트문화와 접촉 융합한 보편적인 성격을 띤 희랍문화를 지칭한다.

■ 인물 묘사

인물의 외형묘사는 외부에서부터 인물을 연령, 키, 얼굴모습, 피부색, 뺨, 눈, 어깨 등……으로 분해하여 하나하나를 정지(靜止)의 형태로 그려낸다. 어떤 인간이 사진을 찍을 목적으로 얼마간 정지해 있는 모습을 그려냈다는 인상을 준다. 이런 것들을 종합하면 어떤 인물인지가 보이는데 이는 얼마간을 움직이지 않고 있는 인간의 모습이 된다. 이러한 인물묘사법은 전통적인 것으로 무척 오랜 옛부터 있어왔다.

그러나 우리가 어떤 인물을 인식함에 있어 이러한 외형을 분해하는 형태로 기억하는 일은 없을 것이다. 움직이는 인물의 한순간을 취하는 편이 훨씬 낫다.

- 그는 시간을 내어 가까이 있는 절로 가서 스님과 선문답을 하는 것을 자신의 생애의 유일한 기쁨인 듯이 여기고 있었다.
- 그녀는 나를 처음 만났는데도 "선생님, 사모님 계세요?" 라고 묻는 것이었다.
- 그는 아내를 바라보면서 '돈, 돈 돈, 또 돈타령이야'하고 소리를 지른다.
- 딸은 길을 가다가 구걸하는 사람이 있으면 언제나 돈을 주는 것을 잊지 않는다. 오늘도 그랬다.

위와 같은 인물묘사는 외모보다는 성향(性向)을 취하는 방법으로 인간이 타인을 향해서 갖는 관심에 관해 말하면서 그 인물의 가장 인상 깊은 특징을 들어내서 그려내는 방법이다. 위와 같은 인물묘사는 결코 용모, 체격, 복장 나이 등을 알 수 없다. 그래서 「물건이 말을 하게 한다」고 했을 때 앞서의 외모묘사는 정지했을 때를 그려내고 있다고 볼 수 있는데 반해 후자의 경우에는 움직이고 있을 적의 인간을 보며 쓰고 있다고 할 수 있다. 이러한 차이가 있다. 얼굴이나 키 등을 세세히 써 있는 것 이상으로 그 존재감이 명료해진다.

■ 평면묘사

일찍이 일본의 자연주의 작가로 일컬어지는 田山花袋(타야마 카다이)는 「평면묘사」(平面描寫)라는 것을 주장한 일이 있다. 평면묘사는 '주관(主觀)을 넣지 않고, 짜임새를 덧붙이기 하지 않고 단지 객관의 재료(材料)를 재료로서 써서 표현하는 방법' '객관의 사상(事象)에 대해 조금도 그 내부에 끼어들지 않고 또 인물의 내부정신에도 끼어들지 않고 단지 본대로 들은 대로의 현상(現象)을 흡사하게 그려내기, 말하자면 평면묘사, 그것이 주안(主眼)이다(1908년)'라는 것이다.

평면묘사를 일본의 대표작가의 한 사람인 夏目漱石(나쓰메 소세끼)은 다음과 같이 반박했다.

> 객관적 묘사를 주장하여 극단까지 가면 '그는 머리를 숙였다'라고는 할 수 있어도 '그는 감사했다'라고는 쓸 수 없게 된다. '웃었다'라고는 쓸 수 있어도 '고소했다' '냉소했다'라고는 결단코 써서는 안 되는 것이 된다. 고소라든가 냉소라고 말하는가 아닌가는 우리가 누군가의 심리를 추측한 것이 되어 반은 객관의 현상(現象)을 벗어났기 때문이다.(「客觀描寫와 印象描寫」, 1910년).

■ 일원묘사론(一元描寫論)

岩野泡鳴(이와노 호메이)은 일원묘사(一元描寫, 1913년)를 주장했다. 그의 독창적인 논의라고 할 수 있다. 예컨대 '한 사람의 작가가 수많은 인물에 관해 공평하게 될 수는 없다. 작중인물 한 사람을 통해 본 일 들은 「일원적」(一元的)으로 쓸 수밖에 없다'라는 견해다.

이는 초기에 사르트르가 모리악이 주장한 '신(神)과 같은 만능적(萬能的) 입장'을 비난한 논법과 비슷하다. 동서양을 막론하고 되풀이 논쟁되던 사항이다. 오늘날에는 「작가의 관점」으로 논의되는 일이 일반적인데 앞서의 田山花袋의 「묘사론」이 중심이 되어 논의가 이어진 것이 일본적 특징이다.

> 나는 어떤 전보를 받았다………할머니의 오년 맏이인 양조모(養祖母)는 갑자기 울기 시작하였다………운다하여도 눈가장자리가 붉어지고 목소리가 떨릴 뿐이었다. 워낙 연만(年滿)한 그는 제법 울음답게 울 근력조차 없었다.(현진건, 「할머니의 죽음」의 서두에서)

> 증모는 바싹 할머니에게 다가들며 애처롭게 일으켜 드렸다. 이때, 마침 할머니가 잡수실 배(梨)즙을 가지고 들어오던 둘째 형수가 무슨 구경거리나 생긴 듯이 안방을 향해 외친다. 이 외침을 듣고 자부(子婦)들은 모여들었다.(「할머니의 죽음」)

인용문에서 '나'는 작품의 시작부터 끝부분까지 일관되게 등장하면서 작품에 나오는 인물들을 '나'의 시선과 판단을 통해 묘사하고 있다. 상기한 岩野泡鳴의 '일원묘사'의 한 예라고 필자는 본다.

三. 근대사실주의 소설과 테크닉

근대소설의 발생

19세기에 들어서면서 근대소설의 발생이 시작되었고 시나 희곡보다는 가볍게 취급되어온 소설형식이 문학의 주류가 되기 시작했다. 개인의 사유와 민권이 존중되기에 이르면서 교육의 보급과 제지와 인쇄술의 발달 등에 힘입어 문학이 이미 귀족이나 특수층의 전유물이라는 인식에서 벗어나고부터다.

사람들은 이전까지의 영웅이나 기인의 전기물(伝奇物) 같은 이야기가 아닌 현실적인 생활을 리얼하게 그려내기에 이르렀다.

근대소설은, 유럽에서 최성기를 이루는 19세기에는 장편소설이 주류를 이루었다. 이는 근대적인 인간의 해방을 희구하며 자유를 추구해나가려 한 때문에 반드시 사회와 충돌을 일으키게 되어 주인공을 사회적 공간적 넓이와 시간적인 경위 속에 그려나가야 했기 때문이다. 이전의 전근대적인 문학에 있어서는 선인이라든가 악인이라든가, 또는 현인이라든가 어리석은 자라든가 하는 인간의 유형구별이 명확하였으나 근대의 과학적이고 합리정신으로 진실을 추구하려 하는 근대소설의 경우에는 인간의 변화, 발전, 사회에서의 갈등을 리얼하게 기술해야 해서 자연히 장편소설의 경향을 띠게 된 것이다.

근대에 성숙기를 이룬 사실주의는 간단히 말하면 객관적 태도를 가지고 물사(物事)를 있는 그대로 표현하려는 문예사조다. 서구에서는 19세기 후반에 낭만주의의 뒤를 이어 나타났다. 그 대표적인 작가가 발자크(Balzac)와 스탕달, 그리고 플로베르이다.

발자크와 스탕달의 작품에서 차츰 형태를 드러내던 사실주의 소설은 플로베르에 이르러 그 완성도를 보게 되었다.

❶ 발자크의 『인간희극』

『인간희극』의 테크닉

발자크는 1830년대 전반에 『사생활정경』(私生活情景)을 시작으로 하는 사실적(寫實的)인 작품을 쓰면서 세부의 진실을 발견하는 것과 동시에 다른 한편으로 사념(思念)이 인간을 붕괴시키는 과정을 그려냈다. 발자크는 정열, 의지, 욕망 등의 정신의 움직임을 일괄해서 사념이라 불렀다.

이들 2개의 테마(主題)가 결합될 적에 그곳에 참으로의 의미로의 『인간희극』의 세계가 탄생한다.

발자크는 자신의 작품을 전부 포괄하여 처음에 「사회연구」(社會硏究)라고 하는 제명(題名)을 생각하고 있었다. 그것이 드디어는 『인간희극』이라는 총제(總題)를 취하는 것으로 대체되었다.

발자크가 『인간희극』이라는 팽대한 작품군에 매달린 집필기간은 거의 20년간이나 된다. 발자크는 인간의 풍속의 역사를 엮으려 생각하여 인간사회의 전 영역에 걸쳐 그 생활풍경을 잘못 없이 그려내려 했다. 그는 이 작품을 소설이라 칭하지 않고 정경(情景)이라고 부르기를 좋아했다.[27] 이는 발자크의 개개의 작품은 어디까지나 『인간희극』이라는 통일체의 일부라는 것을 표하는 것이다. 즉 그의 소설은 『인간희극』이라고 하는 크나큰 극(劇) 중의 '경'(景)에 지나지 않는다.

그러나 『인간희극』의 구상은 처음부터 통일적인 것으로 존재한 것은 아니다. 애초부터 전체적인 계획을 세우고 개개의 작품이 쓰여진 것이 아니라 전체적인 구상은 『인간희극』의 제 작품이 쓰여지는 과정에서 서서히 생겨진 것이다.

『인간희극』은 3부로 나뉘어져 있다. 제1부는 인간생활의 모든 양상을 분류 정리하여 서로 관계 짓고 위치해 놓으려는 풍속연구, 제2부는 그 여러 양상의 결정요소를 파헤치는 철학연구, 제3부는 그 원리를 꺼내내려는 분석적 연구라고 할 수 있다.

「인간희극」의 주요 부분을 점하고 있는 풍속연구는 사생활 정경, 지방생활 정경, 파리생활 정경, 정치생활 정경, 군대생활 정경, 시골생활 정경으로 나뉘어져 있다.

『인간희극』을 지탱해 주는 중요한 테크닉의 하나는 인물재등장(人物再登場)의 수법이다. 인물 재등장의 수법이란 말하자면,

---

27) 『フランス文學講座』 2. 小説 Ⅱ., 상게서, 65쪽.

같은 인물(同人物)을 되풀이 하여 다른 소설에 등장시키는 테크닉이다. 이러한 재등장을 하는 인물의 수는 『인간희극』 전체에 600인이라는 많은 수에 달한다.

인물재등장의 수법은 『인간희극』을 현실에 대항하여 그 자신의 자율성을 주장하는 것과 같은 소우주(小宇宙)로 화한다. 다시금 같은 인물이 다른 작품에 다른 각도로 보여 진 결과 인물이 그의 생애의 다른 시기에 경험한 사건과 사건은 서로 상대화된다. 작품과 작품이 서로 상조하고 소멸하여 『인간희극』 전체를 일종의 거울에 반사시키는 것같이 만든다. 그리고 독자가 재등장하는 인물과 만나게 될 적에는 그 인물은 이미 다른 작품에서 그려진 과거를 짊어지고 있다. 인물 재등장의 수법에는 등장인물의 생활에의 내측의 깊이와 시간이 주어져 있다.

❷ 스탕달의 『적과 흑』

(赤과 黑, *Le Rouge et le Noir*, 1831년)

1. 작품 속에서의 정치이야기

스탕달(Stendhal, 1783-1842)의 『적과 흑』은 너무나 유명해서 주인공 쥘리엥 쏘렐(Julien Sorel)은 이미 잘 알려진 인물상이다. 가난한 집 목수의 아들로 태어났으나 그는 뛰어난 지력(知力)과 강렬한 자존심의 소유자여서 어떻게든 자신의 출생의 계층에서 벗어나 빛나는 영광의 신분상승을 기도하려는 욕망으로 일관한다.

왕정복고기(王政復古期)의 반동정치(反動政治)의 와중에서 자신의 신념을 감추고 승복을 걸치고 한발 한발 지배계급 사회에 발을 들여놓아 입지를 구축하고 야망의 실현을 목전에 두고 좌절하고 파멸한 청년이다.

다시 말해서 『적과 흑』은 '1830년의 연대기'라는 작품의 부제가 설명해 주고 있듯이 프랑스왕정복고기의 정치적 연대기이다. 이 작품에서 1830년의 프랑스 사회를 만나게 된다.

엄밀히 말하면 쥘리앙 쏘렐의 모험은 1826년 9월 말에 시작되어 1831년 7월말에 끝나는 것으로 그 연대표를 설정할 수 있다.

그러나 작품에는 1830년의 7월혁명[28]과 그 결과로 이루어진 7월 왕조에 관해 일체의 언급이 없어 정치체제에 관한 한 이 작품은 1830년 7월에 종말을 고한 왕정복고기에 국한된다. 스탕달은 불안정의 증상을 드러내는 반동체제 말기의 여러 양상을 포착하여 그 의미를 밝혀주고 또 그 것에 신랄한 비판을 가한다. 스탕달이 왕정복고의 정치현실을 문제 삼는 방식은 대단히 직접적이다.

『적과 흑』에서 정치문제는 시종일관 작품의 전면에 떠오르며 거의 작중인물들의 생존이 정치적으로 규정됨을 볼 수 있다.

스탕달은 작품 속에서 정치 이야기가 출현하는 일에 작가 자신도 거북스러워하면서도 정치이야기를 하지 않을 수 없는 사정을 변명한다.

---

28) 7월혁명: 1830년 7월 프랑스 부르주아·상층부가 파리 시민의 궐기에 봉착했으나 그 반혁명세력을 구축한 혁명.

스탕달은 이 작품에서 철저하게 의도적으로 자신이 살던 시대의 구체적인 현실을 형상화하고 있다. 작중의 주인공은 무엇보다도 시대적 산물로서 1830년의 프랑스 사회가 빚어낸 인간상이다. 아마도 스탕달은 '작가는 자기 시대의 증인이 되어야 하며 소설은 자기 시대의 생생한 기록이 되어야 한다'는 견해를 가지고 그것을 의식적으로 실천한 최초의 소설가의 한사람일 것이다.

'소설의 목적은 시대 현실을 반영하는 거울이 되어야 한다는 작가의 주장을 펴는데 있다'고. 그래서 작가가 '소설은 거울'이라는 이론에 입각한 것으로 볼 수 있을 것 같다.

■ 『적과 흑』의 의미

『적과 흑』에서 주목되는 부분은 단지 '1830년대의 연대기'라는 것만이 아니라 동시에 쥘리앙과 레날로부인의 비극에로도 이행하고 있어 소설의 양상이 일변하고 있는 점이다.

하나의 시대, 하나의 벽면(壁面)을 그려내는 것만이 아니라 개인의 술책에 의한 출세(出世)에의 지향은 무엇인가, 그 마음 속 심중에서 무엇이 일어나고 있는가를 그려낸다고 하는 의도가 생성되기 때문이다.

그래서 이러한 동기(動機)는 필연적으로 사회와 개인의 대결의 극(劇)을 소설 속에 이끌어 들인다.

2. 쥘리앙의 인물의 성격

쥘리앙의 일상(日常)은 철저한 속물근성의 레날로 대표되는 부르주아들을 마음속으로부터 경멸하는 일이다. 하지만 그는 그 속물들 속에서 자신의 가능성을 실현할 장을 찾으며 구축해 나가려 한다. 그것을 위해서는 위선(僞善)을 무기로 내세워 적(敵)의 비열함을 자신에게도 내재시키지 않으면 안 되었다.

그는 어디까지나 행동을 위해 자기 성찰을 늦추지 않았다. 그렇게 하는 것만이 그가 목수의 아들로 태어났으면서도 그 자신이 나폴레옹의 생애와 같이 되기를 꿈꾸는 것이 허용되는 유일한 무기라고 생각했던 것이다.

쥘리앙은 레날로부인을 저격한 죄로 체포되어 재판을 받는 것이어서 평범한 형사재판인데 작가는 이 형사재판을 정치재판으로 탈바꿈 시킨다. 쥘리앙은 분명하게 계급선언을 한다. 그는 그처럼 벗어나고자 했던 자신의 출신 계급을 상층계급과 대비시키면서 하층민의 계층의식에 장치적인 열정을 부여한다. 다음으로 그는 교육에 의해 출생환경에서 뿌리 뽑힌 하층민이 사회의 상층으로 뛰어오르려 했던 반항과 도전의 과정으로 자신의 생애를 규정했고, 이러한 그의 생애로 해서 배타적인 상류계급의 반감을 사서 죽음을 불러오게 한 것임을 이야기한다.

그리고 이러한 것은 사회의 특권층이 자신을 속죄양으로 하여 그의 죽음을 특권에 도전하는 세력에 대해 경고의 의미로 사용하려한다는 무서운 사실을 지적한다.

다시 말해서 기득권을 독점적으로 유지하려는 특권층은

쥘리앙을 제물로 하여 도전세력을 응징하려한다는 상징적 의미를 지니고 있다고 지적한다. 한마디로 쥘리앙은 위계화의 사회의 모순과 부당성을 폭로하는 역할의 성격을 지닌 인물이다.

3. 사상과 관념이 약동하는 유니크 한 소설테크닉(小說技法)

『적과 흑』은 무수한 견해를 낳게 했다. 어떤 사람은 이 소설은 무척 치밀한 연애 심리의 분석이라고 하고, 어떤 사람은 작가의 무척 예리하고 정확한 정치적 시점에 의한 사회분석으로, 또 어떤 사람은 현실모사(現實模寫) 대신에 사상과 관념이 약동하는 소설 기법의 유니크함이 돋보인다고 탄성을 발하고 있다.

이러한 견해들은 어느 것이나 소설의 정곡을 찌른다. 아마도 스탕달의 매력은 이러한 복잡한 요소의 모드를 만들어 낸 점에 있을 것이고 더구나 그러한 점이 독자에게 복잡하다는 인상을 주기보다는 오히려 명철하고 박력 있고 선명하다는 인상을 준다.

■ 스탕달의 문체

스탕달의 문체는 미문(美文)과는 무척 대조적이다. 짧고 간결하여 감정(感情)의 흐름을 단절하는 것 같은 문체다.

다음과 같은 그 '송골매'(隼)를 바라보는 청년을 그린 문장을 읽으면 무척이나 생생한 정신의 약동(躍動)을 전하는 문장이라는 것을 느낄 수 있다. 이는 읽는 사람의 정신에 자격(刺激)을 주어 상상력을 발휘하게 하는 문장이다.[29]

> 쥘리앙은 그 큰 바위에 걸터앉아 한숨 쉬고 나서 다시 오르기 시작했다. 마침내 산양떼지키기만이 지나가는 겨우 남아있는 것 같은 좁은 오솔길을 더듬어 어떤 큰 바위 위에 섰다. 이 큰 바위 위라면 어느 누구와도 떨어져 있다는 확신이 섰다. 이 물질계에서의 위치는 그를 미소 짓게 했다. 그가 정신계(精神界)에 도달하고 싶다고 하는 열망에의 위치를 여실하게 그려주며 보여주고 있기 때문이다. 이 높은 산의 청정한 공기는 그의 마음에 청명함과 환희를 전해 주었다. 베르에르 시장(*쥘리앙이 그의 집 가정교사로 들어갔다. 레날氏)은 그의 눈에는 의연하게 지상의 모든 부자들과 존대한 인간들의 대표자였다. 그러나 그의 마음을 앙분 시킨 증오는 그 감정의 격렬함에도 불구하고 어떤 개인적인 감정에 빠져들고 있지는 않았다는 것을 쥘리앙은 인지했다. 만일 레날로씨와 만나는 것을 그만두었다면 1주간 정도에서 그의 일을 잊었을 것이다. 그의 저택도 개들도 아이들도 가족 전부도.

> 쥘리앙은 아까의 큰 바위 위에 올라서서 8월의 태양의 작렬하는 하늘을 바라본다. 매미가 바위 아래에서 울고 있다. 매미소리가 그치자 그의 주위는 모두가 조용해졌다. 그는 발아래 펼치는 20리길의 먼 지방을 바라보았다. 그 때 큰 바위 그늘에서 날아오른 송골매(隼)가 머리 위에서 소리 없이 예의 큰 원호를 그리는 것에 그의 눈길이 갔다. 쥘리앙의 시선은

---

29) 본서에서의 프랑스어 소설의 인용문은 일본어 번역판 소설의 졸역임.

> 기계적으로 그 맹수의 뒤를 좇았다. 유연하면서 힘찬 그 비상의 움직임은 그의 마음을 움직였다. 그 힘참이, 그 고고(孤高)함을 그는 선망했다. 그것은 나폴레옹의 운명이었다. 어느 날인가에 그것이 그의 운명이 될 것인가. －『적과 흑』에서

작품을 읽고 인정하게 되는 일은 스탕달에 있어 「환경」 즉 외계묘사(外界描寫)는 확실히 간소하고 한정적이 아니라는 점이다. 이 소설가의 어느 작품을 보더라도 생활의 자세한 부분은 확실하게 간소하게 묘사된다.

예를 들어 『적과 흑』의 이야기가 전개되는 주요한 2개의 「환경」, 제1부에 있어서의 레날로씨의 저택과 제2부의 라 모르가 저택의 외관묘사를 보면 알 수 있다. 독자에게 전자에 관해서는 「집 주위의 철책 너머에는, 볼만한 정원도 보여」, 「무척 굉장한 저택」임을 알린다. 후자에 관해서는 그 저택이 「손이 간 중간 뜰」과 「호화롭기는 하지만 음산한 기운이 도는 사롱」 분위기의 「웅장한 저택」임을 알린다. 그런데 이 정도가 구체적 정보의 거의 전부이다.

스탕달은 외계묘사 영역에서의 작업은 경시했다. 그의 관심 내지 장점은 '복장의 기술'이나 '앉아있는 소파의 형태'를 기술하는 것에 있지 않다.

그의 소설에 있어 이야기는 작중 인물의 성격과 심리의 갈등에 의해 진행된다. 희곡(戱曲) 습작시대에 그는 '비극에는 플롯을 전개하지만 희극(喜劇)은 성격의 전개(展開)였다'고 자신의 창작노트에 적고 있다. 스탕달의 예찬자는[30] '성격을 표현함에 있어 인물을 외측에서가 아니라 내측에서 그려내려 했다'고 평

30)『フランス文學講座』2. 小說 Ⅱ., 大修館書店, 1972. 46쪽.

한다.

예컨대 그는 발자크에서처럼 작중인물과 그들의 환경과의 사이에는 긴밀한 조응관계가 있다고 하는 견해는 믿지 않았다. 그가 쥘리앙의 성격이나 행위를 설명하기 위해 취한 것은 소레르 아저씨의 작은 제재소의 모양을 서술하는 것은 아니었다. 그런 것에 있지 않고 이 복잡 다감한 청년의 내면세계로 들어가 그 술회에 귀를 기울이는 일이었다. 여기에서 그의 특징적인 '내적독백'(內的獨白)의 사용이 생긴다.

그리고 스탕달적 소설형(小說形)에 있어서의 주요 인물은 『파르마의 승원』을 제외하고는 항상 단 한 사람이고 줄거리는 그 주역(*스타)의 '전기'의 형식으로 전개된다. 바꾸어 말하면 스탕달의 소설은 시종일관해서 연대적(年代的) 시간의 흐름에 따라 진행된다. 전도되는 형식과 같은 테크닉이 사용되는 일은 거의 없다.

> 휠딩그와 도미니크와의 크나큰 상위(相違)는 휠딩그는 수명(數名)의 인물의 감정과 행동을 동시에 그려내지만 도미니크는 단지 한 사람의 감정이나 행동을 그려내는 것이다. 도미니크의 수법은 어디로 가는가? 나는 알지 못한다. 그것은 완성의 성일까? 예술의 유아기에도 취한 것........[31]

적어도 장편소설에 관한 한 스탕달은 결국 최후까지 「도미니크의 수법」을 견지했다고 볼 수 있다. 그리고 그 대가로서 획득한 것이 '단 한사람'의 주인공의 윤곽의 선명함에 있다.

---

31) 『フランス文學講座』 2. 小說 Ⅱ., 상게서, 47쪽.

❸ 근대 사실주의의 원조 - 『마담 보바리』

1. 『마담 보바리』의 테마와 테크닉의 문제

『마담 보바리』(*Madame Bovary*, 1857년)는 근대 사실주의의 원조라고 일컬어지고 있다. 『마담 보바리』의 작가 귀스타브 플로베르(Gustave Flaubert, 1821-1880)는 사실주의 작가 집단과는 거리가 먼 예술가였으나 그의 『마담 보바리』는 이후 사실주의 소설의 성서로 여겨지고 현대소설의 모체로 문학사와 문학비평에 빠짐없이 인용되는 걸작으로 알려져 있다. 근대소설의 기념비적 작품으로 세계소설사에서 높이 평가되고 있다.

『마담 보바리』가 창작된 계기의 에피소드가 있다. 그는 28살 되던 때 『聖 안토니의 유혹』(*La Tentation de Saint-Antony*)이라고 하는 낭만주의적인 작품을 자신 있게 내놓았다. 그런데 의외로 친구들은 이 작품을 실패작이라고 하고 다시금 충고를 하였다. "어째서 Delaunay의 이야기를 쓰지 않는 것인가?"라고.

Delaunay의 이야기란 이전에 플로베르의 부친이 가르친 의사 Euge`ne Delamare의 일이다. 조금 취향성이 있는 미인인 후처를 맞이했는데 그녀는 남편에 권태를 느껴 바람기를 보이다가 마침내 음독자살을 했다.

친구들은 플로베르의 본질을 파악한 듯이 '비극임에는 틀림없으나 수도승이 환상 속에서 신과 악마가 다투는 『유혹』(誘惑)의 주제(主題)에 비교하면 얼마나 비속한 제재(題材)인가?'하고 말했다.

플로베르는 Delaunay의 이야기에 집착했다. 그래서 천상에 대해서의 환상 대신에 비속한 현실에 꿈이 좌절하는 양태를 그려내어 당당히 비극에 필적하는 소설을 3면 기사적(記事的)으로 만들어낸 것이다.

플로베르는 프랑스의 노르망지 지방 루앙의 외과의사의 가정에서 태어났다. 처음 파리에서 법률을 배우다 신경증 병세가 있어 26살 때부터 르앙교외의 크로웃세에서 살면서 문학에 전념했다. 생전에 '문학의 수도사' '문학의 사도'라고 칭해질 정도로 철저한 문학수업을 하였다.

그는 종래의 로맨틱한 성향을 멀리하고 '비속한 것을 적절하게, 단순하게, 아름다운 문장으로 그려내는 객관적인 방법을 추구했다.

그는 세상사의 번잡한 일과는 단절하고 서제에 틀어박혀 얼마 안 되는 문장이라도 몇 날 밤을 지세며 갈고 닦는 열성을 보이며 처음 시도한 작품이 최초의 장편 『마담 보바리』(35세, 1857년)였다. 5년의 세월을 보내고 완성한 작품이다.

이 작품은 <파리평론>에 기재하던 중 풍속을 문란하게 한다는 이유로 기소되었다가 이 작품의 예술적 완성도는 누구의 눈에도 너무나 확연한 것이어서 마침내 면소되었고 이 작품 하나로 그는 문학적 지위를 획득했다. 그의 문장의 연금술에 대해서는 높이 평가되고 있으나 작품 수는 그다지 많지 않다.

2. 테마보다는 스타일(*테크닉)이 우선이다

『마담 보바리』가 중시되는 요인은 이 소설이 탄생하기까지의 방대한 창조의 드라마와 그 드라마 속에서 끊임없이 제기되는 질문, 즉 내용과 형식, 혹은 테마와 스타일(*테크닉)이라는 문제를 포함하는 것에 있다.

『마담 보바리』에서 작가에게는 소부르주아적인 테마 자체는 그리 큰 문제가 되고 있지 않는다. 오히려 스타일에 관한 것이 큰 문제였다. 그래서 플로베르의 경우 무척 근본적인 의문은 '스타일이란 무엇인가?' 혹은 형식과 내용은 어떻게 다른가? 라는 것에 있었다.

> 내가 볼 때 아름답다고 여겨지는 것은 내가 실천에 옮겨보고 싶은 바로 무(無)에 관한 한권의 책, 외부세계와의 접착점이 없는 한권의 책이다. 마치 이 지구가 아무 것에도 떠받치지 않고도 공중에 떠있듯이 오직 스타일의 내적인 힘만으로 저 혼자 지탱되는 한권의 책, 거의 아무런 주제도 없는 아니 적어도 주제가 거의 눈에 뜨이지 않는(그런 것이 가능하다면) 한권의 책 말이다. 가장 아름다운 작품들은 최소한의 소재만으로 된 작품들이다. 표현이 생각에 가까워지면 가까워질수록 어휘는 더욱 생각에 밀착되어 자취를 감추게 되고 그리하여 더욱 아름다워지는 것이다.[32]

인용문은 『마담 보바리』 집필 중에 플로베르가 루이즈 콜레에게 보낸 편지 내용이다. 현대소설사 중에서 자주 인용되는 유명한 말이다.

---

32) 귀스타브 플로베르, 김화영 옮김, 민음사, 2008, 512쪽.

문학에 있어 예술적으로 훌륭한 주제가 따로 있는 것이 아니다. 결국 무엇을 그리느냐보다는 어떻게 그리느냐가 더 중요하다는 뜻이다. 그렇다고 오직 형식만이 중요할 뿐이라든지 스타일만이 중요하면 그것이 우리의 현실을 전혀 지시하지 않는 것이어도 좋다는 의미는 아니다. 다만 스타일은 물질세계의 <질료> 자체를 지시하는 것이 아니라 사람의 <생각>을 지시해야한다는 뜻이다. 작품은 스타일의 힘으로 지탱되어야 하지만 그 힘은 생각과 혼연일치가 됨으로서 생겨나는 내면적 힘이다.

스타일이란 형태를 통해서 생각을 표현하는 방식이다. 플로베르에 있어서는 그 표현방식, 즉 스타일이 우선한다. '스타일은 그 자체만으로도 사물들을 바라보는 절대적인 방식이다'라고 플로베르는 말한다. 스타일은 단순히 어떤 내용을 보다 아름답게 혹은 보다 정확하게 표현하는 수단이 아니라 그 자체가 하나의 인식방법이라는 뜻이 된다.

> 형식이 결여되어 있으면 생각도 없는 법이다. 형식과 내용 중 하나를 탐구한다는 것은 곧 다른 하나를 탐구한다는 것이다. 질료와 색체를 따로 떼어내서 생각할 수 없듯이 그 두 가지는 서로 떼어서 생각할 수 없다. 그렇기 때문에 기법이 곧 진리다.[33)]

플로베르의 소설이론의 근저는 내용과 형식의 일체성(一體性)이다. 이 소설의 스타일은 한편으로는 엄격하고 비개인적인 표현의 완벽함, 다른 한편으로는 섬세하고도 깊이 있는 심리분석

---

33) 귀스타부 플로베르, 상게서, 514쪽.

이 혼연일체를 이루고 있다. 이 소설은 숱한 많은 것들로 가득 차 있으면서도 비교적 단조롭다는 인상을 준다. 작가 플로베르는 '숱한 것들이 가득 차 있되 그 숱한 것들을 알아차리지 못하도록 하기 위해 묘사라는 방법'에 역점을 두고 있다.

흔히 말하는 플로베르의 객관성이나 사실주의라는 것은 그의 특수한 묘사의 수법에서 얻어진 효과이다. 묘사란 어떤 대상을 보고 그것을 그려 보이는 일이다.

3. 문체의 미학 - 사실주의의 문체

프랑스 작가 중 플로베르처럼 문장에 각별한 노력을 기울인 작가는 드물 것이다. 문체라는 것을 생각 할 적에 가장 먼저 플로베르가 떠오르게 되는 것은 자연스런 일이 되고 있다. 물론 발자크가 그의 문체에 노력을 기울이지 않았다고 말할 수 없고 스탕달의 경우도 그러하다. 그러나 그 두 작가의 문체는 플로베르의 문장에 비하면 어딘가 유치하고 직선적인 감을 감지시킨다.

플로베르의 문장은 직선적이면서 곡선적이고 섬세하면서도 냉혹하고 감정적이고 지적(知的)이다. 플로베르가 문체와 언어를 음미하고 문학을 만들어내는 도구인 언어와 문장에 눈을 돌려 반성한 작가라고 칭해지는 이유다.

플로베르는 자신이 그려내고자 하는 사물에 적절한 언어와 문장은 단지 하나밖에 없다는 생각으로 그 단 하나의 언어를 찾아내려고 전력을 다하는 것이었다.

■ 『마담 보바리』의 문체

『마담 보바리』는 작가가 이 작품을 완성시키면서 가장 고심한 부분이 문장(文章)이었다는 것이 정설이 되고 있다.

그때까지의 소설작품과 다르게 작가는 될 수 있는 대로 작품 속에서 드러나는 것을 피했다. 객관적인 묘사로 장면이나 인물을 떠올리게 시도했다. 그 결과 표현방법은 의식적으로 연마되어 문체는 대상의 성격을 어휘의 아름다움으로 나타낼 것을 염두에 두어 사물(事物)의 성질을 문장의 성질로 바꾸어 놓게 되었다.

즉 그럼으로써 소설은 미학의 대상이 되기에 이르렀다. 그중에서도 그의 자유간섭문체(自由間接文體)의 효과는 작품 속 여러 곳에서 효과를 발휘한다. 자유간접문체라는 것은 작중인물의 생각을 간접화법에 필요한 접속사(q ú =que)도 도입동사(se disait)도 생략하고 나타내는 것을 말한다.

> 맑게 갠 여름날 저녁이면 ....그녀는 가끔 창문을 열고 팔꿈치를 괸 채 멍하니 있곤 했다. ....저 쪽 발 아래로 ....냇물이 흘러가고 있었다..........저기는 얼마나 상쾌할까! 저 너도밤나무 아래는 얼마나 시원할까!

느낌표로 마무리 된 두 문장도 여주인공의 말을 제3자가 소개하는 간접화법도 아니고 말의 내용을 그대로 옮겨 놓은 직접화법도 아니다. 이른바 '자유간접화법'으로 표현되어 있다. 이것은 객관적, 외적 관찰의 대상이 슬며시 내면적 관찰의 대상으로 바뀌는 것을 의미한다.

자유간접문체는 작중 인물의 회화를 나타내는 일에도 사용되지만 작중인물의 사고(思考)를 나타내는 데에 사용되어 독자로 하여금 직접 여주인공 엠마(Emma)의 마음속으로 이끌고 가서 그 내심의 독백과 마주 대하게 하는 일을 성공시킨다.

엠마가 샤를르 보바리와 결혼한 후 단조로운 시골생활에 권태를 느끼는 부분들이 있는데 다음과 같은 문장은 말하자면 이 소설을 요약해 놓은 것 같은 인상 깊은 문장이다.

> 그녀는 어떤 일이 일어나기를 마음속에서 기다리며 바라고 있었다. 마치 난파한 선원처럼 멀리 수평선의 안개 속에 흰 돛단배의 모습을 찾아내기를 갈구하면서 자신의 고독한 생활에 절망적인 눈길을 보내면서 방황하고 있었다. 그 우연이 어떠한 것인지 그것을 그녀에게 불어다 줄 바람이 어느 해변 가로 자신을 데려다 줄 것인가, 또한 그것이 증기선일까 아니면 뱃머리부터 고뇌를 또는 행복을 쌓고 있는 3층 갑판을 단 거선(巨船)일까 그녀는 알지 못했다. 그러나 매일 눈을 뜨면 그것이 꼭 그날에 왔으면 하고 기대했다. 그래서 모든 소리에 귀를 기울이고 자리를 차고 벌떡 일어나 그것이 오지 않는 일을 의아하게 생각했다. 마침내 날이 저물게 되면 한층 더 침잠해져 내일이면 하고 바랐다. 다시 봄이 왔다. 배꽃이 필 무렵 처음으로 그녀는 그 더운 기운에 숨쉬기가 힘겨움을 느꼈다.(제1부 제9장)[34)]

미래에의 기대가 현재 속에서 깨어지는 일이 잦아지면 그 내면적 환상은 과거에 대한 향수를 갖게 한다. 「그 시절은 얼

34) 본서의 프랑스소설 부분 인용은 일본어번역판 졸역임.

마나 행복했던가! 얼마나 많은 자유! 희망! 얼마나 풍성한 환상에 차있었던가! 지금은 이미 아무 것도 남은 것이 없다!」(제2부 제10장)

그 <다른 곳> <저 넘어>의 현실이 바로 그녀의 몽상의 나라이며 수도원에서 읽은 소설책이며 그림 속에서 나오는 풍경이며 그녀가 당장 갈 수 없는 저 화려한 도시 파리 같은 곳이다.

> 7월초부터 그녀는 단데르뷔레 후작이 아마도 보비에사르 성관의 무도회를 개최할 것이라고 생각하면서 10월이 될 때까지 얼마나 남았나하고 손가락을 꼽으며 세이보았다. 그러나 9월은 편지도 방문자도 없이 지나갔다. 이 실망에서 오는 울분이 가라앉자 그녀의 마음은 다시 공허해졌다. 그러자 다시 전과 같은 매일매일이 시작되었다.
>
> 그렇다면 앞으로 변화도 없이, 제한도 없는 나날이 아무것도 가져다주는 일없는 나날이 계속될 것이 아닌가! 다른 사람들의 생활은 그것이 아무리 평범하다고 해도 조금이라도 사건이 생길 좋은 기회는 있다. 때로는 어떤 우발적 사건이 운명을 한없이 급변시킬지도 모른다. 그래서 무대는 활짝 변한다. 그럼에도 나에게는 아무런 것도 일어나지 않는다. 그것이 신의 뜻이다. 미래는 캄캄한 한 가닥 낭하길이어서 막다른 곳은 콱 닫힌 문일 것이다. – 『마담 보바리』에서

4. '보바리이즘'

■ '보바리이즘'을 낳은 '마담 보바리'

"시골 풍속"이라는 부제가 붙은 '마담 보바리'는 인생에 대해 자신에게 걸맞지 않은 꿈에 젖어 살던 가련한 여직공 엠마의 이야기다. 엠마는 소녀시절 수도원에서 공부를 하면서 장밋빛 인생을 꿈꾸며 인생에 대해 기대감에 부풀어 있었다.

이 사실에 관해서는 소설 속에서 다음과 같은 장면에서 보여준다. 보바리부부는 전년(前年) 근처에 사는 단데리뷔레(le marquis d`Andervillers) 후작의 무도회에 초청 받은 일이 있었는데 그 무도회의 화려한 분위기는 엠마의 마음속에 꿈과 같은 감미로움을 남겨 주었다.

그녀는 평범하고 지루한 성품의 외과의사와 결혼을 하였는데 남편이 신기술의 의학적 방법으로 수술을 시행하다가 실패하여 명예를 잃었다. 그녀는 차츰차츰 남편에 대해 실망 하게 된다. 환상에서 생긴 우울(憂鬱)이다.

이러한 그녀의 마음을 흔들어 놓은 사람이 호색한의 시골 귀족이었다. 엠마는 불륜의 사랑에 빠져 그 귀족에게 달려가려 하였으나 귀족에게서는 결별의 편지를 받게 되었다.

그녀는 이미 연애를 하지 않고는 견딜 수 없는 여인으로 변해 있었다. 이번에는 자신보다 연하의 공증인 서기 레옹에게 열중하게 되었다. 그 남자와 밀회하기 위해 그리고 남자의 환심을 사기 위해 돈을 빌려 마구 사용했고 마침내 고리의 사채마저 쓰다가 어쩔 수 없는 막다른 골목에 이르자 독을 마시고 자살했다.

이 작품의 여주인공의 삶에 대해서는 상당히 비판적 일 수 있다. 여주인공은 자신의 삶을 오로지 남성에게만 의지하고 자신이 직접 자신의 길을 열어 가려는 의지를 전혀 보이지 않은 점에 있다고 하겠다.

『마담 보바리』를 읽으면 옛날에는 이처럼 연약한 여자가 있었는가 하는 감회에 젖게 되는데 이것이 현재의 감상의 추세일 것이다.

여주인공 엠마의 결혼을 계기로 작가는 그 여자가 자라온 환경을 상당한 부분에 걸쳐 이야기한다. 엠마가 수도원에서 보낸 소녀시절은 유명한 '보바리이즘'의 결정적인 계기가 되었다.

쥘 드 고티에(Jules de Gautier)가 명명한 보바리이즘은 「스스로를 있는 그대로의 자신과 다르게 상상하는 기능」을 말하는 것이다. 이것은 환상이 자아내는 병이다. 이 환상은 끝없는 불만을 유발한다. 이런 성격의 인물은 이상의 안경을 쓰고 현실을 바라봄으로서 현실을 변형시킨다. 엠마는 소녀시절에 수도원에서 무척 많은 천박한 낭만적 소설들을 읽었다. 이 여자는 상상력 과잉의 병에 걸린 것이다.

엠마는 현재보다 미래나 과거에 더 집착한다. 미래는 모든 욕망과 환상의 시간이다. 매일 아침 눈을 뜨면 바로 그날에 그 일(돌발사건)이 일어나기를 바라면서 모든 소리에 귀를 기울이고 자리를 차고 벌떡 일어나기도 했다. 그 일이 일어나지 않는 것에 놀라곤 했다.

'보바리이즘'은 타인의 모습을 변형시킬 뿐만 아니라 자기 자신 또한 자신의 운명이상이라고 착각하는데서 숙명적이다.

창유리가 자아를 변형시켜 보여주기 때문에 엠마는 성취할 수 없는 그 무엇에 대한 욕구에 사로잡힌다. 엠마는 현실이란 곳에 몸담고 있으면서 몽상을 살고자 한다. 그러나 그 몽상은 단순히 삶을 대신하는 것이 아니라 삶 속에 침투하여 현실 그 자체를 변질시킨다.

플로베르는 엠마의 성격적 본질인 '보바리이즘'을 통해 19세기초반을 석권하던 낭만주의를, 그리고 자신의 내부에 잔존하는 낭만주의적 기질을 전적으로 해부하여 보여주었다.

■ 『마담 보바리』는 나다

이 작품의 여주인공의 실제의 자신과 다른 것을 생각하는 경향을 가리켜 '보바리이즘'이라는 말이 생겼다. 또한 작가 자신이 "『보바리 부인』은 나다"라는 말을 하여 그의 이 작품에 대한 애정과 그가 평생을 두고 속악한 부르주아를 증오하고 경멸했던 그의 성향을 고백한 말이라고 하여 유명하다.

5. 일본문학계의 사실주의

일본근대문학의 초창기 사실주의를 주창한 문인은 坪内逍遙(쓰보우치 쇼요)와 二葉亭四迷(후타바 테이시메이, 이하 二葉亭)이다.

坪内逍遙는 『소설의 진수』(『小說神髓』)(1885)에서 '사실주의(寫實主義)'를 제창하여 서양의 근대문학의 개념을 도입했다. 그의 사실주의는 '소설의 주안'이라는 어휘 속에 단적으로 나타나 있다.

> 소설의 주뇌는 인정이다. 세태풍속은 이에 따른다. (小說の主腦は人情なり世態風俗はこれに次ぐ)

坪內逍遙는 사실주의 소설론에서 근대문학 이전의 권선징악(勸善懲惡) 소설을 철저히 배격한다. 사실주의 소설의 목적은 오로지 세태를 그려내는데 있다고 했다. 坪內逍遙는 다음과 같이 주장했다.

> 소설의 작가는 오로지 그 뜻을 심리에 경주하여 내가 만든 인물도 한번 작품 가운데 나온 이상 그것을 活세계의 사람으로 간주하여 그 감정을 묘사하는 데에 감히 자신의 생각(고안)을 가지고 선악, 사악의 성감을 지어내지 말고 단지 방관해서 있는 그대로 묘사하는 마음가짐을 적극적으로 해야 한다.

> 소설을 쓰는 사람의 流는 심리학자와 같다. 잘 심리학자의 도리를 기본으로 한 그런 인물을 만들어야 한다. 비록 그 자신 생각(고안)을 가지고 억지로 인정을 어긴, 아니 심리학의 이치에 반하는 인물을 만든다고 하면 그 인물은 이미 인간세계의 사람이 아니다. 작가의 상상의 인물이므로 그 각색이 기교 있다 해도 그 이야기가 기발하다 해도 그것을 소설이라고는 할 수 없다.

즉 '어디까지나 심리학자로서의 냉정한 입장에서 오로지 인정의 깊은 곳을 살펴 현인군자, 우자, 악인, 노약남녀(老弱男女), 선악 정사(正邪)의 마음속을 세밀하게 묘사하여 인정을 적나라하게 보여 주어야 한다'이다.

여기서 그가 말하는 사실주의가 어떠한 내용인지 알게 한다. 그것은 어디까지나 인간심리의 깊은 곳에 침잠하려는 것이므로 따라서 외적 사상(事象)의 묘사를 뜻하는 것은 아니다. 오로지 가공의 인물로서 허구 세계에 활동하게 해서, 진실에 육박하게 하려고 하는 것이다.

이를테면 시인이 노래를 지어서 진정(眞情)을 묘사하고 진정을 토로하고, 화공이 단청으로서 천지자연의 아름다운 경치와 풍물을 그리고, 조각가가 끌을 가지고 사람 또는 짐승의 형태를 조각하는 것처럼 오로지 진실에 육박하는 것을 주로 하여, 일정한 줄거리를 구성하고, 열전(列傳)을 구성하고, 인정(人情) 세태(世態)를 연구하는 것이다.

때문에 이런 종류의 소설에 있어서는 미리 교훈의 뜻을 내포해서 각색을 왜곡하지 않고, 오로지 세상에 있을 것 같은 정태(情態)만을 그려낸다.

그러면서 정말인 것처럼 보이게 하는 것을 바라며, 애써 천연의 풍부하고 아름다운 것을 베끼고, 자연의 원만하고 원대함을 묘사하여, 독자로 하여금 알지 못하는 사이에 그 허구 세계에 노닐게 한다. 그래서 신묘하고 불가사의한 이 인생의 대기관을 깨닫게 하는데 이르는 것이다.

■ 모사는 묘사와 다르다 – 二葉亭四迷의 「소설총론」

二葉亭은 『소설의 진수』에서 부족하다고 여겨지는 점을 보충하는 것 같은 형태로 「소설총론(小說總論)」을 발표했다.

「소설총론」에서 二葉亭은 문학에 있어 모사(模寫)라고 하는 것은 '實相을 빌어 虛相을 모사하는 것(베껴낸다)'(實相を仮りて虛

相を寫し出す)이라 했다. 이것은 그의 사실주의 이론의 유명한 정의에 이르는 모티브(근거)가 되었다.

따라서 모사의 목적은 實相(現象 · 形式)을 빌어서 虛相(觀點 · 本質)을 모사해내는 것에 있다가 된다. 여기서 주의를 요하는 것은 二葉亭의 '모사'는 묘사(描寫)와 다르다는 것이다.

작가가 현상(現象)을 보고 그 현상의 본질을 감득하여 작품화한다. 그것을 독자가 작품을 통하여 현상의 본질을 감득할 수 있다는 것이다.

이 논리구조는 現象(形) → 작가 → '意'의 感得 → 작품 → 人(독자) → 意의 감득이 성립하는 전제 하에 二葉亭의 사실주의 이론이 성립된다.

■ 모사소설의 정의

모사소설(模寫小說)이란 무엇인가? 모사소설이란 우선 사실주의 소설이라는 것을 규정하고 전개한다.

二葉亭은 먼저 권징소설에 대해 논한 뒤 모사소설을 정의한다.

권징소설은 사실주의를 경시하고 있어 결국 소설이라고 말하기에는 충분하지 않다고 단언한다. 그 이유는 '善은 惡을 이기는 것이다'라고 미리 규정하여 추량(推量)을 정규(定規)로 정해 놓고 세상의 현상(現象)을 설파하려 하기 때문이다. 그것은 소설이 아니고 교법(敎法)인 때문이다. 관념적인, 게다가 '선과 악이라고 하는 단순한 구도 속에서는 이 세상은 결코 포착될 수 없다'라고 하는 것이 된다.

그러면 여기서 말하는 사실주의라는 무엇인가? 되풀이 말해서 '實相을 빌려(借) 허상(虛想)을 베껴(寫)낸다'이다. 예컨대 소설이 모사하는 것은 실상계(實相界), 즉 현실의 제현상(諸現象)이다. 그러나 그것은 어디까지나 '實相을 빌리(借)는 것'이어서 참뜻(眞意)은 '虛相'을 베껴(寫)내는 것이다. 그렇다면 허상이란 무엇인가? '자연(自然)의 의(意)'일 수밖에 없다. 자연의 의(意) 이외에는 발견되지 않는다.

■ '자연의 意'

여기서 그가 말하는 '자연의 의'라는 것은 무엇인가? 우연(偶然)의 현상(現象)의 반대 측에 있는 것이다. '현상'의 내측(內側)에 흐르면서 현상과 현상을 이어가는 것, 즉 내적(內的) 필연성이라고 할 만한 것이다. '본질'이란 어휘로 말해질 수 있을는지 모른다.

여기서 二葉亭의 모사론(사실주의)은 현실을 단지 객관적으로 모사하면 좋다는 식의 간단하고 평탄한 것이 아니라는 것을 충분히 이해하게 된다.

'소설총론' 중에 '그 문장(文章)은 살아있는 것을 요한다'라고 하는 구절이 있다.

이 구절의 뜻은 요는 '창조 주체가 어떻게 주체로서 실현해 나가는가'라는 문제다. 현실을 포착함에 있어 선악이라고 하는 단순한 二元論은 너무 약하다. 선악이라고 하는 이원론을 가지고는 인간을 인식하는데 있어 깊이 있는 관찰을 할 수 없다.

어디까지나 생생한 현실을 바라보아야 한다. 실상(實相)에 충실하지 않으면 안 된다. 그러나 그것만으로는 충분하지 않다.

진정으로 리얼한 세상을 창조하기 위해서는 그 '실상' 즉 이면(裏)에 가려져 있는 허상(虛相)을 보지 않으면 안 된다. 그것이 자연의 의(意)다. 여기에 덧붙여서 말하면 意도 情(態)도 마음의 의미다.

그 '허상(虛相)'을 베껴내는 일을 어디서 구해내야 하는가? 즉 '작가의 내측(=主觀)이외에는 없다'가 된다. 물사(物事)를 보아 나갈 때의 작가의 이념, 그 상태가 문장을 살리기도 하고 또는 죽이기도 한다는 것이다.

■ 二葉亭의 베린스키의 예술론에의 접근

「소설총론」은 한 마디로 말하면 외형의 사실성 만에 치중하는 사실론을 비판한다. 당시 새롭게 도입된 서양문명의 조류에 편승한 신문학의 선두에 섰던 坪內逍遙의 영향이고 다른 하나는 베린스키의 「미술의 본질」에서 비롯된 러시아문학에서의 영향이다.

그래서 坪內逍遙가 「소설진수」에서 처음으로 논리적으로 보여준 사실주의를 다시 전개시키고 있다.

'소설총론'의 내용의 구성을 다음의 4단계로 나누어 설명해본다.

제1부분 – 베린스키의 예술의 개념으로부터 形式(Form)과 개념(Idea)의 두 가지 개념을 차용하여 이 양자가 가진 의미를 여러 가지 점에서 대비해서 설명한다.

二葉亭은 베린스키에 접근하면서 形, 즉 이 세상에 존재하는 모든 것은 그 裏에 숨겨져 있는 無形의 것, 즉 意가 있음으로서 비로소 처음으로 의미를 지닌다. 다시 말하면 意가 없는 形(=物件)은 없다고 설명한다. 意와 形과의 관계를 베린스키의 「미술의 本義」 중에 '세간에 유일의 意匠 있으므로 존재 한다'의 문장을 그대로 차용한다.

제1단의 중핵을 이루고 있는 '意'와 '形'의 원리는 現象과 본질이 지니는 특질을 각각 가려 뽑아낸다. 그것이 '모사라고 하는 것은 實相을 빌려 虛想을 베껴낸다(寫す出す)'라는 二葉亭의 눈에 띄는 정의에 이르는 모티브(근거)가 된다. 따라서 제1부분의 내용은 세계를 구성하는 현상을 철학적 개념의 설명에 의해 정리한 세계관이라고 할 만하다.

제2부분은 제1부분에서 말한 넓은 의미의 세계관으로부터 시야를 좁혀 예술관(본문에서는 미술)을 논하고 있다. 제2부분의 내용을 요약해 보면 우연 가운데서 자연을 추구하는 데는 두 가지 방법이 있다. 그 하나는 이미 지니고 있는 지식에 의해 이해하는 학문상의 추구, 즉 과학적 인식이고, 다른 하나는 감정에 의해 느껴서 캐어내는 예술상의 추구, 즉 '예술적 직감이다'라고 하는 것이다.

이 두 가지의 상위점을 가지고 二葉亭은 예술과 학문을 구별하고 또한 그것에 의해 예술의 정체(正體)라고 하는 것을 확실히 구별했다.

이것으로 二葉亭은 학문에 대한 예술의 독자성을 인식한 예술관을 지니고 있었음을 알 수 있다. 더욱이 베린스키 등의 관념론적 혹은 주지적인 예술관보다는 인스프레이션(inspiration, 계시, 영감), 즉 직감을 중대시한 주정적(主情的) 예술관을 가지고 있었음이 명확해진다.

제3부에서는 다름 아닌 예술의 일부분인 소설론을 제시한다. 二葉亭은 소설에는 勸懲소설과 模寫소설의 두 가지가 있다고 말하지만 '勸懲소설이란 소설체의 설교이고 참으로의 소설은 模寫소설이다'라고 하는 자기의 소설관을 피력했다.

그래서 소설도 다름 아닌 예술의 일부분이라고 하는 견해에 따르면 소설가는 자연 情態(=意)를 직접 감득(感得)해서 그것을 사람들에게 전해야만 하며 직접 전하기 위해서는 寫實이라고 하는 방법을 취하는 길밖에 없다고 기술한다. 어째서 소설이 寫實에 연유해야 하는 가의 원인을 기술한 것이다.

■ 대의(大意)

「소설총론」은 매우 이해하기 어렵다고 생각되어 중복되는 점도 있겠으나 다시 정의를 내린다.

소설은 여러 가지 잡다한 현상(形) 중에서 자연의 情態(意)를 감득하여 전(伝)하는 것이다. 그것을 위해서는 모사(模寫)가 필요하다. 모사야말로 소설의 진면목이다. 그렇다면 모사란 무엇인가? 사실주의(=主實주의)다. '實相'을 빌려 虛相을 그려내는 것이다. 즉 현상을 모사하면서 동시에 현상 가운데서의 자연의 意를 그려내는 것, 이것이 모사소설의 목적이고 권징소설과는 본질적으로 다른 점이다.

이상에서 말한 것을 한마디로 요약해서 말하면, '그것이 문장을 살리는 것이다'가 된다.

四. 안티 사실주의 테크닉

– 마르셀 프루스트, 『잃어버린 시간을 찾아서』

❶ 소설의 변용

1. 프루스트

마르셀 프루스트(Marcel Proust, 1871 – 1922)는 20세기 서구를 대표하는 작가로 세계문학에 지대한 영향을 주었다. 프랑스에서는 그를 읽지 않고 문학에 뜻을 두는 사람은 없다고 말해지는 정도다.

프루스트의 대표작 『잃어버린 시간을 찾아서』(*A la Recbercbe du Tempus perdu*, 1913 – 1927)는 프루스트가 자신의 천직은 글쓰기(문학)라는 것을 깨닫고 그것을 실현하는 과정을 담은 소설이라 할 수 있다.

소설은 그 내용을 요약할 수 있다는 면이 시와 다른 점이다. 이런 견지에서 보면 『잃어버린 시간을 찾아서』는 소설적인 특징이 다분히 결여되어 있는 소설이라고 할 수 있다. 이 소설은 소위 말하는 이야기 줄거리를 말하기가 꽤나 어렵기도 하지만 그런 일 자체가 별로 의미가 없기 때문이다. 이는 소설의 줄거리의 전개에 상당한 독자의 흥미를 끌어왔던 많은 소설과 이

소설과의 상위점이다. 그래서 프루스트의 독자는 이야기 줄거리를 따라 소설을 즐기는 독서법을 어느 정도 체념해야 할 것이다.

『잃어버린 시간을 찾아서』는 기억(記憶)과 인상(印象)에 관한 계시(啓示)의 의미를 추구하다가 이 두개의 진실을 예술이라고 하는 유일의 수단으로 표현하는 일이 자신의 천직이라 믿고 작가로 전신(轉身) 하는 '나'의 정신의 편력이라 할 수 있다.

이 작가의 전신이라는 것이 장르에서는 대두하지 않았던, 이 대작의 테마(主題)와 구성(構成)을 결정하는 본질적인 특징이 되고 있다.

그러나 작가에로의 전신으로 끝나는 정신의 편력은 준순(逡巡)과 좌절의 연속으로 그려져 있다. 즉 아르베르 치누를 시작으로 하는 많은 여성과의 애욕이나 사교생활에서 쾌락을 추구하던 주인공의 육체의 편력과 병행되어 있다. 결국 그는 그러한 쾌락이 허망이라는 사실을 몸으로 체득하고 예술만이 유일의 진실이라는 것을 깨닫는다.

하지만 프루스트를 예술지상주의자라고 하는 것은 적절하지 않다. 잃어진 종교 대용(代用)으로 예술을 성별(聖別)하는 것 같은 입지에 그가 놓인다는 점이다.

이 근대의 혼(魂)을 지닌 무신론자(無神論者)는 예술을 인간의 정신의 가장 고차원의 소산으로 생각하고 이를 위해 자신의 전능력을 경주하였다. 정신이라고 해도 언젠가는 인간이 죽는 것처럼 죽을 것이다. 그러나 프루스트는 정신과 작품을 신빙한다.

이 한 점에서 그는 서구문명의 전통에 연계됨은 물론, 이 작품『잃어버린 시간을 찾아서』는 서구의 근대를 산 강인한 정신의 하나의 기념비가 되는 것이다.

『잃어버린 시간』에서 중시되는 것은 소설의 언어의 문제다. 예를 들어 '리라꽃'을 그려낼 적에 프루스트는 감각에 호소하는 식물의 감성적(感性的)인 특징을 흡수하여 꽃의 형상(形狀), 그 외의 다른 그의 「내적인 뜰」인 '기억' 속에 남긴다. 그래서 그 기억 속에서의 '꽃'만이 그의 '꽃'이 된다.

소년 시절 콘프레의 들판에서 놀던 '나'가 그 곳에서 아무렇지 않게 본 꽃이나 작은 돌이나 빛을 발하던 늪에서부터 종탑(鐘塔)에서 받은 강렬한 계시는 정신의 깊이에 각인된 사물의 시적인식(詩的認識), 즉 인상(印象)을 어휘의 힘으로 되살아나게 하는 것, 소생(蘇生) 시키는 것에 있었다.

이 일은 죽음에 임박되는 노년이 되어 그는 비로소 알아차리게 되었다고 했다. 「예술은 이전에 실재(實在)하던 것이 우리가 알아차리지 못한 채로 가로 놓여 있던 깊이에로 우리를 회귀(回歸)시키는 일일 것이다. 아마도 참의 생명을 재창조하여 인상을 소생시키는 일은 크나큰 유혹이다」라고.

프루스트는 다음과 같이 말한다.

> 나는 이제 사물의 정수를 열심히 관찰하여 거기에 전념하고 그것을 고정시키기로 결심했다. 그러나 어떤 방법으로 할 것인가?(Ⅲ. 876). 그는 작가의 임무는 작품을 만들어 내는 것이 아니라 이미 우리 안에 존재하는 것을 번역하는 것이라고 말한 바 있다(Ⅲ. 890).

이미 콩프레에서 나로 하여금 그것을 보게 만든 어떤 심상을 주의 깊게 나의 정신 안에 고정시키고자 애쓰고는 한다. 구름, 삼각형, 종탑, 꽃, 조약돌 등을 응시하면서 그 형상 뒤에 내가 발견하려고 애써야 할 다른 무엇이 존재한다고. 마치 구체적인 대상만을 나타낸 것 같은 상형문자들처럼. 아마도 그 형상 뒤에는 번역되어야 할 어떤 사념이 있다고 느꼈다 (Ⅲ. 878).

프루스트의 작품의 특성의 하나는 자연계에도 micro－의 세계가 있는 것처럼 그의 작품에도 어떤 소부분도 전체를 예견시키는 요소가 함유되어 있고 또한 어떤 작은 부분도 그러한 소우주(小宇宙)적 성격을 지니고 있다는 것이다.

여기에는 작가가 뜻하는 '무의지적 회상'이라든가 '계기(繼起)하는 자아(自我)'라는 프루스트적 주제가 관련되어 있다.

2. 무의지적 회상

'무의지적(無意志的) 회상(回想, ＝기억)'이라고 하는 프루스트적 테마(主題)에 관해 다소라도 깊은 이해를 갖는 것은 테마라든가 테크닉이라는 과제에 상당히 접근하는 길이라는 생각도 든다.

■ 내적현실

『잃어버린 시간을 찾아서』의 주인공 마르셀은 어린 시절부터 작품을 쓰고자 하는 욕망은 있으나 자신에게는 예술적 재능이 없다는 생각 때문에 작품 창조에 임하지 않고 있었다. 이러한 무능력의 상태는 그가 진정한 예술의 대상을 발견하게 되는 시기까지 미루어졌다.

그러다가 마르셀은 '무의지적(無意志的) 회상(回想)'이나 '기억(記憶)' 같은 것을 기조로 하여 자신의 문학의 길을 닦아보려는 결심을 하게 되었다. 다시 말해서 마르셀은 자신의 무의지적 기억들을 통해 과거를 재현시키고, 그렇게 하는 것으로써 작품 속에서 '시간의 초월' '시간의 영원성'을 실현해 낼 수 있다는 생각에 이르렀고 마침내 작품 창조에 임할 결심을 하게 된 것이다.

『잃어버린 시간을 찾아서』의 '나'(私)는 과거를 회상한다. 그런데 누구나 알고 있는 것처럼 우리의 회상에는 많은 결격이 있다. 하나의 이름, 하나의 사실이 떠오르지 않는다고 하는 조바심은 빈도의 차이는 있다 해도 젊은 사람이라도 경험한 바가 있을 것이다. 우리는 그 이름을 심도 있게 찾아내려 한다. 그랬다가 어느 순간 그것이 불연히 떠오르는데 그것은 어이없게도 오래전부터 몇 번이나 입에 담았던 이름이라는 것이 생각난다. 이러한 노력으로 되살아난 기억, 이것을 '의지적(意志的) 기억'이라 해둔다.

이렇게 회상되어지는 일은 현재 자신을 둘러싼 살아있는 것과는 달리 이미 존재하지 않는 과거에 속하고 있고 이미 두 번 다시 돌아오지 않는 것에 속한다. 예를 들어 하나의 어떤 일을 생생하게 기억해 낸다 해도 그것은 그 일이 일어났을 적과는 달리 그 일만이 따로 떼어내져 생각나는 편린적인 회상에 지나지 않는다. 또한 그 회상은 결국은 과거 속으로 빠져들게 만든다.

그런데 이러한 '의지적 기억'과는 반대로 갑자기 예기치 않게 솟아나는 기억이 있다. 이것을 프루스트는 '무의지적(無意志的) 기억'이라고 한다.

『잃어버린 시간을 찾아서』에서 하나의 예를 들어본다. 다음은 프루스트가 말하고자 한 마도레누와 뜨거운 차가 일으킨 무의지적 기억의 현상이다.

소설 속의 화자는 어머니의 키스를 기다리던 소년시절의 고통스런 기억을 말하고 난후 그것과는 다른 아주 먼 훗날에 있었던 어떤 체험을 소개한다.

어느 추운 겨울날 밖에서 떨면서 들어왔을 때 어머니가 하녀에게 일러 뜨거운 홍차와 마도레누(과자의 일종)를 자신에게 갖다 주게 했던 때의 경험이다. 그 마도레누를 홍차에 넣었다 입에 넣은 순간 화자는 갑자기 꾀나 큰 쾌감을 느끼며 무엇인가 귀중한 본질에 빠져드는 것 같은 기분이 든다. 그러나 이 큰 쾌감이 어디서부터 연유한 것인지 분별이 안 된다. 그래서 다시 두 번, 세 번 맛을 본다. 그래도 역시 알 수가 없다. 그런데 화자가 체념하려고 할 적에 불연 듯 기억이 되살아난다.

그것은 어릴 때 콘프레에서 친척의 아주머니가 보리수의 허브차에 담가서 주셨던 마도레누의 맛이었다. 그 일이 생각나자 곧바로 그때까지 어머니의 키스와 상관되던 시간이나 장소나 인물 만에 한정되던 콘프레의 회상이 단번에 아주머니와 있었던 일까지 전면적으로 살아있는 모습으로 나타난다. 곧바로 길가에 있던 아주머니의 방이 있던 오래된 회색빛의 집이 연극의 한 단면처럼 떠오르면서 그 집 뒤편에 양친을 위해 지어진 작은 별채가 번뜩 떠오른다. 또한 그 집과 함께 거리가 생각난다. 아침부터 밤까지 이런저런 날씨와 함께 지나치며 보던 거리. ....

교회, 콘프레의 모든 주변정경이, 그 모든 것이 정연하게 형태를 이루며 거리도 정원도 '나'의 한 잔의 차에서 튀어나오는 것이다.(1－92~93)

프루스트는 다음과 같이 자신의 소설의 작법에 관해 말한다.

> 나의 작품은 무의지적 기억과 의지적 기억과의 구별로 통해져 있다.(중략) 나에게는 의지적 기억이란 특히 지성(知性)과 눈(目)의 기억이어서 과거에 관해 진실이 결여된 면만을 가져다 줄 뿐이다. 그런데 전혀 다른 상황에서 다시금 찾아낸 냄새와 맛이 생각지도 않았던 과거가 우리의 마음에 되살아나게 되면 그 과거는 그 이전의 우리가 추억하고 있다고 믿고 있던 과거, 즉 마치 서툴게 그린 그림처럼 진실이 결여된 색채로 그려진 과거와 같은 것의 의지적 기억과는 얼마나 다른 것이었는가를 우리는 느낀다.[35)]

이러한 기억, 잠깐의 감각이나 무엇인가의 우연적으로 추억이 저절로 온다고 하는 현상은 말하자면 누구에게나 있어온 일이기도 하고 특별히 진귀하다고 할 수 없을지 모른다. 또한 이러한 형의 추억은 프루스트 이전의 19세기의 작가들의 작품에서도 여기저기에서 보여 왔다. 그럼에도 프루스트처럼 이것을 활용한 사람은, 그처럼 그 중요성을 강조한 사람은 없었다.

특히 소설에 대두하는 마도레누와 홍차에 연유된 과거소생

---

35) 鈴木道彦,『プルーストを讀む』, 集英社新書, 2003. 47쪽.

(過去蘇生)에는 근사한 쾌감과 강렬한 기쁨이 동반되고 있다. 이 점은 주목을 요한다. 말하자면 화자가 이같은 체험을 무척 귀중한 것으로 보고 있다는 표시이기도 하다.

이것은 죽은 과거가 아니고 살아있는 추억이 시작되는 출발점이다. 이렇게 말하게 되는 것은 상기의 과거소생에는 '맛'이라고 하는 감각이 계기가 되고 있기 때문이다. 맛이라든가 냄새라는 것은 확실히 신빙할 수 없는 것에 속하지만 감각인 이상에는 확실히 현재에 속하는 살아있는(生) 것이다.

그와 동시에 앞서 인용한 일절에서 「전 콘프레와 그 주변, 그 모든 것이 정연하게 형태(形)를 이루고」라고 써있는 것은 중요하다.

이 말은 단편적인 「의지적 기억」과는 다르게 이제부터 시작되는 이야기에서 그 것의 전부가 이야기된다고 하는 예고이다. 즉 「무의지적 기억」은 이야기의 예고가 되고 있는 것처럼 단지 회상에 그치는 것이 아니라 과거의 혼이 허구의 이야기에 변신하여 회생하는 징조가 되고 있다.

그러나 「무의지적 회상」만이 진실이라 하더라도 그것은 세세한 우연(偶然)이 가져다 준 감각이 계기가 되고 있어 극히 순간적인 회상・기억에 지나지 않는다.

3. 감각의 창

내적(內的) 현실을 중시한다 해도 그것은 외계(外界)에 눈을 감고 정신적 자폐증상에 빠져든다는 것은 아니다. 그것과는 정반대가 되지 않으면 안 된다. 프루스트에 있어서는 외계와 자신과를 맺는 인식의 실마리는 인간이 지니는 여러 감각에 있다. 거기에는 자세(姿勢)로부터 오는 지체(肢體)의 감각에서부터 수면 중의 감각까지가 포함된다.

감각을 통해 자아의 내부에 거두어들여 기억이 되어 정착된 내적 현실을 올바르게 재구성하는 것이 지성(知性)에 과해지는 역할이 된다.

이러한 문장이 「인상」이나 「감각」에 절대적인 신뢰를 두고 있고, 또한 나아가 작가가 항상 감각의 일락(逸樂)에 빠져들려 하고 있다고 말해진다해도 그것은 감상적으로 그것에 빠져들려는 것이 아니고 지적추리(知的推理)로 이를 분석하여 외적(外的) 현실을 정확하게 파악하려는 것에 있다.

그래서 한편으로 지적작업, 그 것이 예술작품이라고 하는 하나의 현실을 형태지어 가는 것이다.

이렇게 하여 단지 의미 전달의 수단이 묘사의 도구였던 것에서 벗어난다. 작가의 철학·예술관을 짊어진 프루스트의 언어는 발자크(Barzac)가 구축한 외적 세계에 뒤떨어지지 않는, 버금가는 웅장하고 빛나는 세계를, 인간의 내면을 통해 구축해 나가는 것이다.

그리고 발자크 이래의 소설의 무대가 지리적 공간에 펼쳐졌던 것과는 대조적으로 프루스트의 우주는 <시간>(時間) 속으로 펼쳐져 나가는 것이다.

부언하면, 대상(對象)은 누구의 눈에도 한가지로 비쳐지는 것이고 그 일의적(一義的)인 상(相)을 고정시키는 것으로서 객관세계의 진실을 인식할 수가 있다고 하는 사상 위에 성립된 19세기의 과학주의(科學主義)나 협의의 사실주의와는 대조적으로 프루스트는 인간을 포함한 일체의 대상이 시각(視覺)을 도외시 할 수 없는 존재로 보였던 일이다.

■ 눈길(視線)

프루스트에 있어 눈길은 사물에 접근하는 특수한 양식이다. 그리고 그 새로운 시각이란 사물의 이면에 감추어진 것까지도 볼 수 있는 눈으로, 익히 잘 알고 있는 사물에서 독특하고도 진실한 모습을 찾아내는, 습관에 젖지 않는 순수한 눈을 의미한다.

'눈길' 즉 '본다'라고 하는 것은 시각을 통해서 대상을 자아의 내부에 들여오는 것이고 그것을 위해 자신의 전존재(全存在)가 그것에 집중하는 것을 뜻하고 있다.

『잃어버린 시간을 찾아서』에는 과장할 정도로 소년의 「눈길」(視線)에 관해서 쓰고 있다. 이러한 눈길이 눈길로 독자에게 '기정의 것'이라는 전제(前提)로 이야기되고 있다고 규정되는 한 가지는, 화자가 이것을 자주 작중에서 이야기 하고 있어서다.

예컨대 소설 속에서 마르셀은 엘스티르에게서 인식 행위에 관해 배우게 되는데 그것은 주체(主體)와 대상(對象) 사이의 분명한 구분을 극복하게 해준다. 그래서 그는 순수한 눈의 중요성을 강조하여 새로운 것을 보기 위해서 낯선 곳으로 여행하기보다는 차라리 새로운 눈을 갖는 편이 낫다고 한다.

■ 시적 인상

대상에 육박하는 그의 '눈'으로부터 대상을 숨기는 것은 반투명의 피막같은 의식이다. 「어느 외적인 물체를 볼 적에 그것을 보고 있다는 인식이 나와 그 물체와의 사이에 남겨져 있어 정신의 얇은 인연성(因緣性)이 그 주위를 맴도는 것이어서 나는 아무래도 직접 그 물체와 접촉할 수 없게 한다」. 이러한 프루스트의 일절(一節)에서 인식의 불가능을 이야기하고 있는 것으로 보이는데 실은 '본다'라고 하는 단순한 행위가 얼마나 곤란한 행위인가 또는 그 곤란함을 넘어서 '본다'라는 행위가 그에게 얼마나 철저하게, 도취적으로 되어 있는가를 우리에게 알려준다.

이 때 프루스트가 온 정신을 집중시켜 행하는 것은 자신이 바뀌어 진 무의식(無意識)의 눈을 통해 대상의 여러 상(相)을 자신 속으로 침투시키는 일이다.

그래서 이 눈이 시각적 착각인 채로 응시된 사물의 비개념적(非概念的)인 제1의 인상을 그는 '시적인식'(詩的印象)이라 칭한다. 이지(理智)의 눈으로 보면 왜형(歪形)으로 비추는 이 인식이야말로 예술가가 본 사물의 실상(實相)이다. 프루스트가 은유(隱喩)를 문체의 본질적인 테크닉이라 본 것은 이 때문이다.

4. 시간(時)의 발견

『잃어버린 시간』에서 소녀 질베르트의 삽화가 소설 속에서 작용하는 역할을 살펴볼 수 있다.

소년은 마침내 질베르트와 교제하게 되지만 유년기의 사랑은 성립되지 않는 것으로 끝난다. 그녀는 화자의 친구와 결혼한다. 후일 화자는 그녀와 둘이서 함께 언덕길을 산책하는 일이 있게 되지만 화자는 이 장소가 아무런 감동을 그에게 일으키지 않는 것, 현재의 부인이 이전의 소녀와는 아무런 공통점이 없고 오히려 전혀 별개의 사람인 것에 아연해한다. 그런데 또다시 세월이 흘러 초로가 된 화자는 어느 만찬회 석상에서 이전의 소녀의 추억, 소녀의 모친인 사람의 추억과 딱 들어맞는 한 소녀를 만난다. 그녀는 질베르트의 딸이었다.

마르셀은 말한다. '「내가 잃어버린 그 세월로 해서 만들어진 이 부드러운 딸(마르셀이 연모하게 되었던 소녀의 딸)은 나의 청춘을 닮아 있다」'고.

그래서 그 딸을 만남으로서 소생하는 자신의 청춘의 기억과 지금이라는 현실의 시간이 그에게 남김없이 되살아나고 있다는 자각 같은 것이 그로 하여금 <시간>(時)을 주인공으로 하는 웅대한 지작을 곧바로 착수하겠다는 결단을 하기에 이르렀다.

5. 용해의 테크닉

프루스트는 『잃어버린 시간을 찾아서』 소설 속의 화가 마르셀을 미술작품을 통해 깨닫게 하는 방법으로 미술에 관한 개념, 즉 예술의 속성을 살피려 한다. 프루스트의 의도는 미술의 테크닉(기법)을 글쓰기의 장(場)으로 전환 가능하게 하려는 데 있었다. 그는 「미술의 힘이란 다름 아닌 색체의 힘이다」고 한다. 이것은 마르셀의 사상과 문체에 지대한 영향을 주게 된다.

프루스트는 음악에서라면 진동에 해당하는 미술작품에서의 색체는 좀 더 천재적인 것, 하지만 본질상 좀 더 모호한 그 무엇, 즉 그 내적인 힘에 다다를 수 있게 해주는 역할을 한다고 생각한다.

프루스트는 『잃어버린 시간을 찾아서』에서 엘스티르의 바다의 그림에서 하늘과 바다의 경계가 없어지고 바다와 땅이 서로 맞닿아 그 경계선이 모호해지는 모습을 볼 수 있게 했다. 그는 땅과 바다 사이의 구분, 즉 고정된 경계를 인식하지 않을 만큼 자신의 눈을 길들일 줄 알고 있다. 사람들은 습관적으로 바다와 하늘을 구분하고 있지만 시각에 비친 영상은 그러한 인습적인 구분을 거부한다. 다시 말해서 바다의 화면에 가장 빈번하게 나타나는 메타포 중의 하나는 물과 바다를 비교하면서 그 경계를 모두 삭제하는 기법이다. 같은 화폭 속에 묵묵히 지칠 줄 모르게 되풀이 된 그런 비교가 그 화폭에 다양하고도 힘찬 단일성을 가져오고 이 조화야말로 엘스티르의 그림이 어떤 유의 애호가에게 일으키는 감격의 원인이다.

부언하면 엘스티르의 그림 기법에서 물과 땅의 경계를 제거하고 있는데 물과 바다를 분할, 비교하면서 모든 경계를 삭제하는 용해의 테크닉은 인상파(印象派)와 입체파(立體派)에서 사용하는 기법이다. 그러나 인상파보다는 입체파에 더 가깝다고 보는 관점이다. 왜냐하면 인상파와 연결된 합일(合一)의 개념은 순수한 색체로 된 병렬된 작은 점들로 이루어진 눈부신 표현에 근거하고 있지만 용해의 개념은 입체파의 원리의 한 부분이기 때문이다. 인상파에서는 각 부분이 같은 것을 말한다. 즉 어떤 사물은 조화롭게 통일된 백가지 목소리로 표현하고 있으므로 서로 상응되는 부분들을 통해서 작품을 감상할 수 있다. 입체파에서는 빛이 모든 선을 따라 대상을 분할하며 일치하지 않는 원근법에 의해 입체를 고립된 군상(群像)으로 분리한다. 그래서 한 대상의 이미지는 다른 이미지를 통해서 조립된다. 입체파에서는 모든 형태가 열려있어 상호 침투할 수 있는데 상호 침투는 유사성뿐만 아니라 근접성에 의해서도 가능하다.

요약해 말하면, 인상파와 입체파는 시각을 달리한다. 인상파에서는 각 부분들이 다른 것들과 조화를 추구하고 모호하며 일시적인데 반해 입체파에서는 각 요소가 그 자체로 가치를 가지지 않고 합해서 하나의 메시지를 만든다.

어떤 유파의 영향이든 간에 엘스티르의 그림을 통해 마르셀이 깨달은 것은 화폭에 나타난 다양하고도 힘찬 조화이고 그것이 바로 감격의 원인이 된다.

그는 자연을 모방하거나 재현하지 않고 재창조해 내는 방식에 관심을 가지고 조화에 관한 문제를 새로운 방식으로 인식한다. 조화는 또한 구조의 개념에 관계되는 것으로 '구조화된 다양성'은 입체파의 원칙이기도 하다. 즉 결합된 이미지들을 한가지 형태 속에서 보여주는 것으로 입체파에서 <용해>라는 것은 부분들 간에 충돌과 교섭이라는 방식으로 행해진다. 즉 어떤 대상은 다른 대상과 무관하게 존재하지 않으며 대상의 모든 양상은 그 이웃한 것과 관련하여 상황적인 작품이 된다.

6. 사실묘사에 대한 비판

우리는 자주 깊이 생각하는 일 없이 「있는 그대로의 인생」이라든가 「객관적 事實」이라는 말을 많이 쓴다. 그러나 그러한 말들이 얼마나 제멋대로인가를 프루스트의 문장은 예리하게 표하고 있다. 다시 말해서 주관(主觀)을 통해서만은, 그 주관도 잘못을 일으킬 수 있다는 사실을 충분히 인정하기 때문에 우리는 사물을 알아차린다고 할 수가 없다는 뜻이다.

예컨대 '인상(印象)을 통해서의 내부에 정착된 「내적 현실」(內的現實) 이외에는 우리에게 있어서는 현실 같은 것은 있을 수 없다'라는 주장이다.

즉 사실주의가 사실을 있는 그대로 주관을 집어넣지 않고 객관적으로, 과학적으로 묘사한다는 주장을 펼치고 있는 것에 대해 비판을 가하는 것이다. 사실주의의 대표작가 발자크나 플로베르 등을 염두에 둔 주장이라 볼 수 있다.

『잃어버린 시간을 찾아서』의 문장을 조금 살펴보기로 한다.[36)]

> 돌연히 나는 우뚝 섰다. 나는 이제 꼼짝 할 수가 없었다. 바로 눈에 들어 온 사물의 모습은 단지 우리의 시선을 끄는 것에 그치는 것만이 아니라, 좀 더 깊고 여러 잡다한 지각(知覺)을 끌어내려 하고 있었다. 우리의 전존재(全存在)를 좌우할 적에 그렇게 되는 것처럼.
>
> 짙은 갈색(茶色)의 금발(블론드) 소녀가 산책길에서 돌아가려는 것 같았는데 장미색이면서 주근깨가 여기저기 펴져있는 얼굴에 손에는 원예용 기구를 든 체 우리들을 바라보고 있는 것이었다.
>
> 그녀의 검은 눈은 (강렬하게) 빛나고 있었다. 그 때 나는 그 하나의 강렬한 인상을 객관적인 제요소에 환원(還元)시킬 만한 어느 방법도 알 수 없었고 그 후에도 마찬가지여서, 또한 그 눈이 어떤 색체였는지를 확실하게 알아낼만한, 말하자면 그런 「관찰능력」을 갖고 있지 않았던 것과 같이 한동안

36) 프루스트에 관해서 朝倉季雄, 『フランス語講座』, 大修館書店, 1972. 를 참고하였음. 본문의 프랑스어역도 일본어의 필자의 중역임.

그녀의 일이 생각날 적마다 그 눈빛의 기억은 곧바로 선명한 하늘색(=푸른색) 빛으로 마음에 떠올랐던 것이다. 아무튼 그녀는 금발이기도 했지만 그녀의 검은 눈에 깊은 인상을 받은 것이다. —(내가) 이렇게 말하지만 다른 사람도 처음 그녀를 본 사람이라면 그 눈에 무척 매료되었을 것 같은데— 내가 실제로 그처럼 매료되었지만, 아무튼 (*그녀의 검은 눈의 인상이 강렬하지 않았다면) 그녀 가운데서도 그 하늘색 빛(=푸른) 눈에 그처럼은 매료 되지 않았을 것이다.

(-『잃어버린 시간을 찾아서』에서)

나는 그녀를 뚫어지게 쳐다보았다. 처음에는 단지 사물을 본다는 것 만에 있는 것이 아닌, 모든 감각이 불안정해지고 망연해진 속에서 마음에로 집중시키려는 그와 같은 눈길로. 뚫어지게 쳐다본 것은 그녀의 몸만이 아니라 그녀의 마음까지도 눈여겨 살피고 다가서보고 탐색해보려는데 있었다. 그리고 당장이라도 조부와 부친이 나의 눈길이 가는 그 소녀를 눈치 채고 나더러 조금 그들의 앞으로 뛰어지나가라고 말해, 그녀가 나에게서 멀어지게 될는지도 모른다는 생각에 무척 겁이 나서 어떻게든 그녀의 주의를 나에게 끌게 하여 나를 알아보게 하려는 그러한 눈길을 보냈다, 나도 모르는 사이 무의식적으로 애원적인 눈길을 보냈다.

(-『잃어버린 시간을 찾아서』에서)

인용문들은 화자인 <나>의 유년기의 추억이다. 그 추억이라는 것은 소년은 저녁 식사 전에 조부와 부친 그렇게 셋이서 산책을 하는 습관이 있었다. 그런 어느 날 저녁, 산사나무의 꽃향기 퍼지는 언덕길에서 질베르트라는 아름다운 소녀를 처음으로 만났다. 소녀를 보게 된 소년은 우뚝 멈추어 섰던 것이다.

그 두 사람의 눈과 눈이 서로 마주치는 단지 한가지의 동작,

시간적으로는 수초간의 일을 서술한 것이 앞서의 인용문의 내용이다. 주목되는 부분이다.

『잃어버린 시간에서』 소설 속에서 그 소녀의 눈이 주는 인상을 서술하고 있는 몇 곳이 있는데 상당히 개성적으로 나타난다. 그곳에서 남아 있는 추억은 단지 '소녀의 검은 눈이 반짝 반짝 빛나고 있었다'라는 사실뿐이다.

그래서 이 사실을 만일 이제까지의, 즉 19세기 사실주의 소설의 묘사로 하면 <검은 눈동자가 반짝였다>라고 쓴다면 그것으로 끝날 일이다. 그런데 프루스트는 거기에 이어지는 긴긴 문장을 보태어 쓰고 있다. 이는 그 사실주의 소설의 객관적(客觀的) 묘사(描寫)라는 바로 그것을 거부하고 있는 작가의 의도가 드러난다.

부언하면, 거기에는 소녀의 눈의 아름다움과 소년이 그 눈에서 받은 강렬한 내적 충격, 그리고 다시금 그것을 서술하는 입장에서의 작가의 태도가 있는데 이 모두를 하나의 문장 속에 동시에 완전하게 이야기하려 하고 있는 것이다.

그 다음에는 그 눈빛의 빛남의 인상이 너무나 강렬한 때문에 자신이 착각을 일으키게 된 사실을 알린다. 그 착각하게 된 사태를 해명하는 것으로 그 (눈빛) 인상의 강렬함 - 그 인상을 준 소녀의 눈의 아름다움을 말하고자 한다. 관념과 추억이라는 두 어휘가 대비하고 있는 것에 주의하게 된다.

「그녀의 검은 눈」으로 시작하여 「그녀의 푸른 눈」이란 말로 끝낸 것에서도 작가의 의식적 의도가 감지된다. '검은 눈'이 '푸른 눈'으로 둔갑하는 그 착각을 그처럼 중시한 것의 원인이라면, 바다나 하늘과 같은 푸른색과의 연상이 겹쳐져 그 눈의 빛남의 「質」을 한층 더 명확히 하기 위해서였다.

❷ 프루스트의 문체와 서술형식

1. 비문체(非文體, non style)

작가에 있어 문체란 테크닉의 문제가 아니라 비전의 문제이다. 문체는 세계가 우리에게 나타나는 방식에 있어서의 질적인 차이를 드러내 보여준다. 그러한 질적인 차이는 만일 예술이 없다면 각자의 영원한 비밀로 남고 말 것이다. 예술에 의해 우리는 자신의 세계에서 벗어나 다른 세계를 볼 수 있고 예술 덕분에 우리는 단 하나의 세계가 아니라 독창적인 예술가가 존재하는 만물의 다양한 세계를 체험한다(Ⅲ. 895). 그러므로 진정한 예술을 결정하는 기준은 바로 예술가의 문체가 될 것이다.

프루스트의 문장은 모방이 불가능하든 모방이 쉽든 간에 다른 문장들 간에 놓고 보면 쉽게 눈에 띤다. 더욱이 그의 문장은 아주 특별한 구문과 어휘를 갖추고 있으며 프루스트라는 고유명사로 지칭될 만큼 효과들을 산출해낸다.

프루스트는 자기 작품을 대성당이나 한 벌의 드레스에 비유하고 있는데 이는 고귀한 전체성으로서의 로고스를 작품의 기조로 삼으려는 의도에서가 아니라, 반대로 미완성, 꿰맨 자국, 기워 댄 천조각의 정당한 권리를 위해서다.

세계 안에는 의미를 나타내는 내용물들이나 관념적 의미들이란 존재하지 않는다고 한다. 이런 것들이 있다면 우리는 의미를 나타내는 내용물들에 의거하여 세계를 체계화 할 수 있을 것이고 또 관념적 의미들에 의거하여 세계에 질서와 위계를 부여할 수도 있을 것이다.

■ 발자크에 유의하는 프루스트

프루스트는 여러 층 위에서 문제를 제기한다. 한 작품의 통일성을 이루어내는 것은 무엇인가? 무엇이 우리로 하여금 작품과 <소통> 할 수 있게 해주는가? 만약 예술에서 통일성이 존재한다면 그것을 이루어 주는 것은 무엇인가? <효과>는 어떤 환상이 아니다.

이 문제에 관해 프루스트는 발자크에 유의한다. 독서가들은 발자크의 천재성에 대한 오해와 몰이해로 그의 『인간희극』의 통일성에 관해 논리적 관념을 막연히 가지고 의문시하고 있었다. 실제로 『인간희극』의 통일성은 처음부터 있었던 것이 아니라 나중에 생겨났다. 발자크의 책들의 통일성은 그의 책들의 <효과>로서 발견된다.

발자크는 예전에 쓴 작품들을 돌이켜보다가 갑자기 그 작품들을 연작형태로 결합하여 동일한 인물들을 다른 작품에서 다시 등장하게 한다면 더욱 멋있을 것이라고 생각했다. 발자크는 예전의 작품들과 이어 맞추어 작품에 한 번 더 손을 댔다. 그것은 작품에 마지막으로 손을 댄 것이었지만 그중 가장 탁월한 것이 되었다. 나중에 온 통일성은 작위적인 것도 아니고 허구적인 것도 아니었다.

발자크의 일자(一者)나 전체(全體)는 아주 특별하다. 이 일자나 전체는 부분들로부터 생겨난다. 그러나 일자가 생겨났다고 해서 분열되어 있고 서로 조화되지 못하는 그 부분들의 성격에 어떤 변화가 생기는 것은 아니다. 이 일자나 전체는 그 자체가 다른 부분들과 함께 나란히 있는 한 부분, 다른 부분들 옆에 나란히 인접한 한 부분으로서 가치를 지닌다.

통일성은 작품 전체에 적용되는 것이기는 하지만 다른 부분들과 따로 떨어져 어떤 조각처럼 나타난다. 또한 이 통일성은 작품 전체에다 유약을 바르는 일이 아니라 마지막으로 펜을 들어 가하는 국부적인 수정으로 나타난다.

발자크에 있어 그의 문체는 무엇을 연상시키지도 않고 반영하지도 않는다. 「문체는 펼쳐낸다」. 게다가 가장 인상적인 이미지들을 가지고 펼치는 일을 수행하기는 하지만 이 이미지들은 「어떤 찌꺼기도 섞여 있지 않은」 이미지로서, 문체가 의미하는 바를 해명해 준다.

프루스트의 문체도 묘사하려하지도 않고 무엇인가를 연상하려 하지도 않는다. 발자크의 작품에서처럼 그의 문체는 「펼치는 일을 한다」. 즉 그의 문체는 이미지들을 가지고 펼치는 작업을 한다. 이미지란 「조화가 문제가 아니라」 잘 펼쳐지기만 하면 되는 것이다. 따라서 문장은 <완전히 해체되어 여기서는 호수로 펼쳐지고 저기서는 작은 물줄기로 가늘어지고 다른 데서는 언덕에 끼어들어서는 끊어진> 것처럼 보이는 강물과도 같다.

그의 문체는 곧 기호들의 펼침이다. 여기서 기호들은 각기 자신의 고유한 연상의 사슬을 따라 서로 다른 속도로 전개된다. 그 문체는 주체가 부재하는 순수한 <해석하기>와 뒤섞인다. 또 그 문체는 문장의 내부에서 문장에 대한 관점을 종식시킨다. 그러므로 이 문체는 비문체(non style)이다.

프루스트는 음악과 같은 운율이 있고 울림이 있는 문장을 쓰고자 했다. 실제로 그의 문장은 세 번씩 같은 요소가 반복되는 리듬을 지니고 있다. 그런 반복은 작가의 감동을 생생하게 전해주며 기대하지 않은 효과를 나타낸다. 작가의 감정의 상태에 따라 어떤 사건은 느리게 묘사되고 어떤 사건은 빠른 리듬으로 서술된다.

프루스트의 문체의 중심에는 매우 자연스럽게 리듬이 자리잡고 있다. 프루스트는 규칙적으로 혹은 비규칙적으로 단어들을 열거하는데 이것은 리듬을 결정하는 효과적인 방법이며 시간의 강도와도 관련된다.

'펼치는 일'을 하는 문체의 <효과>는 다음과 같다.

두개의 대상이 주어지면 <문체는 부분적 대상들을 생산한다>. 보다 정확히 말하면 문체는 <그 대상들을> 서로가 서로 안에 포함되어 있는 부분적 대상으로서 생산한다. 그 다음 문체는 <공명의 효과들을 생산하고 강요된 운동들을 생산한다>. 바로 이러한 것이 문체의 산물인 이미지다. 우리는 순수한 상태에서 이루어지는 이러한 생산을 예술에서 찾아 볼 수 있다.[37]

37) 질 들뢰즈, 서동욱 옮김. 『프루스트의 기호들』, 1997. 민음사, 259쪽.

2.『잃어버린 시간을 찾아서』의 문체의 특성

프루스트의 문체가 복잡한 문장구성으로 되어 있어 읽음에 있어 난해한 인상을 주는 것은 사실이다.

이 특색은 프루스트가 「문체는 테크닉의 문제가 아니고 사물을 보는 방법의 문제다」라고 명언하고 있는 것처럼 「사물을 보는 방법」이 다면적(多面的), 또는 중층적(中層的)이어서 그 결과의 산물이고 그것이 문체의 특성으로 나타나고 있다.

프루스트에 있어 어떤 대상의 현실(現實)이란 그곳에 보이는 외피(外皮)의 것이 아니다. 그것은 사물의 인상과 기억이 정신의 깊이에 퇴적(堆積)하여 만들어내는 내적현실(內的現實)의 것이다. 「한 시간은 단지의 한 시간이 아니다. 그것은 냄새와 소리와 계획과 기후(氣候) 같은 것이 잔뜩 담긴 단지(=항아리)이다」.

이와 같이 대상의 다면적인 중첩적인 실체를 마치 입체파의 그림에 들어내는 것처럼 하나의 문장에 종합적으로 그려내려 하는 것이어서 프루스트의 문장은 여러 겹으로 중첩하는 굴곡의 복합문이 된다. 즉 이와 관계되는 실체는 분해될 수 없는 통일체(統一體)로 지각(知覺)되어 있어 몇 개인가의 단문(短文)으로 나누어 표현할 수 없다.

> 문체에 관해 이야기 한다면 나는 단지 지성이 베끼는 것, 수사와 미사여구(美辭麗句) 일체를 물리치고, 멀리하고 ....나는 깊이 있는, 진정한 인상을 표현하여 나의 사고(思考)의 자연스런 발걸음을 존중하도록 노력하는 것에 있다.
>
> (Camille Vettard에게 보낸 편지, 1922년 6월(?))

이 편지의 한 구절이 표하는 것처럼 그의 문체의 묘미를 아는 것은 「사고의 자연스런 발걸음」을 정확히 밟아나가는 문장에 있는 율동(律動)을 포착하지 않으면 안 된다. 그려내야만 할 대상의 심리적인 현실이나 감성적인 인상을 한 개의 생명체로서 감득하여 그 생명의 리듬에 따라 대상을 인식하는 정신의 활동이 그의 문체의 기조를 이룬다고 할 수 있다.

이러한 뛰어난 인식적(認識的)인 문체는 특히 묘사문(描寫文)에 현저하게 나타나 있다. 그 때문에 프루스트의 문체는 독자적인 기능을 발휘하고 있다.

일반적으로 소설의 묘사는 줄거리의 전개와 행동을 기술하는 문장임에 반해 프루스트의 경우는 이야기의 배경이나 상황, 또는 사상(事象)을 설명적으로 기술하는 문장이어서 그 정지적(靜止的)인 성격 때문에 소설의 진전이 자주 중단되어진다. 그러나 이는 그의 묘사가 인식이라고 하는 가장 눈부신 활동을 기술하기 위해서다.

예컨대 프루스트의 소설은 그 자체가 장대한 인식의 극(劇)을 이야기 하는 작품이어서 묘사는 바로 그러한 작품의 중추부분(中樞部分)을 떠맡는다.

프루스트의 문체는 소설을 장식하는 「수사」(修辭)나 「미사여구」라는 것에서 떠나있다. 현실인식의 언어적인 등가물(等價物)로서 적극적으로 소설의 구성요소가 되고 있는 것에 주목하여야 한다.

3장

비평 · 평론 문제

– 비평의 원점

❶ 비평이란 무엇인가?

비평은 평론과 같은 말로 쓰이고 있다. 그래서 비평이나 평론이나 그 의미는 같아진다. 하지만 비평이든 평론이든 그 의미와 기능이 크리티시즘만큼으로 확립되어 있지 않은 시기에 확립되었던 일에서 용어의 불일치가 생성된다.

평론이라는 말은 고대 중국에서 이미 사용하고 있었는데, 기본적인 성격으로 볼 때 현대 우리나라에서 사용하는 의미와 크게 다르지 않다. 즉 문학 작품을 두고 어떤 작품에 대해 좋은가 나쁜가, 옳은가 그렇지 않은가, 또는 우리에게 유익한 것인가 아닌가 그 득실을 논리적으로 판단하여 정연한 논리로 기술하여 나가는 문장으로 정의되었다.

비평이든 평론이든 사전을 찾아보면 대체로 '시비득실(是非得失)을 품평(品評)하여 논하는 일'이라는 설명이다. '품평'이란 '가치를 정하는 일'이고 '우열을 정하는 일'이다. 이와 같은 맥락에서 '비평'이란 「사물(事物)을 있는 그대로 보는 것이다」라는 정의가 일반적이 되고 있다.

하지만 이러한 정의에 충분히 만족할 수는 없다. 그 정의는 어디까지나 비평의 준비적 행동이어서 본질(本質)을 표하는 것은 아니다. 왜냐하면 비평은 어느 의미에서는 가치(價値)의 인식이고 다시금 가치의 판단이다. 그렇다고 판단이라는 것이 무엇인가 용의되어진 척도를 기준으로 하여 좋다든가 나쁘다든가 하는 것이 문학의 가치를 판단하는 것은 아니기 때문이다. 또한 근래에 와서는 학문의 분야도 다재다양해지고 광범위하여져 있고 그 깊이도 심오하여져서 비평이나 평론에서 그 이론을 펼쳐나가는 방법 또한 복잡해졌다.

그래서 현대에서의 비평은 학문적인 보고나 설명과 비슷한 객관적인 서술 형식을 취하는 것이 있는가 하면 주관적인 경향이 강한 것 또는 수상과 유사한 것까지 나타나고 있다.

따라서 비평은 평가활동으로 가치판단과 불가분리이기는 하지만 가치를 붙이는 일에만 답보하는 것이 비평의 능사가 되고 있지 않다.

비평하려고 하는 마음가짐은 일견 그것을 부정(否定)하려고 하는 활동같이 보이지만, 바꾸어 말하면 있는 그대로의 것을 그대로 받아들이는 것을 기피하고자 의도하는, 파괴하려는 기도의 경향이 농후하다. 그러한 경향이 만일 결여되어 있다면 창조활동에 자극이 없게 되어 바람직한 향상과 진보는 기대하기 어렵다. 이는 마치 요리를 만드는데 소금이 불가결한 요소가 되고 있는 것과 비슷하다. 소금과 같은 불가결한 요소로의 작용을 위해 비평작업이라는 것이 시행되고 있는 것이다.

1. 감상과 비평

작품을 읽는 행위는 직접의 경험의 세계이고 말하자면 직관적(直觀的)인 행위이기도 하다. 그것은 먼저 대상을 있는 그대로 받아들이는 것이다. 그로 해서 작품이 창작되어 있는 이미지가 읽는 사람의 내면에 받아들여지는 것인데 그렇게 해서 우리들의 의식의 세계에 선명하게 이미지가 떠오를 때 자신이 지니고 있는 문제의식 안에서 그것을 반성(反省)해 나가는 행위가 시작된다. 그것이 비평이라는 기능이다.

감상이 직관적(直觀的)이라고 한다면 비평은 어디까지나 반성적(反省的)이라고 할 수 있을 것이다. 반성을 가하는 것으로서 이미지의 의미를 자각해 나가는 것이고 또한 반성을 시도하는 것으로 그 가치를 비판해 나가는 것이다.

이것이 문학을 읽고 사고한다고 하는 구체적인 의미이다. 한 사람 한사람의 독자가 그러한 의미에서는 비평가일 것이고 소위 말하는 전문비평가도 본래는 한 사람의 독자에 지나지 않는 것이다.

감동은 어디까지나 직관적인 것이고 '좋구나' 하는 형태로 취하지만 그 감동이 어떠한 곳에서 발생하는 가를 분석하고 의미를 붙여가는 일이 반성이라고 하는 행위이고 그것이 문학을 비평하는 일이다. 문학의 향수는 그러한 비평에까지 이르지 않으면 참으로의 의미는 찾아지지 않을 것이다. 문학을 읽는다는 것은 확실히 그러한 의미를 지니며 우리들 속에 비평적 정신을 길러나가는 것이다.

2. 비평과 연구

'비평'과 '연구'는 어떤 기준에 의해 분리될 수 있는가? 사회적인 제도라는 것이 있어 사회적인 제도라는 의미에서 비평이라는 것도 제도이고 연구라는 것도 제도이다. 이는 독자라는 제도에 제도로서 짜서 맞추는 제도일 수도 있다.

단지 비평이라든가 연구라는 것의 대립은 근대문학연구라는 시스템에서부터 시작되어진 듯하다. 그러나 그 구별이 어느 시점에서부터라고 확실하게 구별하여 말할 수는 없다. 필자의 견해로는 연구는 대학의 작품론·작가론이라든가에서 비롯되었다고 생각된다.

따라서 비평이라고 하면 저널리즘적인 것이고 연구자에게는 마이너스를 의미하는 뜻이 되었다. 저널리즘이라는 평가를 피하려는 움직임이 문학연구라는 것이 대두하게 되는 연유가 된 듯하다. 즉 연구라고 할 때는 다분히 아카데믹한 뉴앙스가 깊이 있게 작동된다.

연구와 비평이란 것의 대립은 언어를 바꾸는 것에 해당되는 것으로 어느 나라에서도 있을 수 있는 문제에 속한다. 근래에는 구조주의라든가 텍스트론 같은 것이 대두하여 '연구'에 근접되고 있다.

우리나라 대학에서는 미국과 같은 학파라고 할 만한 것도 없고 그래서 학파간의 자유경쟁이라는 것도 없다. 이는 일본의 경우도 마찬가지다.

미국에서는 학자가 비평가이고 비평가가 학자이다. 그래서 연구와 비평은 오히려 방법적인 논의의 문제가 된다. 프랑스에서도 발레리도 바르트도 결국은 프랑스의 교수가 되었다.

우리나라에서는 연구와 비평이 마치 실체적으로 분리되어있는 것 같은 형태로 남아 있다. 그러나 이는 시정되어야 할 사항이라고 필자는 생각한다.

❷ 일본의 비평의 기원

– 정치적 현장에서 생겼다

비평은 애초에 정치적 현장(現場)에서 생겨진 것이다. 즉 비평이라는 것은 원래 활자화된 여러 가지를 같은 활자 메디아로 철저하게 정치적인 이데올로기화하여 비판한다고 하는, 그러한 장르다. 이데올로기는 인간의 행위를 구속하고 있는 사고(思考) 형태의 틀이다. 종교나 법(法)이나 도덕 등 인간의 의식을 한 방향으로 통합하여 사회를 질서 있게 하는 여러 가지가 이데올로기다. 인간은 가족이나 학교나 메디아를 통해 사회의 여러 이데올로기를 수용하는 것으로 사회질서를 긍정하고 그것에 따르게 된다. 또한 좁은 의미로는「자유주의」「사회주의」라고 하는 정치사상이나 사회사상을 의미하기도 한다.

일본에서 비평이라는 장르가 시작되는 것은 정치적인 측면에서부터였다. 비평이라는 장르가 자립하는 것은 1890년대 경이다. 일본에서 처음으로 국회개설이라는 정치적인 문제가 대두되면서 이 일이 비평의 담론으로 부상되기 시작했다. 그리고 그 출발점은 잡지 <국민지우>(國民至友)가 '비평'란을 자립시킨 것을 계기로 보고 있다. 이 시기의 비평이라는 것은 서평(書評) 정도였다.

<국민지우>에는 이미 1820년대에 북촌투곡(北村透谷, 키타무라 토코쿠)이나 제등록우(齊藤綠雨)가 쓴 글들이 그들 나름대로의 비평이란 형태로 취해지고 있었다. 이는 이들이 소설이라든가 시라든가, 평론이라는 형태의 텍스트를 매개로 하여 자신들의

생각을 펼치는 방법이기도 했다. 여기에는 생생한 정치사상과 갈등을 일으키는 일은 없었다. 그들의 비평에는 자신들 스스로 정치적인 코멘트는 거의 하지 않고 있었다. 단지 北村透谷은 기독교라고 하는 이데올로기와의 갈등을 보였다.

비평이 장르로서 독립되기에 이른 것은 소위 국수주의파(國粹主義派)의 삼택설령(三宅雪嶺) 등이 <출판월평>(出版月評)을 설립 발간하였는데 이것이 전문월간서평지(專門月刊書評誌)로 출발하고 있었기 때문에 이에 자극 받은 형태로 <국민지우>에서 비평란을 별도로 자립시킨 데에 있었다.

이러한 사실은 비평이라는 그 자체가 1890년 국회개설을 염두에 두고서 정치 전략이 개재되고 있었다는 것을 표한다.

다시 말해서 당시 일본의 신정부를 구성한 주요 정치세력은 살마령(薩摩領, 사츠마領)과 장주령(長州領, 죠슈領)의 파벌이었고 이들의 정권이어서 이들을 여당으로 인식할 적에 당연히 <국민지우>를 둘러 싼 사람들은 야당의 입장에 서게 되었다. 그 야당을 지지하겠다는 선거민들을 '비평'군으로 형성시키려는 전략에서 <국민지우>를 중심으로 비평 활동이 시작되었던 것으로 보인다.

당시의 비평가라는 것을 돌아보아도 일본에서 명확하게 비평이라는 것을 처음으로 들고 나온 사람은 정치가로 볼 수 있는 고전반봉(高田半峰)이다. 고전반봉은 몇 편인가의 문예비평[35]을 쓴 후 국회가 개설되자 곧 국회의원이 되었다. 그리고 그는 일본 정계의 거물급으로 활약하던 대외중신(大隈重信)의 브레인 역할을 하고 있었다.

---

35) 高田半峰은 坪内逍遙(쓰보우치 쇼요)의 『當世書生氣質』을 비평한 일이 있다.

그래서 일본의 비평은 확실히 정치와 연동된 형태로 출발하였다고 볼 수 있다. 일본의 비평은 최초에 이러한 토양에서 발생되었다.

❸ '사전적 비평'과 '주석적 비평'

필자는 비평의 올바른 방법이 무엇인가를 구명하기 위해 필자 나름대로 편리상 '사전적(辭典的) 비평'과 '주석적(註釋的) 비평'이라는 두 구분을 고안했다. '사전적 비평'과 '주석적 비평'이라는 것이 오늘날에 이르기까지 학문적으로 체계화 된 일은 거의 없는 것으로 알고 있다. 따라서 이 구분, 즉 '사전적 비평'이라든가 '주석적 비평'이라는 구분은 필자가 이끌어 낸 독창적 견해에 속한다.

이 두 비평, 즉 사전적 비평과 주석적 비평의 방법은 닮아있는 것 같으면서도 큰 차이를 보인다. 즉 사전적인 것과 주석적인 것은 본래 그 상태와 효용을 달리 하기 때문이다.

'사전적 비평'과 '주석적 비평'이 각기 비평의 방법으로 취해질 때 그 비평의 효용의 차이는 극명해진다.

이 두 비평의 효용의 극명한 차이는 우리 국문학계에서의 수를 헤아릴 수 없을 만큼의 작가 작품론에서 뚜렷하게 나타난다. 예를 들어 무척 애호되고 있는 시인 김소월에 관한 작가론을 보면 그 차이가 얼마나 대단한 가를 곧 알 수 있다.

1. 사전적 비평 방법에서 펼쳐진 오류

오늘날까지 대부분의 김소월연구가들은 김소월 시에 대두되는 '님'을 대체로 남녀 간의 '연인'이라 하고 '님'을 그리는 여성적인 편향의 시인으로 논의하여 왔다.

이는 필자가 말하는 사전적 비평 방법으로 논한 경우에 해당된다. 그러나 필자가 주장하는 주석적 비평으로 논하면 '님'을 '연인'으로 보고서의 여성편향이라는 주장의 김소월론이 얼마나 큰 오류를 범하고 있는지가 곧 확인된다.

먼저 시편 <진달래>에 관한 오늘날까지의 국문학계의 연구동향에서 찾아보기로 한다.

> 이 시의 화자는 인고의 체념으로 표상되는 전통적 여인상에 가깝다. 그런 반면, 전통 민요인 [아리랑]에서는 '나를 버리고 가시는 님은 십 리도 못 가서 발병난다'고 임을 저주하기도 한다. 이 두 작품에 나타난 전통적 여인상의 상반된 모습을 어떻게 이해해야 하며, 아울러 현재의 관점에서 우리 여성들은 어떠한 태도를 지녀야 할지에 대해 이야기해 보자.......... 오늘날 여성들에게는 실제적인 측면에서도 남성에게 기대기보다 자신이 주체가 되어 스스로의 운명을 개척하고자 하는 의지가 요구된다 하겠다. 여성의 지위가 저절로 개선되길 기대할 수는 없기 때문이다.[36]

이 인용문이 학생들의 수능과 논술 대비를 위한 책에서의 '김소월론'이라는 점에서 필자는 무척 의아스럽다. 염려스럽고

---

36) 「고교생과 함께 하는 김윤식교수의 시 특강」 1. 김윤식 엮음. 한국문학사. 2002. 8. 16. 53-54쪽.

황당하다. 무엇인가 잘못되었다는 느낌에서 벗어날 수가 없다. 이 김소월론은 사전적 비평방법에서 온 오류다.

이를 주석적 비평으로 해설하면 <진달래>의 '진달래'를 나라꽃 '무궁화'로 바꾸어 놓는 일이 가능해진다. 이는 김소월이 저항시인이고 그가 산 시대 일제강점기(=왜정기)는 우리나라의 나라꽃 무궁화를 시편 속에 써넣는 일은 불가능에 가까웠던 시대 상황이 감안되어서다. 그래서 <진달래>는 상기의 인용문에서처럼 여인상을 토의하는 '님'을 그리는 여인의 입장이 아니라 국권을 잃은 저항감을 노래한 시로 바뀐다. 얼마나 큰 차이인가가 실감되는 일이다.

여기서 주의하게 되는 것은 오늘날까지 국문학 연구에서 주류를 이루고 있는 '사전적 비평' 방법은 근래 미국에서 팽배하던 뉴크리티시즘(신비평)을 그대로 원용한 것이라는 점이다. 이는 필자의 생각이다.

원래 뉴크리티시즘은 1930년대에 북부를 중심으로 하는 좌익세력(左翼勢力)의 소위 사회파(社會派)의 문예비평에 대항하여 남부의 시인·학자들에 의해 생겨난 것이다. 그래서 그들이 텍스트의 자립을 주장하고 의도의 배제를 주장하는 것은 당연지사였다. 예를 들어 문학텍스트에 정치, 사회, 역사 등이 끼어드는 것을 극도로 꺼렸던 일이다.

필자는 얼마 전 TV를 보다가 무척 놀란 적이 있다. 분명 노래의 제목은 <초혼>이었다. 가사도 김소월의 시편 <초혼> 그대로였으므로 그 가수가 노래 부르는 <초혼>은 분명 김소월의 <초혼>이 틀림없었다. 그런데 <초혼>을 부르는 그 가수의 매무새와 몸짓은 현란하기 그지없었고 그 가수 뒤에서 안무를 추는 몇 명의 안무가들도 하나같이 현란하기는 마찬가지였음은 물론 배꼽 부분을 내놓은 반라 비슷했다.

김소월의 <초혼>이 이런 모습으로 불려지는 것은 <초혼>이 국문학계 일부에서 바로 '사전적 비평'으로 논해져온 결과의 소산이라는 점을 간과할 수 없다.

2. 〈초혼〉은 나라 잃은 국민의 곡성

<초혼>(招魂)은 시의 제목 '초혼'과 연계되는 '초혼 의식'에 중점을 두고 분석해야 할 것이다.

'초혼 의식'은 유교 제사의 근본에 있는 것이다. '초혼'은 민속으로서는 임종이나 사람이 죽은 직후에 베갯머리나 지붕위나 높은 곳에 올라가 사망자의 이름을 부르며 혼백을 불러 다시 돌아오라고 부르거나 사망자를 돌려보내는 풍습이다. 이런 과정에서 사망자의 혼백이 다시 돌아오지 않으면 사망으로 확인되어 장례식으로 옮겨간다.

이처럼 '초혼'은 제목 글자 그대로 사망자의 혼령을 불러 제사 지내는 의식이다. 그러므로 <초혼> 시에서 시인이 애타게 부르고 있는 상대로서의 사망자가 누구인가를 숙고해 볼 필요가 있다.

<초혼>에 대한 현재까지의 연구가들의 분석은 대체로 주제를 '사별한 임에 대한 그리움.......' 등과 같은 남녀 간의 연정에서의 사별에 근저하고 있다.[37] 즉 '<님의 노래>같은 것

---

37) 신동욱은 "가장 큰 잃음은 죽음에서 경험하게 되는데 이러한 보편

이 있어 <초혼> 같은 또 하나의 극단이 있을 수밖에 없는 것, 감미로운 망각에의 애착을 버리지 못하고 있어 비판을 받을 만하다,[38]

삼강오륜의 도덕적 기강이 깨어진 시대의 시인인 소월이 그 불균형을 인식하고, 특히 缺落부분을 메우기 위한 과격성 혹은 적극성이 소월시의 핵을 이룬다고 하고 이러한 결손의식이 병적으로 인식된 것이 김소월 시에 나타난바 <초혼>이 대표적인 예라고 했다.[39]

'아무리 기다려도 오지 않는 남편을 기다리다 돌이 되어 버린 여인에 대한 전설인 망부석 설화를 연상케 한다.[40]'라는 해설도 있다.

상기한 바와 같은 <초혼>론들은 필자에게 무척 황당하게 느껴지게 할 뿐 아니라 염려스럽게까지 만든다.

소월의 숙모는 「내가 기른 素月」에서 "내가 아는 대로 본 대로의 소월은 한갓 연애에 미친 천한 시인은 결코 아니었다"[41]라고 상당한 불쾌감을 표하고 있었다. 이는 다음과 같은

적인 경험 위에 <招魂>의 뜻은 짜여져 있다........ 金素月은 기쁨과 행복의 반대쪽에 있는 삶의 의미에 더 관심을 보였고, 삶의 부정적인 인식을 통해 그 이면의 논리를 일깨운 시인이라고 하겠다." (「<초혼>의 상징적 의미」. 『金素月研究』. 새문사. 1982: Ⅲ. 12~12.), 김영철은 "나를 두고 먼저 가버린 연인에 대한 원망이기도 하고 심중에 남아 있던 사랑한다는 말 한마디를 못한 스스로의 자책이기도 하다........"(『김소월』. 건국대 출판부. 1994: 52)고 분석했다.

38) 조동일. 「김소월 시에서 님이 존재하는 시간」. 『金素月研究』. 새문사. 1982. Ⅲ. 20~21쪽.

39) 『金素月研究』, 상게서, Ⅲ-7쪽.

40) 김윤식. 『김윤식교수의 시 특강』 1. 상게서. 70~71쪽.

류의 소월론을 떠올리게 한다.

> 소월이 지칠 줄 모르고 사랑을 노래했다는 것은 그의 관심이 좁았다거나 평생 고질로 相思病을 앓았다기 보다는 적어도 시작에 열중한 시기에 있어서 그가 사랑이라는 것을 굉장히 중요시하였음을 뜻한다. 그의 사랑이 이성 간의 사랑이었음은 물론인데 이성 사이의 사랑을 땅 위의 삶의 최고의 가치라고 생각하는 것이 바로 낭만적 사랑이기도 하다……… 「招魂」에서 퍼스나의 임은 이미 이승의 사람이 아니다……… 그런데 죽어간 임이 살아 있을 때도 두 사람 사이의 외로움을 끝내 주는 사랑의 완성은 없었다.[42]

소월의 많은 연구가들이 얼마나 많이 소월을 남녀 간의 '임과의 사랑을 노래한 시인'으로 해설하여 왔는가를 실감나게 한다. 물론 한 편으로 이러한 관점과 맥락을 같이 하여 오늘날까지의 연구가들이 입을 모으고 있듯이 시인의 근친이나 시인의 '연인' '님'을 거론할 수도 있을 것이다.

그러나 <초혼>이 창작되던 시기를 숙고해 보면 1923년 9월 1일에 일본 관동지방에서 발생한 대지진(=關東大地震), 관동대지진기에 일본위정자들과 그 사수를 받은 자경단원들이 행한 대대적인 '우리 동포 잔인한 학살사건'이 있었다는 역사적 사실을 주시하지 않을 수 없다.

---

41) 桂熙永. 『金素月의 生涯』. 文學世界史. 1982. 머리말 부분 참조.

42) 유종호. 「임과 집과 길」. 김학동 편. 『김소월』. 서강대학교 출판부. 1995. 28－29쪽.

3. 〈초혼〉과 관동대지진

<초혼> 첫 연은/산산이 부서진 이름이여! / 불러도 주인 없는 이름이여!/ 부르다가 내가 죽을 이름이여!//로 시작된다.

3연에서는 /사슴의 무리도 슬피 운다/ 떨어져 나가 앉은 산 위에서/ 나는 그대의 이름을 부르노라//

마지막 연에서는 /선 채로 이 자리에 돌이 되어도/ 부르다가 내가 죽을 이름이여!/ 사랑하던 그 사람이여/ 사랑하던 그 사람이여//

이와 같이 <초혼>에서는 무척이나 처절한 시인의 울부짖음을 들을 수 있다. 여기서 소월이 통절하게 부르는 '이름'의 주인공은 누구일까 생각하지 않을 수 없다.

필자는 <초혼>에서 이처럼 시인이 울부짖으며 부르는 이름은 가깝게는 관동대지진 때 학살당한 거의 2만명의 우리 동포[43]의 넋이라고 본다. 즉 <초혼>에서 목 놓아 부르짖는 '사랑하는 그 사람'은 당시의 '억울한 우리 민족의 사망자들'이라고 보는 것이다. <초혼>에서 감지되는 심한 비탄은 시인을 통한 우리 온 민족의 절규로 느껴진다. 따라서 <초혼>은 나라를 잃은 국민으로서의 통곡일 수 있다.

---

43) 일본 자경단들은 일본관헌(官憲)의 주도하에 순전히 대한인들(*조선인)을 배제 내지 살육하기 위해 결성되었다. 제각기 흉포한 무기로 무장한 '무장 자경단'의 대한인 무차별 학살이 시작되었다. 일본 역사상 전시(戰時)를 빼고 이렇게 많은 인간이 일시에 목숨을 잃은 예는 없었다. 6000명이라고도 하고 2만명이라고도 전한다. 러일전쟁 때 죽은 병졸의 수보다도 많았다고 한다.(山岸秀, 『關東大地震と朝鮮人虐殺』, 早稻田大學, 2002. 26쪽)

이러한 견해를 뒷받침하기 위해서는 <초혼>의 창작연대를 숙고해 볼 필요가 있다. <초혼>은 1925년 12월에 간행한 시집 『진달내꽃』에 수록되어 있다. 그런데 소월의 연보를 보면 소월은 1923년 5월에 東京에 가서 東京상대 예과에 입학[44]하였다는 것과 일본에서의 관동대지진이 일어난 그해 10월에 생명의 위험을 느껴 서둘러 귀국[45]하였다는 사실을 알 수 있다. 이 사건이 소월에게 얼마나 큰 충격을 주웠을까는 짐작할 수 있는 일이다. 또한 소월의 시작 연보를 보면 1923년 5월 이전에 창작한 소월 시 목록 안에 <초혼>이 포함되어 있지 않다.

그리고 시 제목이 되고 있는 '초혼'의 의미가 죽은 자의 혼령을 부르고 있다는 점에 더욱 주목을 하면 <초혼>은 관동대진진과 불과분리의 관계가 있다는 것이 명확하게 드러난다.

---

44) 소월은 1923년 3월 배제고등학교를 졸업하고 東京유학을 갔다가 그해 9월 1일 일본에서 관동대지진 때 귀국했다.

45) 소월은 이역만리 일본땅까지 갔었는데 그만 그해 1923년 9월 사상유례없는 대지진이 동경일대에 일어났던 것이다.......소월의 어머니는 아들이 살아 있다는 말에 너무 충격을 받고 드디어 정신을 잃은 사람같이 되었다.........그때 지진으로 죽은 사람은 근 4천명이라 한다. 소월은 일본에서 일시 귀국하였다가 다시 일본으로 되돌아가려고 생각하고 왔었지만 완고한 할아버지와 무식한 어머니의 만류와 제지로 그만 유학의 꿈은 산산이 깨지고 말았다.(桂熙永. 『金素月의 生涯』. 文學世界史. 1982: 235) 참조.

4. 「적벽가」, 〈원조타령〉에서의 '초혼례'(招魂禮)

<초혼>을 관동대지진에서 참살된 동포에 대한 한 맺힌 절규의 시편이라는 견해에 입각하여 볼 적에 <원조타령>에서의 '초혼의 계곡'은 시사되는 바가 매우 크다.

만학에 눈 쌓이고 천봉에 바람칠 제
화초목실 바이 없이 앵무원앙이 끊어 있다
새가 어이 울랴마는
적벽의 객사원귀 고향생각 원조되야
조수상을 원망하야 나무나무 가지 위에
지지 지적워 우더니라　　　　　　　– 〈원조타령〉 '초혼의 계곡'의 일부

<원조타령>에서의 원조(寃鳥)는 조승상의 군사로 조조가 패함으로써 죽은 군사들의 원혼(冤魂)이다. 하지만 소월의 <초혼>의 원혼은 대한사람이라는 이유만으로 죽임을 당한 단순한 양민이라는 점이 다르다.

'초혼의 계곡'에서의 '적벽의 객사원귀 고향생각 원조되야'는 주목되는 구절이다. 원조는 원혼으로 바꾸어 내는 것이 가능하다. 죽은 원혼을 원조라 했기 때문이다.

<원조타령>은 '적벽화전'에서 죽은 군사들이 '원조'가 되고 그 원혼들을 불러낸다는 초혼적 기본틀은 우리나라 판소리에서도 전혀 이질감이 없이 받아들여지는 대목이다.

더구나 <원조타령>에서의 '오림산 계곡의 험준한 산천, 총잡한 수목, 골짜기마다 하얀 눈이 으시시 쌓이고 산봉우리마다 바람이 세차게 불어오는' 배경은 적벽화전에서 죽은 군사들의

초혼례에 부족함이 없는 배경이 되고 있다고 본다. 그 중에서도 산봉우리마다 몰아치는 바람은 원통하게 죽은 군사들의 혼을 불러내는 결정적 입김으로 작용되고 있다.

도탄에 쌓인 군사 고향 이별 몇 해련고,
귀촉도, 귀촉도, 불여귀라, 슬피 우는 저 혼조
군사 고향 이별 몇해련고

이 구절들은 더욱 <초혼>의 우리민족의 경우를 연상시키기에 충분하다.

『적벽가』에서의 서사맥락을 무리 없이 민중적 한의 이미지로 변환시킨 기교는 '새소리'를 매개삼아 『적벽가』의 중국적 체취를 우리의 정취로 용해시켜 판소리의 <원조타령>을 통해 우리나라 문화로 화하는 훌륭한 체험을 만끽하게 했다.

마찬가지로 소월의 <초혼>은 『적벽가』의 <원조타령> 을 상기하면 더욱 그 감상의 폭이 넓어지는 귀중한 체험을 하게 된다.

5. 일본의 초혼사와 초혼제

<초혼>을 창작하면서 소월은 일본에서 거행되던 초혼사(招魂社) 그리고 초혼제(招魂祭)를 상당히 의식하고 있었다는 것이 필자의 견해다.

유신혁명(*明治維新)의 성공으로 일왕이 권좌에 오르고 난 후 혁명에 종사하며 막부군과 싸우다 죽은 사람들의 혼령을

제사지내기 위해 東京에 초혼사(招魂社, 1869년)를 세웠다.[46] 그리고 이들의 혼령을 제사지내는 일을 초혼제라고 했다. 그리고 1869년 이후 전전(戰前, 태평양전쟁 패전 이전)의 일본에서는 초혼사의 초혼제를 거행했기 때문에 초혼제는 국가적인 행사에 속했다.[47]

소월은 일제 강점기를 산 지식인 시인이다. 일본의 이러한 1년에 2번씩 대대적으로 거행되는 거국적인 국가행사로서의 초혼제를 몰랐을 리가 없다. 충분히 알고 있었다고 보아야한다. 따라서 소월의 <초혼>은 일본의 '초혼사'와 '초혼제'를 의식하며 창작하였을 공산이 커진다.

46) 招魂社를 창건한 후 1879년 정국신사(靖國神社)로 개칭하였다. 유신혁명에 반기를 든 西南내전을 진압하고 난후 1879년 '나라를 편안하게 한다'는 '靖國'으로 이름을 바꾼 것이었다. 정국신사는 황국사관과 군국주의를 통합한 상징이다.

47) 초혼사가 靖國신사로 개칭된 후 1년에 2번씩 大祭가 매해 거행되었다. 봄과 가을 두 번인데 봄에는 4월30일, 가을에는 10월23일에 대대적으로 행해졌다.

❹ 우리나라 문인들의 벚꽃에 관한 무신경

벚꽃이데올로기의 상징 〈山桜花〉

20세기 초엽 일본은 근대국가 체제를 확립한 다음 다시금 전쟁체제로 돌입하면서 군국주의, 국가주의 체제로 급속히 발전했다. 이들 군국주의 국가주의자들은 자신들이 수행하는 전쟁들[48]에서 신민[49]들의 거국적인 정신적인 통합을 목적으로 하여 벚꽃을 근거로 하는 일본정신, '벚꽃 이데올로기'라는 것을 생성시켰다.

아침 해로 향기 풍기는 山桜花
사방에 피어나는 꽃
벚꽃이야 말로 경사스럽게
벚꽃이야말로 충의 있으라. –〈山桜花〉 노래

'山桜花'의 노래는 청일전쟁(1894년)을 앞두고 일본 국민들이 대거 부르기 시작하다가 후일 일본 국민의 노래로 정착하였다. 여기서의 山桜花는 '현란하게 폈다'가 그 꽃이 지는 것을 아쉬워하는 벚꽃 이미지가 아니라 '봄의 풍우에 한꺼번에 확 지는 모습이야말로 일본 병사는 물론 일본정신의 본령으로 한다'에서 찾게 된다.

---

48) 제1차세계대전과 만주사변에서 이어지는 중일전쟁, 그리고 태평양전쟁이 이에 속한다.

49) 臣民: 日王制에서 군주를 '만세일계의 天皇'이라고 대일본제국헌법에 규정하고 국민이라는 어휘대신 신민이라 했다.

그래서 '산벚꽃 이데올로기'는 봉건시대 무사가 주군을 위해 목숨을 바치는 일을 무사의 도리의 이상으로 하였던 것처럼 일본인은 일왕에게 충의를 바치는데 있어 心身 일체를 기꺼이 맡겨야 하므로 그 목숨까지도 아까워해서는 안 된다는 것을 내용으로 한다. 일왕에게의 충성은 벚꽃의 모습처럼 하여야 한다는 것이다.

이러한 벚꽃 이데올로기로서의 '桜(벚꽃)'은 일본인 내셔널리즘의 상징으로 군림하여 이미 '山桜花는 일본정신을 구현 한다'라는 것이 전전(戰前, 태평양전쟁에서의 패전에 이르기까지의 기간) 내내 세간의 통설이 되었다.

전전에는 장관으로 피는 벚꽃을 구경하는 벚꽃놀이와 병행하여 벚꽃을 주제로 하는 교양강좌까지 열었다. 이러한 교양강좌가 실제로 8년 이상이나 계속되었다.[50]

벚꽃은 일본 국정교과서에 빠짐없이 실리는 것은 물론이고 일반인에게는 가곡에 실어 부르게 하고 학교에서는 창가가사로 넣어 불렀다. '산벚꽃' '벚꽃'이 일본인의 생활 차원의 꽃이 되어 일본인 생활 전반에 걸쳐 얼마나 널리 그 위용을 떨쳤는가, 그리고 '벚꽃의 의미'가 얼마나 심대했던 가를 추정하게 한다. 벚꽃은 일본인 생활 전반에 깊숙이 침투되어 있었던 것이다.

또한 일본의 '국제인'이라는 칭호를 듣는 신도호도조(新渡戸稲造, 니토베 이나죠, 1862-1933)는 그의 저서 『무사도』(武士道, 1899년)의 서두에 무사도의 정서적인 측면을 벚꽃에 비유하여 일본 고유의 꽃이라고 기술했다. 무사도는 일본의 상징인 벚꽃과 나란히 같은 일본의 토양에서 핀 고유한 꽃이라고 했다. 그

50) 小川和佑, 『詩の狀況・詩の現在』, 丘書房, 1987,. 53쪽.

의 이러한 무사도를 통해서의 벚꽃론은 외국에게 일본을 알리는 첨병의 역할을 맡았다.

❺ 비평가의 사회적 역할론

1. 김동인의 비평가의 역할론

김동인은 염상섭과 논쟁을 했다. 이 논쟁은 '비평'에 관한 견해의 차이에서 온 논쟁이었다.

염상섭은 '비평가는 재판관과 같으니 비평가의 태도는 범죄를 탐구하는 재판관과 같이 작품에 임할 것이요 작품 그것 뿐 아니라 그 작품을 제작케 된 작가의 동기까지도 탐힐(探詰) 할 수 있다'라는 것이 논점의 주였다.

김동인은 작품의 비평가는 '활동사진의 변사와 같으니 관중과 같은 독자에게 그 작품의 조화 정도를 설명하여 줄 뿐 작품이나 작가에 대하여는 아무 권리도 없다. 작품이 한 개의 존재인 이상에는 비평으로 그 본격적 가치가 좌우되지 않는다'였다.

염상섭이나 김동인이나 작품 창작 활동을 하면서 겸하여 각자가 모두 당대의 평론가였던 점은 주목된다.

이와 같이 같은 시기에 창작 활동을 하면서 서로 상반되는 다른 비평론을 펼치면서 논쟁을 벌인 일은 무척 의의 있는 일로 간주된다. 비평이라고 하는 행위에는 고유한 주관성이 그곳에 유래하는 것이기 때문이다.

2. 예술가의 사회에서의 의무
- 공인(公人)과 사인(私人)

사회에 대한 예술가의 의무는 실로 많은 것이 말해진다. 시인, 소설가, 화가, 음악가 — 이들은 사회에 대해서 의무가 있다. 그들은 다른 사람들과 마찬가지로 하나의 시민이다. 그들에게 그들 나름대로의 역할을 부과하고 특별한 권리를 요구하는 것은 안 되지만 그러나 한편으로 그들에게 지워지는 의무라는 것이 있다. 즉 예술가는 공인에 속하기 때문이다.

여기에는 F.M.푸코의 형벌의 역사에 관한 신체형(身體刑)의 흥미 있는 분석이 참고 될 것 같다는 생각이 든다.

■ 사극에서의 잔인한 형벌의 의미

요즘 무척 많이 방영되고 있는 사극에서 궁정 안에서 형틀에 매어 놓고 주리를 틀거나 심지어는 당근질을 하든가 육시에 처하는 보기만 해도 끔찍한 잔인한 고문과 형벌을 수시로 보게 된다. 특히 조선시대 사극에서는 예외 없이 이런 끔찍한 형틀장면들이 난무한다. 어째서 그처럼 잔인한 신체형이 이루어지는가?

다음과 같은 푸코의 분석을 한번 숙고할 필요가 있다는 것이 필자의 생각이다.

구조주의의 계보학적 사고의 일익을 담당한 푸코는 형벌의 역사에 관한 신체형(身體刑)의 분석에서 무척 흥미 있는 고찰을 했다. 전근대의 신체형이 그처럼 잔인했던 것은 '형벌이 겨냥한 신체가 우리들의 신체와는 다른 신체였기 때문이다'라고 푸코는 논하고 있다. 이 논거의 근거를 푸코는 절대왕정기의 '국왕이체론'(國王二體論)으로부터 도출했다.

'국왕에는 두개의 신체가 있다'라고 하는 '국왕이체론'은 '왕의 두개의 신체'라는 법사상연구로 알려진 개념이다. 영국의 엘리자베스1세 치하의 판례집에는 다음과 같은 규정이 있다.

> 왕은 자신 속에 두개의 신체, 즉 자연적 신체와 정치적 신체를 가지고 있다. 왕의 자연적 신체는 가사적(可死的) 신체다. 그러나 그의 정치적 신체는 눈으로 보든가 손으로 스칠 수 없는 신체로 정치조직이나 통치기구로 된 인민을 지도하고 공공의 복리를 기도하기 위해 형성된 것이다.

국왕은 보통의 인간처럼 병들고 사망하는 제1의 신체 이외에 불사(不死)의 제2의 신체를 지니고 있고 이 제2의 신체, 「정치적 신체」야말로 왕권왕국(王權王國)의 영속성과 정통성을 담보하는 것이라고 법학자들은 생각했던 것이다. 즉 정치적 신체라는 것은 '의미로 만들어진 신체'가 된다.

푸코는 이 국왕이체론에 근저하여 국왕을 시해하려는 대역죄의 범인에게 가하는 극도의 잔인한 신체형의 의미를 해독한다. 푸코에 의하면 대역죄는 국왕의 '자연적 신체'를 침해하려던 행위가 아니라 그 '정치적 신체'를 침해하려는 행위에 해당된다는 것이다. 따라서 그 형벌은 죄인의 '자연적 신체'가 아니라 '정치적 신체'를 표적하는 것이 된다.

즉 극단의 잔악한 형이 겨냥한 신체형은 수형자 개인의 상처받기 쉽고 곧 죽을 '자연적 신체'에 가하는 것이 아니다. 대금(大禁)을 침해한 자가 훼손한 '국왕의 정치적 신체'에 대한

벌에 해당한다. 대역죄의 신체형은 죄인의 '공포스런 정치적 신체'의 파괴를 겨냥하고 있어 자연적 신체를 파괴하기 위한 폭력의 몇 배나 많은 폭력을 동원하였던 것이다.

서구에서도 확실히 중세의 기사와 순교자의 신체는 현대인의 신체와는 별종(別種)의 의미를 지니고 있었다. 이렇게 이해하지 않으면 기사나 순교자가 전장이나 화형대에서 겪는 무서운 신체적 고통을 당한 형벌에 관한 해석이 성립되지 않을 것이다.

4장

근대문학 작가의 정신풍토

– 대표작품의 새로운 평석(評釋)

一. 현진건론

❶ 「불」

1. 여주인공 '순이'

현진건(1900－1943)의 대표작으로 서슴없이 「불」(1924년, 24세)을 필자는 꼽는다. 「불」은 가난 때문에 민며느리로 팔려간 겨우 15살의 어린 소녀를 주인공으로 하고 있다. 그리고 배운 것이 없는 무지한 소녀다. 이는 가난 때문이기도 하지만 봉건시대 풍조대로 여성은 제도적으로 배우지 못하는 입장에 있었다는 점이 반영된다.

'순이'가 시집와서 하는 아내라는 자리에서의 역할은 아침부터 밤까지 고된 집안일과 함께 농사일을 하는 남편의 뒷바라지를 해야 한다. 순이가 집안일을 제대로 못하는 경우에는 시어머니로부터 갖은 욕설과 함께 심한 매질을 당해야 한다. 그리고 밤마다 순이로서는 폭력적인 강간과 다를 바 없는 남편의 성욕의 대상이 되어야 한다.

즉 어린 순이는 어른도 감당하기 어려운 중노동을 강요당하고 장정인 남편의 성욕을 강제로 충족시켜야 하는 입장에 있다. 이러한 순이의 처지는 노예와 다를 바가 없다.

「불」의 서두는 다음과 같이 시작된다.

> 시집온지 한달 남짓한 금년에 열다섯 살밖에 안된 순이는 잠이 어릿어릿한 가운데도 숨길이 갑갑해짐을 느꼈다. 큰 바위로 내리누르는 듯이 가슴이 답답하다........... 그러자 허리와 엉치가 빠개내는 듯 쪼개내는 듯 갈기갈기 찢는 것같이, 산산히 바수는 것같이 욱신거리고 쓰라리고, 쑤시고 아파서 견딜 수 없었다.

유교적 봉건제도 하에서 살아온 우리나라 여성들의 하나의 표본 같은 인물이 「불」의 여주인공 '순이'라고 할 수 있다.

2. 성의 대상

어린 여주인공 순이가 잠들어 있는 상태에서 그녀가 전혀 원하지 않는 고통스러운 성교가 행해지고 있다. 이 원치 않는 성교에 대한 작가의 시각이 여성의 입장에서 조명되고 있는 작품이 「불」이라고 본다.

우리나라는 조선시대에 유교를 신봉하고 있어 유교사상이 봉건구습으로 남아 있다. 따라서 남녀 역할 분담은 남존여비 사상이 근간을 이룬다. 조선시대의 여성은 주로 애를 낳는 기계였고 성의 대상일 뿐이었다.

여성들의 할 일은 집안의 일로 한정된다. 그 여성들이 낳고 키운 남성들은 밖의 일을 해야 한다. 남성은 무엇이고 사회에서 할 일을 하여 이루어 놓아야 한다는 암시가 내포된다. 흔히 말하고 있는 안사람은 '여성'이요, 바깥사람은 '남성'이라는 것에서 명확해진다. 이는 남녀 성별역할 시스템의 골자다.

■ 원하지 않는 성교 거부

여주인공 어린 소녀 순이는 가난한 집에서의 시집살이는 정말로 괴로운 것이었다. '온종일 물이기, 절구질하기, 물방아 찧기, 논에 밥 나르기'로 하루 종일 일에 시달리는 나날을 살고 있다. 게다가 밤마다 장정 남편에게 시달리는 일은 더욱 괴로웠다.

여주인공은 '방 때문이다'라고 생각한 뒤 밤에 집에 불을 질렀다. 여기서 '방'이라는 공간이 갖는 의미도 심대해진다.

■ 성모 '마리아'像과 '이브'像

종교적 입장에서 볼 때 하나님은 남녀관계를 하나의 질서로 만들어 놓았다고 할 것이다. 성서에 나오는 전형적인 두 여성형이 있다. 하나는 성모 '마리아'상이다. '마리아'는 아기 예수를 안고 있다. 그래서 '마리아'는 거룩하게 보이지만 '마리아'상은 하나님에게 종순하는 여성상으로 부각된다.

아기 예수를 안고 있는 '마리아'상은 곧 아이를 낳고 키우는 모성의 전형이다. 따라서 '마리아'상에서는 여성들은 잉태와 육아가 대표적인 것으로 상징되어 있다.

성서에 의하면, 하나님은 먼저 아담을 만들고 그 아담이 심심할 것을 생각하고 같이 더불어 살라고 '아담'의 갈비뼈 하나를 떼 내어 '이브'를 만들었다.

영국의 시인 밀턴(J. Milton)은 성서를 근거로 하여 대작 서사시 『실락원』(*Paradise Lost*)을 저술하였다.

'드디어 나타났구나!
내 뼈에서 나온 뼈요,
내 살에서 나온 살이로구나.
지아비에게서 나왔으니
지어미라고 부르리라!'

이 시에서도 여성은 남성의 종속물로 하나님이 창조하였다가 된다.

나를 만들고 나를 다스리는 자여, 님의 명령엔
이의 없이 따를 뿐. 그렇게 하나님 정하시었나이다.
하나님은 님의 율법, 님은 나의 율법, 그것밖에
모르는 것이 여자의 가장 행복한 지식, 그리고
여자의 영예(榮譽). 님과 더불어 있으면 시간도
그 변화도 다 잊고 아침저녁도 즐거움뿐.

『실락원』의 상기와 같은 시구에 나타나는 여성상은 하나님의 창조물인 '사람'인 아담은 하나님을 주로 섬기고 받들어야 한다. 그리고 '아담'만이 사람이므로 '이브'는 사람이 아니다라는 등식이 성립되어 있다. 그래서 '이브'는 '아담'을 하나님 다음의 주인으로 받들며 순종하는 모습이다. 남자가 여자 자신의 율법이라고 천명하며 그 것밖에 모르는 것이 여자의 가장 큰 행복이라 했다. 여기서 여자들은 학문을 할 필요가 없다는 설이 생겨난다. 여자에게는 '지식이 필요하지 않다'가 된다.

이브상은 남성의 '성'의 대상물이 된다. 또한 이브가 아담에게 하나님이 따먹지 말라는 금단의 열매를 따먹도록 유혹하여 원죄의 늪으로 타락시켰기 때문에 '이브'의 자손인 여성은 '아담'의 자손인 남자를 유혹하는 형으로 발전한다. 이러한 것이 '이브'상이다.

천주교에서 여성신자들이 흰 벨을 쓰는 것은 '남자는 사람이다. 남자가 아닌 여자는 사람이 아니다'라는 의미를 내포하고 있다.

그런 뜻인데도 여성 신자들은 예전이나 지금이나 (자신들은 사람이 아니라는 상징의) 흰 벨을 쓰고 즐거이 찬송가를 부른다.

3. 여성천시 사상

■ '노라이즘'

종교는 물론 법률에서도 상기한 바와 같은 남성이 여성위에 군림하는 '남성 우월사상'을 근거로 하여 제정되었다.

'노라이즘'은 바로 이러한 남성우월주의를 근거로 한 사회에서의 여성의 문제를 부각시킨 것이다. 그래서 '노라이즘'은 급속도로 세계로 퍼져 나갔다.

여성들은 자신의 주위의 연극세트처럼 구성되어 있는 모든 것을 단 하나의 위대한 현실로 받아들이고 그 현실과 나란히 놓일 수 있는 별개의 세계라고 하는 것은 도저히 있을 수 없다고 생각하도록 교육되어왔다. 가엾은 여성들은 유순히 복종하고 따르는 일에 차차로 익숙해졌다.

순종하면서 안이한 만족을 얻는다는 면에서는 다른 사육되어지는 살아 숨 쉬는 생물들과 다를 바가 없었다.

그러다가 여성들은 자신도 모르게 불가항력적인 꿈에 요동되어 갑자기 생각의 나래가 펼쳐지면서 안절부절 초조해지기 시작 했다. 무엇인가 희구하고자 하는 강력한 의지의 날개를 펴보고 싶어 했다. 그러나 아무리 애를 써도 그 애쓰는 노력은 허사로 끝날 운명에 처해 있었다.

■ 조선시대 주자학이 문제다

남성우월 사상은 서구와 동양을 막론하고 같았다. 수천 년의 동서양의 역사가 이를 말해준다. 동양의 유교에서는 '남존여비'가 주된 사상이었고 불교도 마찬가지 입장이다.

유교의 주자학에서는 '사람은 태어날 때 이미 각각의 신분이 정해서 있다'고 설파한다. '고귀한 신분은 애초에 고귀한 사람으로, 미천한 계급은 그렇게 미천한 사람으로 태어나므로 이를 어겨서는 안 되고 그대로 운명에 순응해야 한다'고 한다. 마찬가지의 원리가 생겨난다. 남존여비다.

남성우월주의를 당연한 것으로 조금도 의심 없이 살아온 것은 남자나 여자나 거의 마찬가지다.

조선시대에는 유교 중에서도 주자학이 주류였다. 유학의 가르침은 중국에서도 오랫동안 여러 학자들에 의해 연구가 거듭되었다. 그 중에서도 宋의 시대에 와서 주희(朱熹)라고 하는 학자가 설파한 사상이 주자학이다.

주자학에서 가장 먼저 주목되는 점은 '이 세계는 누구에게나 부정할 수 없는 절대 보편, 전 우주 공통의 법칙, 정의로서 理

라는 것이 있다'고 설파하는 점이다. 그래서 올바르게 최초부터 정해져있기 때문에 '어떠한 이유를 내세워도 그렇게 밖에 되지 않으면 안 되는 절대적인 법칙이라는 것이 있다'고 한다.

한편 세계에는 '氣'라는 존재의 원소가 있어 모든 존재(여기에는 사람의 마음도 포함됨)는 氣의 덩어리다. 이때 '理에 잘 종순(從順)하는 氣의 덩어리만이 이 세상에서 올바른 존재'라고 하는 것이다. 그러므로 예를 들어 '인간의 사악한 마음은 理에 합당하지 않은 기의 덩어리다'라고 한다. 이러한 사상을 이기이원론(理氣二元論)이라 한다.

■ 정치이데올로기로서의 주자학의 성즉리(性卽理)

또한 주자는 '인간의 성질은 최초부터 理에 종순하도록 되어 있다'라고 설파한다. 이것이 性卽理다. 그래서 만일 '理에 종순하고 싶지 않다는 심리작용이 있다면 실은 이는 부자연한 잘못된 사태인 것이다'라고 한다. '극히 자연의 理에 종순하는 마음씀씀이 즉 敬을 지녀야 한다'이기 때문이다.

따라서 '理라는 것이 무엇인가를 구체적으로 실감하고 이해하는 것' 즉 궁리(窮理)가 주자학의 목적이다.

그런데 여기까지는 순수한 사상철학으로서 받아들일 수 있지만 여기서부터 주자학은 정치 이데올로기 적인 논리의 전개로 이어간다.

주자학에서는 도덕을 중히 여긴다. 그 도덕이라는 것은 주군(主君)과 가신(家臣), 父와 子, 남편과 아내 사이의 예를 지키고 복종하여 각자 분수를 지키는 것이 천지자연의 理에 따르는 것이라 했다.

모든 상하관계는 理에 의해 정해진 절대 보편의 것이고 때문에 下의 입장에 있는 자는 上의 입장에 있는 자에게 종순하는 것이 우주의 법칙이다 — 라는 해석이 생겨났다.

주자학은 유교의 새로운 체계로 국가의 통일, 대의명분에 그 뜻을 두고 있다. '삼강오륜(三綱五倫)' 등의 인륜관계를 절대화하여 절대적 복종을 제창한다.

'수신제가치국평천하'를 표어로 하여 五倫五常을 설파하는 정치철학으로서의 주자학은 조선시대 권력자의 '치세'를 위한 교학(教學)으로서 수용하는 데에 무척 적합하였다. '윗사람을 거역하여 소란을 일으키는 것'을 금하는 주자학의 조항은 정치도의로서 조선시대 세황(諸皇)의 통치 이상과 완전히 일치하는 것이었다.

이 주자학의 도입으로 하여 조선시대는 사농공상의 4계급이 형성되고 남존여비라는 철저한 남녀차별이 형성되었다.

유교에서의 가족이라는 것은 일관하여 '父의 家'를 일컫는다. 유교에서의 가족의 특징은 동족간의 결혼이고 가부장제, 일부다처 등이 인정된다.

'父의 家'는 가부장이라고 할 수 있는 남편과 처를 중심으로 자식들, 며느리 손자 그리고 뒷전에 처지게 되는 조부모 등으로 구성된다. 특히 양반가에서는 노비와 그 노비의 자손들이 함께 기거하면 하나의 가를 이루었고 이때의 가족은 대가족이 된다. 즉 대가족 =父의 家이다.

이러한 봉건제 하에서의 유교 도덕에 기반을 둔 가부장제에서는 여성은 단지 아이를 낳는 도구로 전락할 수밖에 없게 된다.

가부장제를 유지하기 위해서는 남자 아이를 낳아 그 가계를 잇는 것이 절대적인 필연인 때문이다. 여기서 한 家의 처나 며느리는 반드시 남아를 낳아 그 가계를 이어야만 하는 절대적인 의무사항이 발생하고 이에 따라 처와 며느리에게만 짊어지게 되는 '칠거지악(七去之惡)'이라는 것이 생겨났다.

남아를 낳아 가계를 이어가게 하는 의무를 못하는 처나 며느리는 7거지악의 하나인 조항에 들어가 집에서 쫓아내는 것은 당연하고 또 그러한 이유에서 가부장은 첩을 얼마든지 거느리는 것이 가능하다는 논리가 성립된다.

이는 유교의 신봉에서만 볼 수 있는 조항이 아니다. 기독교의 구약에서도 마찬가지로 나타나 있다. 다시 말해서 기독교에서의 구약시대의 결혼에 관한 관습이나 제도도 유교와 무척 비슷하다.

■ 남존여비

유교사상이 철저한 사회에서는 당연히 남존여비라는 문제가 발생한다. 요즈음은 시대의 변화가 있어 무척 완화된 감이 있으나 역시 우리나라에서의 남녀 차별은 심각하다.

유교의 본가라고 할 수 있는 중국에서는 자국에서 출생한 공자의 사상을 국가 주석인 모택동(毛澤東)이 부정했다. 이로 해서 20세기에 이르기까지 여성의 지위가 낮았던 중국에서의 여성해방이 본격적으로 이루어졌다고 볼 수 있다.

조선시대부터의 우리나라의 여성차별과 여성 경시사상의 근원은 주역(周易)에 있다. 주역에는 남녀의 차별이 다음과 같이 배치되어 있다.

남성..... 天, 존귀, 高, 動, 剛, 적극적
여성..... 地, 비천, 低, 靜, 柔, 소극적

이 정의가 만들어지는 틀은 남성은 강하고 지배적이고 독립의식이 왕성하고 활동적이라는 이미지이다. 여성은 종속적이고 의뢰심이 강하고 항상 수동적인 신체라는 사고방식이다.

■ 봉건제도 하에서는 여자는 물체다

유교의 가부장제 하에서는 가부장인 남성 밑에서 그 가계를 잇는 아이 낳는 도구로 전락할 수밖에 없는 여성의 위치는 남성의 정복욕은 처나 며느리는 물체로서 대상화되었다는 것을 의미한다.

물체라면 버리는 것은 간단한 일이다. 유교에서 여성의 정조를 목숨보다 소중이 여기는 것이나 성서의 율법에서 간음죄가 규정되는 것은 이 때문이다.

정조가 중히 여겨지는 것은 가부장의 소유물로서의 여성을 다른 남성이 범할 적에 큰 문제로 대두되는 것이다. 즉 가부장의 소유물을 침해하여 그 재산 가치에 큰 타격을 주었다는 의미가 부여된다.

이러한 의미 내역을 자각하지 못하는 여성들은 유교 교육을 맹목적으로 신봉하여 정조를 목숨처럼 지키려 하고 정조를 잃게 되면 목숨을 끊는 일은 당연지사처럼 여기며 살아왔다.

봉건제도에서 여성들에게 배움의 기회를 주지 않은 것은 바로 이러한 것을 알게 되어 반항하게 될지 모른다는 지배 계급의 계산된 저의가 숨겨져 있다.

양반계급의 남성만이 학문을 익히는 권리가 주어진 사회시스템은 바로 이러한 데에 근거하고 있었다.

■ 창세기의 '사라'와 '하기루'

창세기 16장과 21장에 기술되어 있는 '사라'와 '하기루'의 이야기가 서구에서의 그 한 예가 된다. 자식을 낳지 못하게 된 '사라'는 그녀의 몸종인 '하기루'를 남편 아브라함의 첩으로 들여보냈다.

'사라'는 살아있는 '하기루'라는 하나의 인격을 두 부부의 자손을 남기기 위해 도구로 사용했다. 그러나 임신하게 된 '하기루'는 상전인 여주인 '사라'를 깔보게 된다.

철저한 신분관계가 존재하는 사회에서 여자 노예와 같은 몸종이지만 아이를 낳지 못하는 상전에 대해서는 자신이 위 서열에 선다는 것을 자각하게 된 때문이다.

구약에서의 '사라'와 '하기루'의 이야기가 어떻게 전개 되었던 간에 여자는 아이를 낳아야 비로소 제 구실을 한 것이 된다.

이는 현재라고 해서 별로 달라진 것이 없는 고대로부터 오늘날에 이르기까지 면면히 이어져 오는 관습이다. 우리나라를 위시한 동양에서나 서양에서나 거의 마찬가지라 해도 과언이 아닐 것이다.

4. '다락방'과 '방'

루 살로메는 헨릭 입센의 작품에 나타나는 여성상을 피력하기 위해 입센의 6개의 작품을 골라 자신이 생각하는 입센의 여성상을 펼쳐 보였다. 『헨리 입센의 여성상(*Henrik Ibsen's Frauen-gestalten*)』(1892년)이다.

루는 이 책에서 지붕 밑 '다락방'에 집어 처넣어져 사육되어 자유로운 야생의 기질과 습속을 빼앗기고 잃어가고 있는 들오리의 운명을 우화로 썼다. 자유롭고 본성 그대로 살아야할 들오리가 그 자유를 속박하는 환경 속에서 어떻게 반응하며 대응해 가는가를 이 책에서 6가지의 장면으로 나누어 이야기한다.

이 6가지의 경우가 각기 본문 중에서 「인형의 집」의 노라, 「유령」의 알빙부인, 「들오리」의 헤도위, 「로스멜호름」의 레벳카, 「바다 여인」의 에리다, 「헷다 가브라」의 헷다의 경우로 이야기를 진행해 나간다.

루 살로메는 '어떤 우화'라는 장에서 다음과 같은 '다락방'을 설정했다.

> 언제인가 어느 지붕 밑에 이러한 다락방이 하나 있었다. 그 다락방은 사방의 벽이 온통 방 마룻바닥까지 쓰러질 듯 기울어져 있고 햇빛은 겨우 거미줄투성이 천장에 달라붙은 창과 지붕 밑 틈새로 조금씩 비쳐들고 있었다. 마룻바닥에는 공들여 새 짚이 깔려 있고 그 옆에는 물이 가득찬 물그릇이 놓여 있다. 지붕 밑에 이런 다락방이 있는 것은 인간들이 여러 종류의 동물들을 가두어 키우면서 동물들에게서 자연생활의 습성을 차단시켜 보려는 의도가 있었기 때문이다.
>
> 이 지붕밑 방에 '암들오리'도 사육되고 있다. 이 '암들오리'는 다른 동물보다 훨씬 고귀한 동물로서 키워지고 있다. '방 한쪽'에 폭신한 짚이 깔려 있고 그 옆에 물그릇이 놓여 있다.

여기서 루 살로메는 여성을 '다락방의 암들오리'로 대치시키고 있다는 것을 알 수 있다. 루 살로메는 다시 여성의 운명을 다음과 같이 이어간다.

> '방' 속의 들오리는 어느 날 '방'의 작은 틈새를 통해 아주 작은 빛이 흘러 들어올 때 막연히 '방' 밖에 다른 세계가 있다는 것을 감지하고 동경하게 된다. 그래서 '방' 밖으로 나갈 적에는 걸리적거리는 방해물이 있어 다치거나 아니면 목숨을 잃게 될는지도 모른다는 사정을 미처 생각할 겨를도 없이 밖으로 뛰어 나가고자 기도한다.

필자는 루 살로메가 이 경우에서 「인형의 집」의 '노라'를 은연중 암시하고 있다는 생각이 든다.

실제로 '노라'가 가방을 들고 집밖으로 나왔으나 입센은 노라의 향방을 알려주지 않았다. 중국의 근대문학의 대가 노신(魯迅)은 '노라는 사창가로 가거나 아니면 굶어 죽었을 것이다'라고 '노라'의 향방을 단언했다.

'다락방' 우화에서 여성에게 있어서의 '방'의 의미가 확실하게 드러난다고 필자는 본다. 즉 '방'은 닫쳐진 공간으로서 자유를 억압하는 공간이다. 그리고 그 닫쳐진 공간에서 여성들은 사육되고 있다. 다른 모든 살아있는 동물들과 마찬가지다. 단지 다른 동물보다 무척 고귀한 동물로서 사육되고 있을 뿐이다.

그러나 여성들은 자신들이 그렇게 '방'에 갇혀서 살고 있다는 것을 잘 깨닫지 못하고 있다고 밝히고 있다.

필자는 「불」에서의 '방'도 루 살로메의 '다락방'과 맥을 같이 하고 있다고 본다.

순이는 자신을 견딜 수 없는 고통에서 헤어나지 못하게 하는 사방이 가로 막혀 자신을 감금하는 '방'에 대해 그 처리를 골똘하게 생각하기에 이르렀다.

이 작품은 다음과 같이 끝을 맺는다. 「불」의 말미다.

> 그날 밤에 그 집에는 난데없는 불이 건넌방 뒤곁 추녀로부터 일어났다. 풍세를 얻은 불길이 삽시간에 온 지붕에 번지며 훨훨 타오를 제 그 뒷집 담 모서리에서 순이는 근해에 없이 환한 얼굴로 기뻐 못 견디겠다는 듯이 가슴을 두근거리며 모로 뛰고 세로 뛰었다............

건넌방 뒤곁 추녀 밑에서부터 불이 일어났다고 하는 것은 순이 내외가 거처하는 방이라는 것을 알 수 있다. 순이는 고통에서 헤어나는 방법으로 자신을 감금하는 방을 불태워 없애고자 기도 한 것이 된다.

다시 말해서 순이라는 여성의 억압의 틀은 '방'이라는 사방이 막힌 공간이다. 순이가 '방'을 없애려 한 것은 '방'을 여성을 감금하는 틀인 제도라고 볼 수 있어 바로 이 여성을 억압하는 제도에서 벗어나려는 시도였다는 등식이 성립된다.

단편소설의 정의를 정립했다고 볼 수 있는 작가 포는 단편소설의 서두와 함께 말미의 중요성을 언급했다.

「불」에서는 서두에서 순이의 원하지 않는 성교 장면을 대두시키고 난후 말미에서 순이의 그 해결방법을 보여 주는 것으로 여성에게 있어서의 성의 문제를 숙고하제 했다. 그래서 여주인공 순이는 '방'에 불을 지르고 해방감에 몹시 기뻐하며 날뛰는 모습이다.

남편과의 성교를 피하기 위해 '방'에 불을 질렀다는 사실에서 성의 대상으로서의 여성의 거부를 볼 수 있다. 여성에게 천형처럼 부과되어 온 '아이 낳기와 육아' 그리고 여성에게 부과되어 있는 '남성'의 성적 대상물로서의 여성의 입장을 단호하게 거부한 행위임을 뜻한다고 필자는 해석한다.

이러한 순이의 행동은 가방을 들고 나온 '노라'와 일맥상통한다고 느껴진다. 따라서 짤막한 단편에서 현진건은 '노라이즘'을 너무도 극명하게 밝혀놓았다. 걸작이 아닐 수 없다.

■ '순이'의 거취

여기서 문제가 대두된다. 순이는 '방'에 불을 질러 활활 타는 것을 보며 기쁨의 환성을 올렸다. 그러나 그녀가 '방'을 태워 없애는 것으로 억압에서 벗어날 수 있게 되었을까 하는 것이 의문으로 남는다.

불은 타서 소멸하는 것이 특성이다. 이런 경우 불은 사회의 부정적인 측면, 부패나 모순을 일소하고 새 세계의 탄생을 희구하기도 한다. 새로운 세계를 염원하는 뜻이 담겨있다.

그러나 이 작품에서의 '순이'는 방화범으로 처벌 받을 것은 정한 이치여서 사회적인 제약에서 벗어날 수 없을 것이다. 시집에서는 두려운 체벌을 감수해야 할 것이고 시집에서 쫓겨날 운명에 처할 것이 확실해 보인다.

입센의 「인형의 집」의 '노라'는 스스로 자신이 가정에서 인형의 위치라는 것을 자각하고 가방을 들고 나왔다. 노라가 가방을 들고 나온 가부장제하의 가정도 역시 하나의 노라의 '방'에서의 탈출이라고 보아도 무리가 없다.

그러나 노라의 향방을 작가인 입센은 정하여 줄 수 없었다. 다만 세상에서 반을 차지하는 여성의 문제를 사회문제로 대두시키고자 했다는 작가의 변으로 끝내고 있었다. 마찬가지로 「불」의 작가 현진건도 '순이'의 앞날은 밝은 것으로 향하게 하지는 못했다. 이러한 순이의 향방은 가방을 들고 나온 '노라'의 경우와 대비될 수 있다는 것이 필자의 견해다.

■ 「불」의 평가

김기진은 현진건의 「불」을 평하기를

> 기교에 있어 결점이 없는 원숙을 보였다......... 한 개의 사건을 그대로 여실하게 독자의 눈앞에 보여 주는 것뿐만으로 그치지 말고 좀더 기교에 작가의 태도를 보여 주었으면 좋겠다.[51)]

김기진은 「불」에서 작가의 '기교'의 원숙을 말하고 있으나 그가 말하는 '기교'의 의미가 확실하게 떠오르지 않는다. 기교보다는 오히려 봉건 구습 하에서의 성의 문제를 다루고 있다고 보아야 할 것이다.

앞서의 '노라이즘'과 연계될 수 있는 봉건제도하에서의 여성의 '성'에 작가의 눈이 향해지고 있다. '성'에 대한 작가의 새로운 시각이다.

---

51) 김기진. <개벽> 56호. - 1월 창작계 초평 -

❷ 「B사감과 러브레터」

■ 독신의 B사감

「B사감과 러브레터」(1924년)는 다음과 같이 시작한다.

> C여학교에서 교원 겸 기숙사 사감 노릇을 하는 B여사라면 딱장대요 독신주의자요 찰진 야소군으로 유명하다. 사십에 가까운 노처녀인 그는 주근깨 투성이 얼굴이 처녀다운 맛이란 약에 쓰려도 찾을 수 없을 뿐인가, 시들고 거칠고, 마르고 누렇게 뜬 품이 곰팡 슬은 굴비를 생각나게 한다.
>
> (－「B사감과 러브레터」에서)

서두에서 이미 여주인공 B사감이 어떠한 인물인지가 거의 소개되어 있다. B여사의 인물평에서 가장 중요한 것으로 드러난 것은 그녀는 독실한(*찰진) 기독교(*야소군) 신자로 못생긴 독신주의자라는 것이다. 그런데 여기서 주목되는 것은 그녀는 사감이고 선생이라는 점이다. 즉 경제력은 있다는 사실이다. 이는 대단히 중요하다. 만일 경제력이 없다면 독신주의로 산다는 것은 불가능에 속한다. 여자들은 결혼으로 경제력이 보장되는 제도에 있기 때문이다.

필자는 여기서 그녀가 '독신주의 자'라는 점에 크게 주목한다. 그런데 이 독신주이자 여성은 그 점과 상응하는 것으로 외모가 무척 못생겼다는 것이다. 작가는 B사감이 독신주의자라는 것을 클로즈 업시키기 위해 그녀의 못생긴 외모와 처녀다운 맛이 전혀 없다는 점을 들었다. 이 대목도 무척 중요하다고 본다. 즉 B사감은 못생겼기 때문에 독신주의자로 남았다는 것이 되고 이는 역으로는 독신주의자는 못생겼다가 되기 때문이다. 그런데 사감이 독시주의자이기는 하지만 결코 독신주의를 원하고 있지 않다는 것이 드러난다. 사감이 독신주의자가 된 연유를 설명한 다음과 같은 부분이 있다.

> 사감은 미모의 기숙사생들의 러브레터를 질겁을 하다시피 싫어하고 미워한다. 두 시간이 넘도록 문초를 한 끝에는 사내란 믿지 못할 것, 우리 여성을 잡아먹으려는 마귀인 것, 연애가 자유이니 신성이니 하는 것은 모두 악마가 지어낸 소리인 것을 입에 침이 없이 열에 떠서 한참 설법을 하다가 ………..
>
> (－「B사감과 러브레터」에서)

인용문에서 드러나듯이 사감은 이런저런 이유를 내세워 기숙사생들의 연애와 남자와의 만남을 결사코 반대하고 있지만 실제로는 사감이 진정한 의미의 독신주의자는 아니다. 다음에 나오는 사감의 자작극에서 들어난다.

그리고 그녀는 기독교인이다. 물론 이 단편에서 그녀가 반드시 기독교인이어야 할 이유는 발견되지 않는다. 다만 그녀가 '사감'이라는 직책에서 어느 기독교계통의 학교의 선생일 것으로 추측하게 될 뿐이다. 그리고 B사감의 대사에서 '마귀'라든가 '악마'가 튀어나오는 것에서 기독교 교리의 일면을 떠올리게 하는 역할이 주어진다.

또한 '키스'라든가 '러브레터' '남녀 간의 연애' 같은 것은 서구문명이 이입되기 전에는 결코 우리나라에 있었던 풍습의 일면은 아니다. 엄격한 유교이데올로기 국가였던 우리나라가 이런 서구적인 풍습이 범람하게 된 데에는 서구 문명의 영향이었음은 주지의 사실이다. 그리고 서구문명의 대표격이 기독교라는 사실도 간과할 수 없다. 또한 독신주의자라는 것 자체도 서구화 개념에서 온 것에 지나지 않는다.

"오! 태훈씨! 그러면 작히 좋을까요."

간드러진 여자의 목소리다.

"경숙씨가 좋으시다면 내야 얼마나 기쁘겠습니까? 아아, 오직 경숙씨에게 비친 나의 타는 듯한 가슴을 인제야 아셨습니까?"

정열에 뜬 사내의 목청이 분명하였다.

한동안 침묵………

"인제 고만 놓아요. 키스가 너무 길지 않아요? 나는 내 목숨이 끊어질 때까지 키스를 하여도 길다고는 못하겠습니다. 그래도 짧은 것을 한하겠습니다." (－「B사감과 러브레터」에서)

남녀의 정열에 찬 사랑의 속삭임인 것은 말할 나위도 없다. 이 장면이 엄격하고 매서운 여자 기숙사생들을 감시하던 사감의 자작극이라는 것이 드러났다. 이 자작극이 사감이 한 밤중에 혼자 하는 사랑 극이었음을 알게 된 기숙사생은 다음과 같이 말한다. 이 작품의 말미이기도 하다.

"아마 미쳤나 보아. 밤중에 혼자 일어나서 왜 저러고 있을꾸."

둘째 처녀가 맞방망이를 친다…….

"에그 불쌍해!" 하고 셋째 처녀는 손으로 괸 때 모르는 눈물을 씻었다. (－「B사감과 러브레터」에서)

이 단편 말미에, 둘째 처녀가 의문을 제시하는 "왜 저러고 있을구,"의 대답을 작가는 하기 위해 이 단편소설을 썼다고 보아도 무방하다. 그리고 "에그 불쌍해"하고 눈물을 씻는 장면이야말로 바로 작가의 독신주의의 부정(否定)을 뜻하는 것이 된다.

필자는 현진건의 소설 창작의 경향 중 '노라이즘'을 피력했다. 현진건의 다른 단편소설의 여주인공들도 거의 이 노라이즘에서 벗어나 있지 않다고 본다. 따라서 이 작품 『B사감과 러브레터』도 노라이즘과 상관이 있다는 관점에서 논할 적에 해답은 저절로 명확해진다.

다시 말해서 현진건은 부부 간에서의 '인형의 삶'에 반항하여 가정을 뛰쳐나온 '노라'를 먼저 생각했다. 다음은 「불」에서 보아왔듯이 성의 대상으로서의 여성의 입장도 생각하면서 그려냈다.

여기서 필자는 생각하게 된다. 즉 작가는 '노라'를 생각하면서 결혼을 하지 않는 독신주의를 떠올렸을 가능성을 점친다. 다음에 작가는 '독신주의자 사감'이라는 인물을 조형해 냈을 것이다. 바로 「B사감과 러브레터」다.

그런데 작가는 이 작품에서 '독신주의'의 상징성을 띤 B사감 인물상에서 보여주듯 독신으로 사는 길도 여성의 만족할만한 길은 아니라는 사실을 극명하게 보여주고 있다. 이 단편의 주제가 되고 있다.

❸ 「타락자」

1. 작가 자신의 상

– 임정기의 우리나라 지식인 청년의 절망의 늪

작품 중의 여러 형상(形象)이나 인물과 작가를 떼어내어 생각하는 일은 가능한 일이 아니다. 왜냐하면 작가는 그들 형상과 불가결(不可缺)의 성분(成分)이기 때문이다. 그들 형상은 이자합일(二者合一)이고 때로는 이성적(二聲的)이기 때문이다.

따라서 작품 「타락자」의 주인공 '나'의 처절한 '절망'은 바로 작가 자신의 이야기 일수 있다. 작가 자신의 '절망'이다.

작가 현진건은 일본 유학을 하면서 정말로 열심히 공부했다. 열심히 하면 어떤 장래가 펼쳐지리라는 기대감에 차 있어서였다. 그러나 그 기대감은 허망에 지나지 않았다는 사실은 다음의 소설 내용에서 확인된다. 소설 속의 '나'는 바로 작가 자신일 수 있어서다.

"무엇 때문에?"

이 물음에 대답하기 전에 나는 잠깐 나의 경우를 설명해두고 싶다. 나는 일본에서 공부를 하다가 중도에 폐학 안할 수 없게 된 사람이다. 그것은 어느덧 이년 전의 일이다.

나도 공부할 적에는 모범적 학생, 유망한 청년이라는 칭찬을 들었다. 기실 그것이 허예(虛譽)가 아니었다. 남은 히비야 운동장에서 뛰고 아사쿠사구 놀이터에서 정신을 잃을 때에도 나는 한 자라도 알려하며 두자라도 배우려고 하였다. 나는 공

일도 모르고 휴일에도 쉬지 않았다. 나의 유일의 벗은 서책뿐이었다.

나에게 위안을 주고 오락을 주는 것은 오직 지식뿐이었다. 창틈으로 새어나오는 찬바람으로 인하여 잠이 깨어지고 선선한 달빛이 찬물처럼 외로운 베개를 적시는 새벽, 사향(思鄕)의 눈물을 뿌리다가도 갑자기 머리맡에 두었던 책을 집어 들었다. 이토록 나는 공부에 열광적이었다. 공부만 하고 보면 위대한 인물이 될 수 있다. 내가 숭배하는 영웅호걸도 따를 수 있다. 그보다 지나간들 무엇이 어려우랴! 나는 까마득하나마 광채찬란한 장래를 꿈꾸었다. 나의 환영은 희망의 붉은 꽃이 필대로 핀 꽃밭 사이로 떠돌았었다. 물론 나는 이 꿈을 믿었다. ……….. 꿈은 깨어졌다. 환영은 사라졌다. 광명이 기다리던 앞길이 잿빛 안개가 가리었다. 희망의 불꽃은 거물거물 사라져간다. 앞길이 날이 감을 따라 가슴을 컴컴하게 하는 실망의 구름장만 두리워질 뿐이었다. 나의 혼은 얼마나 이 크나큰 손실에 오열하였는지, 신음하였는지! 마침내 돛대 꺾어진 배 모양으로 이리 비틀 저리 비틀 하게 되고 말았다.

'되는 대로 되어라! 위인이 다 무엇이랴!'

밤새도록 잠 한숨 아니 자고 머릿속에서 온갖 신기루를 쌓아 올리다가 그것이 싸늘한 현실에 무참히 깨어질 때 이런 자포자기 생각을 일으키기도 한다. 공부할 동안 끊었던 담배도 어느 결인지 잇게 되었다. 때때로 화난다! 화난다! 하고는 술을 찾기도 하였다……….. (-「타락자」 에서)

자포자기에 빠져 끊었던 담배도 다시 피고 술로 괴로움을 잊고자 했던 주인공의 모습이 적나라하게 드러난다.

일제강점기에 들어간 대한민국임시정부기(약칭, 임정기)의 고국의 현실에서는 그의 학문적 업적은 아무런 쓸데가 없었다. 입신출세의 길은 전혀 찾아낼 수 없었다.

젊은 나이에 타락의 생활로 접어들기 시작한 주인공은 마침내는 기생집을 드나들게 되었고 춘심이라는 기생과 서로 사랑한다고 믿게 되었다. 만일 진실한 사랑을 하고 있다는 확신이 없었다면 기생과의 사랑은 더욱 공허한 것이 되고 말 것이어서 이들은 서로가 참된 사랑을 한다는 일념에 매달리고 싶어하는 것 같았다.

결과는 주인공은 춘심으로 하여 몹쓸 병인 매독에 감염되었다. 그러나 주인공은 조금도 춘심을 미워하지 않는다. 오히려 춘심의 사진을 찢은 아내를 면박 주고 미워한다.

하지만 춘심은 주인공을 떠나 다른 남자에게 돌아갔고 매독의 감염은 죄 없는 아내에게 옮았다. 그 여파는 다시 아내의 뱃속에 자라나고 있는 새 생명을 위협했다. 「타락자」는 다음과 같은 말미로 끝을 맺었다.

> 싸늘한 전율에 나는 전신을 떨었다. 찡그린 두 얼굴은 서로 뚫을 듯이 마주보고 있었다. 육체를 점점이 씹어 들어가는 모진 독균의 거취(去就)를 살피려는 것처럼, 그리고 나는 독한 벌레에게 뜯어먹히면서 몸부림을 치는 어린 생명의 약한 비명을 들은 듯싶었다. (-「타락자」에서)

쌓아올린 지식과 포부를 펼칠 곳이 없는, 할 일 없는 사람들의 가는 길은 거의 한가지 밖에 없다. 술 마시는 것을 일삼는 술꾼으로 변하고 다음은 기생집에 가서 기생과 놀며 세월을 허송하는 일이다.

주인공도 마찬가지였다. 그 종말은 주인공뿐만 아니라 아내까지 무서운 독균 매독에 감염되고 아내의 뱃속 생명까지도 성병의 여독에서 벗어나지 못하게 했다. 이와 같은 암담한 현실을 그려내고 있는 작품이 「타락자」다.

> 머리를 쓰러뜨리고 두 손으로 그것을 움켜쥐고 있는 남편을 보았다. 흐릿한 의식이 돌아옴에 따라 남편의 어깨가 덜썩덜썩 움직임도 깨달았다. 흑흑 느끼는 소리가 귀를 울린다.............남편은 아무 대답이 없다. 아내는 손으로 얼굴을 괴어들려고 할 즈음에 그것이 뜨뜻하게 눈물에 젖은 것을 깨달았다. 또 한 두어달 지나갔다. 처음처럼 다시 출입이 자유로웠다. 구역이 날듯한 술 냄새가 밤늦게 들어오는 남편의 입에서 나게 되었다. (-「타락자」에서)

술 퍼마시는 것만으로 세월을 보내며 의식이 몽롱한 가운데 흑흑 느껴 우는 주인공의 모습은 얼마나 가련하고 마음 아픈 모습인가? 당시의 지식인 청년의 절망이 얼마나 큰 것이었나 하는 것을 느낄 수 있다.

또한 그러한 주인공을 말없이 바라보며 인내 하여야만 하는 아내의 고통은 더욱 절실한 것이었다. 아내는 남편의 금의환향을 고대하며 칠팔년의 세월을 유학 가서 있는 남편을 그리워하며 홀로 기다리며 밤낮을 지샜지 않았는가.

여기서 「타락자」의 주제는 곧 발견된다. 주인공은 자신이 유학을 하는 등 그토록 열심히 연마한 학문이 아무런 곳에서도 소용되지 않는다는 현실에 극도로 절망하여 타락의 길을 걸어

갔다. 술 마시는 일로 세월을 허비하고 가난과 실심에 몸은 병들어 갔다. 주인공은 결코 술이 좋아서 퍼마시기 시작한 것은 아니라는 것에서 지식인 청년의 사회에서의 소외감을 그려낸 것이 된다.

2. 기교의 천재

1) 김동인의 평가 오류

김동인은 「타락자」를 다음과 같이 "'어떤 개인'과 '나의 아내'이지 결코 인생이 아니다"라고 단정하며 비판했다.

> 그는 유동하는 인생을 그리려 하지 못하고 일개 靜的 사건과 靜的 인물을 그리려 하였다. 그의 인물에는 성격의 발달이 없다. 사람으로서의 감정의 흥분이 없다. 그의 인물은 일개 사람이지 결코 인생의 一分子가 아니다. 인생과는 아무 연락이 없는 '사람'이나 '타락자'에 나타난 것은 '어떤 개인'과 '나의 아내'이지 결코 인생의 한 分子가 아니다. 「지새는 안개」에 나타난 것은 '몇 개의 남학생'과 '몇개의 여학생'이지 결코 생명이 약동하는 사람은 아니다. 여기 빙허(*현진건)의 파탄이 있다…… 情的 사람을 사진 찍으려 내지는 스케치하려 한데에 빙허의 비상한 기교밖에는 발견할 수 없는 공허를 본다.[52]

김동인의 현진건 평가는 무척 적절하지 못하다는 것을 알 수 있다. 현진건의 작품들에서야 말로 '인생'을 보고 '생활'을

---

52) 김치홍 편저, 『金東仁評論全集』, 三英社, 1984. 74쪽.

볼 수 있기 때문이다.

작가 현진건에게 보이는 자신들이 처해 있는 현실은 어떻게도 해볼 수 없는 절벽으로 느껴지는 것이었다. 자신들 앞에 나타나있는 현실은 열려진 것이 아닌 타협의 여지가 전혀 없는 견고한 장벽으로 느껴지는 것이다. 작가에게 결코 전진을 불허하며 후퇴시키는 것으로서 그의 앞에 펼쳐져 있는 것이었다. 작가는 자신이 처한 현실을 근본부터 똑바로 꿰뚫어 보면서 그 응시 속에서 우리 민족이 처한 참으로의 실상을 바로 보려는 마음을 잃지 않고자 한 현실인식에 그는 작가적 기반을 두고 있었다. 이 점을 간과해서는 안 된다.

그리고 김동인은 현진건이 '靜的 사람을 사진 찍으려 내지는 스케치하려 했다'는 지적을 했는데 이는 바로 현진건의 작풍을 평가한 것이 된다. 바로 현진건의 사실주의 경향을 꼬집은 것이 된다. '靜的 사람을 사진 찍듯이 그려내는 것이 당시 우리나라 작가들의 사실주의 경향이었기 때문이다. 그 사실주의 경향을 두고 '비상한 기교의 작가다'라고 평가하고 있는 것을 알 수 있다.

2) 현진건의 사실주의

일찍이 박종화(朴鍾和)는 현진건의 작품은 사실주의로서 거의 완벽하다고 평가했다.

> 사실주의를 대성한 빙허는 묘사나 플롯이나 어느 한 점을 나무랄 곳이 없다.[53]

---

53) 月灘 「大戰 후의 문예운동」 백철. 『신문학 사상사』, 262쪽.

> 조선에 있어서 사실주의를 대성한 이는 현진건이다. 묘사나 플롯이나 어느 한 점을 나무랄 곳이 없다.[54]
>
> 사실상 현진건은 처녀작 <희생화>로부터 <흑치상지>에 이르기까지 근 20년 동안의 작가생활을 사실주의로 일관하였다는 데서 더욱 뚜렷한 지위를 확보하게 되었다.[55]

현진건은 사실주의를 본 궤도에 올린 공적자로 그 위치가 확보되어 있다. 이는 이미 통설이 되고 있다.

3) '기교의 천재'

현진건은 우리 국문학사상 '단편소설의 시조'라고 일컬어져 왔다. 현진건의 소설기법에 대하여 또한 김동인은 '기교의 천재로 조화의 극치' '묘사의 절미'라고 다음과 같이 절찬했다.

> 우리는 비상한 기교의 천재로 빙허를 들 수 있다. 몹시도 아름다운 <도덕적 의미>의 경치를 보는 느낌을 우리는 빙허의 전작품에서 느낀다. 조화의 극치, 묘사의 絕美,- 과연 기교의 절정이다. 그러나 그의 작품을 읽은 뒤에 머리에 남는 一物도 없는 것은 어떤 이유인가? 그는 인생의 사진사다. 과연 사진사라 하는 것이 어폐가 있다면 그는 靜物화가다. 그는 '사람'을 보고 '사건'을 보았지만 '인생'을 못보고 '생활'을 못 보았다.[56]

김동인이 말하는 '기교'와 당시의 일본문단의 하나의 큰 주류를 이루던 신현실주의파(新現實主義派)를 일명 '기교파'라 불

---

54) 박종화. - 大戰後의 文藝運動 - (1929)

55) 윤병로.「현진건의 소설과 그 시대인식」, 새문사. Ⅱ - 29.쪽.

56) 김동인,『 한국근대소설고』, 동인전집 8권, 홍우출판사, 1964. 595쪽.

리던 일이 있어 그 '기교' 사이에 어떤 연관관계가 있는 가를 살펴보는 것도 의미 있는 일이라는 생각이 든다.

김동인은 1914년 일본에 가서 明治학원에 입학하여 문학수업을 한 일이 있다. 김동인이 일시 귀국하였다가 재차 도일한 해는 1918년인데 이때는 일명 '기교파'로서 芥川龍之介(아쿠타가와 류노스케)가 신문연재를 겸해서 단편소설 들을 대거 발표하여 크게 문명을 떨치고 있었다.

문학과 창작에 상당한 관심을 가진 김동인이 당시를 대표하는 작가로 명성을 날리며 군림하던 芥川龍之介에 큰 관심을 가지게 되었을 것은 확실시 된다. 芥川龍之介가 신문에 연재하던 「地獄変」과 김동인의 「광염소나타」 두 작품이 모두 예술지상주의 소설이라는 것에서도 이러한 것이 사실이라는 것을 뒷받침해 준다고 필자는 믿는다.

일본의 신현실주의파는 전체적으로 자신들이 수긍할 수 없는 이상(理想)만을 향해 달린다든가 감정에 치우쳐 美의 세계로 도피하는 일을 피하고 오로지 현실 안에서 인간의 참모습을 탐구했다. 그렇다고 현실에 집착하는 것만은 아니었다. 이성(理性)에 따라 문학적 조화를 견지하려 했다.

이러한 경향을 현실주의적인 사상이 깃들어 있다고 해서 신현실주의파라 일컬었다. 이들 신현실주의파들은 인생을 투시함에 있어 왜곡됨이 없는 예리하고 투명한 이지(理智)가 제1의 조건이 되지 않으면 안 된다고 생각하고 있었다.

그리고 그곳에서 발생하는 '정서와 심리를 조금도 손상시키지 않고 전면적으로 전개시킨다'라고 하는 것이 신현실주의다.

일본의 경우를 볼 때 이러한 신현주의파의 대표급의 작가가

芥川龍之介다. 芥川의 문학에서 전형적으로 나타나 있듯 이들 신현실주의파는 지나치게 재기(才氣)에 넘쳐 대상을 어디까지나 꿰뚫어 보고 분석하고 그 표현에 세심한 노력을 기울여 엄격함을 보였다. 그래서 특히 芥川을 주축으로 하는 신현실주의를 '기교파'라 일컫게 되었다. 여기서 '기교'라는 의미가 확연하게 드러난다.

❹ 「운수 좋은 날」

1. '김첨지'

「운수 좋은 날」은 임정기의 우리나라의 가난의 극치를 있는 그대로 그려내고 있다. 작가 현진건은 개벽(開闢) 신년호(1925년)에 신년의 문단을 향해 다음과 같이 자신의 포부를 밝혔다.

> 시간과 장소를 떠나서는 아무 것도 존재치 못하는 것이다. 달나라의 소요도 그만둘 일이다. 구름바다의 유희도 그칠 일이다. 조선문학인 다음에야 조선의 땅을 든든히 디디고 서야 될 줄 안다. 현대문학인 다음에야 현대의 정신을 힘있게 호흡해야 될 줄 안다.[57)]

서구문화가 물밀듯이 들어오고 우리나라에서의 일본의 무단통치·헌병 경찰체제가 더욱 강화되고 있을 무렵 이러한 작가

57) 현진건, 「조선혼과 현대정신의 파악」, 개벽 65호, 134쪽.

로서의 자신의 견해를 밝히고 그 무렵에 발표한 것이 「운수 좋은 날」(1924년)이다.

「운수 좋은 날」의 서두는 다음과 같다.

> 새침하게 흐린 품이 눈이 올듯하더니 눈은 아직 아니 오고 얼다가 만 비가 추적추적 내리었다.

주인공인 인력거꾼 김첨지가 오랜만에 만난 '운수좋은 날'이라고 무척 뿌듯한 기분을 만끽하고 있음에도 서두의 간단하고도 짧은 날씨의 묘사는 무척 음산해서 궁핍의 극에 처해 있는 김첨지의 상황을 한층 더 비극적인 기분을 더하게 하는 효과를 자아내고 있다. 그래서 이 서두의 음울함은 이 작품의 내용을 어느 정도 추출해 낼 수 있는 계기가 되기도 한다.

'운수 좋은 날'은 김첨지에게는 의외로 돈이 많이 들어온 날이었지만 그날 아내는 돈이 없어 시달린 가난으로 홀로 비참하게 죽은 날이었다. 결국 '운수 좋은 날'은 '운수 나쁜 날'로 바뀌고 있었다.

그날 김첨지는 굶주리다가 죽어가는 아내가 배고파 보채는 세살백이 아들을 데리고 있으면서 나가지 말라고 애원했지만 그는 돈벌이를 위해 어쩔 수 없이 밖으로 나왔었다.

「운수 좋은 날」은 작품에서 '좋은 날'을 가장 '나쁜 날'로 역전시키는 작가의 단편에서의 기교가 탁월하다 할 수 있다. 돈의 문제, 그 가치를 일깨우는 방법 또한 탁월하다.

■ 김첨지의 삶

김첨지가 얼마나 궁핍에 처해 있었는가는 다음과 같은 작중 표현에서 그 윤곽이 드러난다.

(1) 근 열흘 동안 돈 구경도 못한 김첨지는 십전짜리 백동화 서푼, 또는 다섯푼이 찰깍 하고 손바닥에 떨어질 제 거의 눈물을 흘릴 만큼 기뻐했었다.

(2) 그의 아내가 기침으로 쿨룩거리기는 벌써 달포가 넘었다. 조밥도 굶기를 먹다시피 하는 형편이니 물론 약한 첩 써 본 일이 없다.

(3) 앓는 어미 곁에서 배고파 보채는 개똥이(세살먹이)에게 죽을 사줄 수도 없다.

(4) 그는 병이란 놈에게 약을 주어 보내면 재미를 붙여서 자꾸 온다는 자기의 신조에 어디까지 충실하였다.

(5) "이놈, 오라질 놈, 왜 술을 붓지 않어"........"에미를 붙을 이 오라질 놈 같으니" "이 원수엣 돈! 이 육시를 할 돈!"

작가가 자신의 문학의 방향을 밝히고 있었던 대로 그가 작가로서 당시 조선에서 가장 절실한 현실로 목격한 것은 '가난'이었다. 먹을 것도 없고 돈도 벌리지 않는 이 땅의 온 민족의 가난을 그는 주시하고 있었다.

■ 표준어와 사투리

현진건의 소설 「운수좋은 날」에는 욕설과 함께 사투리가 무척 많이 나온다. 예를 들어 본다.

(1) 오라질년이 천방지축으로 남비에 대고 끓였다. 마음은 급하고 불길은 달지 않아 채 익지도 않은 것을 그 오라질 년이 숟가락은 그만두고 손으로 움켜서 두 뺨에 주먹덩이 같은 혹이 불거지도록 누가 빼앗을 듯이 처벅질 하더니만 그날 저녁부터 가슴이 땅긴다, 배가 켕긴다고 눈을 홉뜨고 지랄병을 하였다.

(2) 그때 김첨지는 열화와 같이 성을 내며 "에이 우라질 년,......" 하고 김첨지는 앓는 이의 뺨을 한번 후려갈겼다. 홉뜬 눈은 바루어졌지만 이슬이 맺히었다. 김첨지의 눈시울도 뜨끈뜨끈 하였다.
"이런 오라질년! 조밥도 못먹는 년이 설렁탕은 또 처먹고 지랄병을 하게."라고 야단을 쳐 보았지만 못 사주는 마음이 시원치는 않았다.

(3) "빌어먹을 깍쟁이 같은 년"

(4) "이 난장맞을 년, 남편이 돌아오는데 나와 보지도 않아, 이 오라질년" "주야장천 누워만 있으면 제일이야! 남편이 와도 일어나지를 못해."

(5) 발로 차도 그 보람이 없는 걸 보자, 남편은 아내의 머리맡으로 달려들어 그야말로 까치집 같은 환자의 머리채를 꺼들어 흔들며 "이눈깔!, 이눈깔! 왜 나를 바라보지 못하고 천정만 보느냐, 응".

김첨지는 시종일관 저급한 언어와 사투리를 사용하고 있다. 이는 작품 속에서 '김첨지'의 인물상을 드러내주는 절대적인 역할을 하고 있다. 김첨지는 아내에게 건네는 말 중에 빼놓지 않고 욕설로 일관한다. 그리고 머리채를 흔든다든가 아내를 발로 차든가 하는 행동에서 그의 인물상을 가늠할 수 있다.

더구나 그의 저급한 욕설이나 행동은 남자가 아내에게 대하는 전 근대적인 가부장제의 전형적인 하층계급의 남성상이라는 것이 드러난다.

2. 사투리

지방에 따라 언어에 특색이 있다. 사투리(방언)는 그 지방인 이외에는 잘 통하지 않으므로 창작 작품에는 전국에서 일반적으로 통용되는 표준어를 사용해야 한다. 단지 때에 따라 지방의 특색을 그려내든지 그 지방의 기분을 드러내기 위해 일부러 지방의 사투리를 사용하는 경우도 있고 혹은 사투리가 주는 감지가 표준어로서는 도저히 표현해 낼 수 없다고 판단될 적에 어쩔 수 없이 사투리를 사용하게 된다. 그러나 그런 경우는 특별한 경우에 한한다.

또한 옛날의 소박한 심정이나 우아한 기분 등을 충분히 오늘날의 감각으로 표현하여 살리기 위해 死語나 혹은 옛의 어법을 부활시키려는 일이 있다.

그러나 이러한 것도 특별한 경우에 한하는 일로 일반적인 문장에는 응용해서는 안 된다.

■ 생명이 담긴 언어

현대인이 현재 사용하고 있는 살아 있는 언어를 생명이 있는 언어라고 한다. 옛날 사람들이 사용하고 현재는 폐기되고 있는 언어는 고어(古語) 또는 사어(死語, 죽은 언어)라고 한다.

언어라고 하는 것은 마음의 상황을 베껴내는 것이므로 현재의 생생한 상황을 베껴내기 위해서는 현재의 생명 있는 언어로 묘사해야 한다.

그런데 일상용어로서 사용하는 것이 당연사임에도 불구하고 경우에 따라서는 고어나 사어 또는 사투리를 사용함으로서 작품의 현실감이나 작중 인물의 성격을 규격화해주는 역할을 하게 되는 일은 사주 있는 일이다. 이러한 경우에는 고어나 사어 방언들이 각기의 취지에서 부활되게 된다.

그러나 이는 특별한 경우에 한하는 것으로 일반적으로 항상 창작 작품에 응용될 수 있는 것은 아니다.

요즈음 라디오에서나 테레비 드라마에서는 말할 것도 없고 영화에서도 사투리가 빈번히 사용되고 있는 경향은 어제 오늘의 일이 아니다. 너무 지나쳐서 눈살을 찌푸리게 할 정도에 이르고 있다. 이와 같이 일상의 일을 말하거나 언론이나 예술작품 안에서나 사투리를 수시로 다반사로 사용하는 이유는 무엇일까.

언론매체에서 표준어만으로 전개해 나가면 너무 무미건조한 것 같아 듣는 청취자나 보는 사람들에게 조금 특이하게 별나게 들리고 보게 하려는 의도에서 시작된 것 같다.

즉 '네, 그래요' 보다는 '잉, 그렇단께' '가자'를 '가제－이'라는 사투리 편이 억양이 있고 정감이 생기고 익숙한 표준어가 아니라서 말에 표정이 생긴다고 보는 관점이 있는 것 같다.

二. 친일작가 오명의 이광수

❶ 「무명」(無明)

1. 이광수의 옥중 심중과 친일

춘원 이광수(李光洙, 1892－1950)는 15－16세 전후의 나이에 일본유학을 떠났다. 당시는 대한제국의 근대적인 진행이 어느 정도 시작되고 있을 무렵이었다. 2년 연상의 최남선과 뜻을 같이 하고 그 나이에 우리나라 근대문화 운동의 최첨단에서 활동했다는 사실은 그의 조숙함을 추측하게 한다.

이광수의 문학에 하나의 특이한 단편소설이 있다. 「무명」(無明)이다. 이 작품은 춘원연구가들에게 외면당하고 있는 듯하다. 별로 각광받지 못하고 있는 작품이다. 그러나 이 작품을 쓰고 난 후에 춘원이 현저하게 친일(親日) 행각으로 들어섰다는 점을 감안하게 하는 작품이어서 필자는 무척 주목한다.

「무명」(無明)은 <문장> 창간호(1931. 1.)에 실렸다. 작가가 불령선인(不逞鮮人)으로 감옥살이 옥고를 치르고 난후 병중이어서 구술로 탈고했다는 기록이 있다.[58] 그의 나이 47세 때 것으로 그의 후기작품에 속한다.

---

58) 『이광수전집』 6권, 삼중당, 527쪽.

이광수가 옥고를 치르고 감옥에서 석방된 후 병중에 자신이 직접 쓸 기력도 없어 다른 사람에게 구두로 말하고 받아쓰게 한 작품이라는 점을 참작하여 볼 때 그가 얼마나 감옥에서 인간의 육체적 고통을 절실하게 실감하였는가를 알 수 있게 한다.

「무명」을 깊이 있게 이해하기 위해서는 당시의 일본치하의 우리나라의 시대상황을 감안하지 않고는 올바른 작품이해를 도저히 할 수 없다고 필자는 확신한다. 또한 조국에 대한 애국심을 지니고 있던 그가 결국은 친일(親日)로 돌아서지 않을 수 없었던 나약한 한 인간으로서의 이광수의 갈등과 번뇌를 이해하는 데에도 「무명」은 상당한 도움이 될 것으로 믿는다.

■ 군국주의의 탄압책, 치안유지법 치하

「무명」의 작품동기가 되고 있는 이광수의 옥고의 시기인 1930년대는 일본이 제국주의·군국주의 기치 하에 무서운 파시즘으로 치달으면서 태평양전쟁을 수행하던 시대에 속한다.

■ 치안유지법

일본은 파시즘국가로 돌진하면서 경찰국가(警察國家)의 면모가 더욱 강화되고 완성의 단계를 보였다. 일본위정자들은 인민의 자유와 권한을 자기들 마음대로 제한 억압할 수 있는 각종의 법률을 만들어 경찰관을 무장시키고 그들을 앞세워 언론·사상의 자유를 탄압하고 다시금 개인의 생활마저 극도로 간섭했다.

1928년의 치안유지법(治安維持法) 강화를 시작으로 1934년의 불온문서 임시취체법 등을 만들어 우리민족에게 특히 잔악한 비도덕적인 탄압을 거침없이 행했다. 치안유지법은 최고형이 사형이었다. 얼마나 무서운 법인가를 알 수 있다.

일본위정자들은 대한제국의 국권을 무력으로 강제로 탈취한 후 '병합'(倂合)이란 역사용어를 사용했다. 이후 일본역사가들은 물론 일본인들은 누구나 '병합' '한국병합'으로 일본역사서에 한결같이 기술하고 있다. 우리 역사서 등에서는 대체로 '합방'을 사용하고 있다.

일본에서의 '병합'과 우리나라에서의 '합방'이 얼마나 그 뜻을 달리하고 있는가는 다음과 같은 기술에서 확실해진다.

1913년에 외무국장으로서 '한일합방'을 진전시킨 창지의길(倉知義吉, 쿠라치 테쓰키치)은 조선총독부 외사국장 소송록(小松綠) 앞으로 다음과 같은 각서를 보냈다(1908년).

> 어떤 자는 일한 양국을 대등하게 합일하자는 것과 같은 사상을 지니고 있었고 또는 어떤 자는 오스트리아(墺匈國)와 같은 종류의 국가를 만드는 의미로 해석하는 자도 있다. 따라서 문자도 역시 합방, 또는 합병 등의 글자를 쓰기도 하였는데 나는 한국이 완전히 폐망으로 돌아서 일본제국 영토의 일부가 되는 뜻을 명확히 하는 동시에 그 어조에는 너무 과격하지 않은 문자를 택하고 싶어 여러 가지로 고려하여 마침내 적당한 문자를 발견하려 했고 당시 아직 일반에게 사용되고 있지 않은 문자를 선택하려는 방책에 따라 '병합'[59]이라는 문자를 전기(前記) 문서에 사용하였다. 이에 이후 공문서에는 항상 병합이라는 문자를 사용하게 된다.[60]

---

59) 일본에서는 '한일합방' 대신에 '한국병합(韓國倂合)'이란 용어를 사용하고 있다.

60) 春畝公追頌會,『伊藤博文伝』下, 統正社, 1940., 1013－1014쪽.

이처럼 '병합'은 '합방'과 전혀 뜻이 다르다. '병합'이란 대한제국이 완전히 폐멸하여 일본의 영토의 일부가 되는 것을 뜻한다. 즉 일본이 우리민족이나 국가를 이 지구상에서 완전히 사라지게 만든다는 의지의 표현이다. 그래서 여기서 더욱 주목되는 일은 우리민족을 될수록 대한반도에서 내쫓고 일본본토의 연장으로 만들어 일본인들이 사는 일본의 국토로 만들려는 야심의 음모가 내재해 있던 일이다.

일본위정자들이 그토록 극악무도한 무단정치를 대한반도에서 자행한 내막에는 이러한 야심의 음모가 있어서다.

이러한 시대상황이어서 우리민족은 일제를 향해 저항과 반일을 일관성 있게 격렬하게 추진할 수밖에 없었다. 이러한 저항과 반일의 역사가 바로 우리 근대사의 역사다. 따라서 우리 국문학에도 이러한 저항과 반일의 면모가 끊임없이 내재해 있었다. 저항이 없다는 것은 극단적으로 말하면 우리 국문학의 근대문학으로서의 특성이 빠졌다는 이야기가 된다. 필자는 국문학에 있어서의 근대문학의 특성이 없다는 것과 마찬가지라고 본다.

한편, 우리민족의 독립운동을 막기 위해 일본정부는 극단의 헌병정치·경찰정치를 펼쳤다. 즉 무단통치다. 그래서 우리민족은 일본인의 헌병 경찰에게 항상 예리한 감시를 받는 병감(兵監) 안이나 감옥 안 같은 곳에 살고 있는 것 같은 처지였다.

2. 감옥 안의 복역수들의 면모

「무명」의 주인공 '나'는 경찰서 유치장에서 잡범 윤씨, 민씨, 정씨, 강씨 그리고 간병부와 같은 병감에서 지내게 되었다. 민은 어떤 집 마름이었는데 마름에서 쫓겨나자 그 분풀이로 새로 마름이 된 사람의 집에 불을 질러 방화혐의, 윤은 공문서·사문서위조에 쓰는 도장을 파주었다가 잡혀왔다. 윤은 이상하게 날마다 신경을 자극하는 악담을 일삼고 탐욕스럽고 잠자면서도 남을 괴롭히는 사람이다. 정과의 다툼도 윤의 성격에 원인이 있었다.

「무명」은 병으로 죽음에 임박한 윤과 마지막으로 감옥 마당에서 만나는 장면 등, 감옥 안의 복역수들의 이야기를 진솔하게 그려낸 작품이라는 점에서 크게 부각된다.

작가는 병감에 들어온 날부터 병감에서 일어나는 목숨의 절망을 기술하고 있어 악취에 절어있는 부패한 몇 명의 육체덩어리에 목숨이라는 것의 形을 감득시킨다고 하는 특이하고 단순한 이야기를 기술하고 있다.

이러한 단순함에서 당시의 우리민족이 처한 고뇌의 크기가 빠짐없이 클로즈업되어 있다는 점에 이 단편의 의의는 무척 크다고 필자는 본다. 병감 안의 풍경이 거의 여실하게 그려져 있다는 점에서다.

다시 말해서 「무명」에서 보여준 일제가 가하는 감옥 안에서의 우리 민족의 그 처참한 말로와 탈출구 없다는 절망의 인식이 크게 감지된다는 점에서 이 작품의 의의는 무척 크다. 그런데도 「무명」은 그의 연구가들에게서는 물론 작품으로도 별로 주목받고 있지 못하고 있는 듯하다. 알 수 없는 일이다.

3. 「무명」의 평가

> 카프계(조선 프롤레타리아 예술가동맹) 비평가인 임화와 김남천까지도 긍정적으로 평가할 정도로, 제1회 조선예술상을 작가에게 안길 정도로 뛰어난 부분을 「무명」은 가지고 있었다. 따라서 「무명」을 두고 가장 문학적으로 성공한 작품이라는 작가 자신의 말은 허언이 아니었던 것이다.[61]

> 작중화자인 「나」의 개인적인 감정이나 주의·주장이 일체 배제된 상태에서 조용한 관찰과 묘사가 있을 뿐이다.

송욱은 이 작품을 리얼리즘의 특성이 있다고 다음과 같이 지적하고 있다.[62]

> 그는 점잖고 유식하고 인격이 고상하며, 모든 것을 양보하고 희생함으로써 죄수들 사이에 벌어지는 알력과 시기와 싸움에 말려들지 않고 주로 「관찰만을 일삼는다.」 여기에 작품이 상당히 리얼리즘의 특색을 지니게 되는 원인이 있기도 하다.

춘원은 「無明」을 쓰고 나서 '나로서는 오늘날까지 쓴 작품 중에서 가장 자신 있는 작품이오'라고 말했다 한다.[63]

이와 같이 춘원이 「無明」을 대표작으로 내세우고 있는 점에

61) 이광수, 「무명·꿈외」, 혜원출판사, 1999. 권승궁 해설, 228쪽.

62) 宋稶, 「문학평전」, 일조각, 55쪽.

63) 송욱, 상게서, 54쪽.

대해 다음과 같은 해설이 있다.

> 지금까지의 많은 춘원소설이 '예술을 위한 예술'로서의 소설이 아니라 '인생을 위한 예술'로서의 소설이라고 단정할 만큼 사회구제를 위한 하나의 방편도구로서의 역할이 컸던 데 비해 「無明」은 첫째, 인물 하나하나가 일관된 성격을 지니고 있다는 점, 둘째 그들은 서로 인간적인 갈등을 보여주고 있다는 점, 셋째 이들은 비교적 객관적으로 묘사되고 있다는 점이서 순수한 인간탐구라는 의미로 본다면 그렇게 당연한 결론이 나올 수도 있는 것이다.[64]

「무명」은 작가가 실제로 병감방 안에서 생활하면서 그 병감방 안에서 일어나는 사실들을 그대로 본대로 느낀 대로 기록한 작품이다.

이 작품에 등장하는 인물들은 인간이라고 할 수가 없다. 生命일뿐이다. 生命, 그것 목숨이 붙어있을 뿐이다. 이들은 인간으로서는 이미 죽어 사라진 현상이다. 단지 생명만이 겨우 유지하고 있을 뿐이다.

> 춘원은 훌륭한 소비문학의 기술자로, 인도주의자의 입장을 버리고 있다. 이것이 작가의식의 파탄의 대표적인 표본이다. 그의 작품 중에 어느 인물도 그것이 평민일 경우에는 얼른얼른 지나가 버리는 단역적, 장식적 역할의 테두리를 벗어나지 못하거나 주역으로 설정할 경우도 목가적 정서로 바꾸어, 인간의 사회적 관련성을 감추고 있다.[65]

---

64) 정한숙, 『現代韓國作家論』, 고려대학교출판부, 1983. 21쪽.

65) 신동욱, 『한국현대문학론』, 박영사, 1972. 117쪽.

❷ 「대동아」

국문학의 근대소설의 선구자인 이광수의 작품 중에 일본어로 쓰여진 것이 있는 것은 우리나라 근대역사와 결코 무관한 일이 아니다. 그 중의 한편인 「대동아」(<녹기, 1943. 12.>)를 살펴보기로 한다.

「대동아」는 제목 레벨에서도 일제가 태평양전쟁기 전쟁의 명분이라면서 만들어낸 '대동아공영권'을 그대로 추출해 낼 수 있게 한다. 일본은 태평양전쟁을 대동아전쟁이라 칭했다.

마찬가지로 이 단편의 내용도 제목에서 추출할 수 있는 바와 같은 대동아공영권에 관한 것이 수제나. 작품 속에서 실제의 역사사건을 그대로 대두시키고 있는 점에서도 더욱 그러하다. 즉 노구교(蘆溝橋)의 역사 사건을 말하고 있다. '노구교사건'은 일본이 중국을 향해 노골적으로 침략의 야욕을 드러내어 중일전쟁을 일으키는 발단이 된 사건이다. 그리고 일본군이 남경(南京)을 함락시킨 일을 위시하여 중일전쟁의 면모를 그대로 작품 속에 드러내 놓고 있기 때문이다.

따라서 이광수의 일본어로 쓴 작품들을 이해하기 위해서는 일본의 근대전쟁의 실상을 심도 있게 파악하지 않으면 올바른 이해가 곤란하다고 본다.

작품의 '카케이 아케미'는 일본여성이고 아케미가 잊지 못하고 그리워하고 있는 상대는 중국인 범우생(范宇生)이다. 범우생은 다음과 같이 말한다.

'당신 조국(*일본)의 적(敵)이 되어 내 조국(*중국)으로 돌아가는 겁니다. 괴롭습니다. 당신과 헤어지게 되어 괴롭다기보다 적이 되어서는 안 될 지나(*중국, 일본이 중국을 낮추어 지나라 했음. 일본발음으로는 시나)와 일본이 적이 되어 싸우지 않으면 안된다는 것이 괴롭습니다.........그러나 저는 믿고 있습니다. 케케이 선생님이 말씀하신 것처럼 아시아는 하나입니다. 어떤 우여곡절이 있다해도 그건 일시적일 뿐, 결국 아시아는 하나가 될 것이라고 하신 선생님의 말씀을 믿고 있습니다.

(－「대동아」에서)

이 문장 중의 '아시아는 하나' '어떤 우여곡절이 있다 해도 그건 일시적일 뿐 결국 아시아는 하나가 될 것'. 이 말이 중국인 청년이 한 말이라는 점에서 이광수의 의도를 추측하게 한다. 즉 '아시아는 하나'라는 것은 일본의 '대동아공영권'[66]의 슬로건의 집약된 표현으로 일본이 중국침략의 명분, 아니 전아시아 침략의 명분으로 내세운 것이기 때문이다. '아시아는 하나'라는 슬로건에는 주로 일본이 윗자리에 서는 주가 되고 중국을 위시한 다른 아시아 나라들이 일본 휘하에 종속되어 하나가 된다는 뜻을 내포하고 있다.

어떻게 중국인 청년, 그것도 중국 명문가의 자제인 범우생이 일본의 침략을 받아 자신의 조국 중국이 고통스러운 전쟁에 휘말리고 있는 중인데 일본제국주의의 슬로건을 그대로 찬양하는 말을 할 수 있겠는가?

일본은 지나인도, 아니 아시아 모든 민족이 모두 동종,

66) 대동아공영권이란 태평양전쟁기에 일본이 아시아지배를 위한 아시아침략을 정당화하기 위해 내건 슬로건이다.

> 형제라고 할 수 있다는 말일세, 입술이 없으면 이가 시리다는 순치보거(脣齒輔車)라는 말 이상의 관계라는 것을 알아야 해. 일본 없이는 지나가 존재하지 않는 것처럼 아시아가 영미에게 점령당한다면 일본도 없는 거나 마찬가지야.......자네 조국을 넘어뜨리고 일본만 일어나려는 야심이 아니라는 것은 고노에 성명으로 분명해졌잖아. 자네는 고노에 성명[67]을 알고 있겠지 ....일본은 천황폐하가 계시는 나라이기 때문에 국가로서는 국민에게 대해서도 다른 외국의 열강에 대해서도 거짓말을 할 수가 없는 거야. 일본은 건국 이래 만세일계 천황폐하의 통치를 받고 있으니 단 한번도 국가가 국민에게 거짓을 말한 적이 없다는 것일세. (-「대동아」에서)

인용문과 같은 카케이의 장황한 설명을 듣는 범은 눈을 빈짝이며 곧 긍정한다. 전쟁 중이어서 범은 일본은 처 물리쳐야만 할 적국인데도 불구하고 적국 일본의 자신의 조국침략의 궤변을 확고한 태도로 수긍하는 것이다. 더구나 카케이는 '일본 없이는 중국이 존재하지 않는다'고 당당하고 말하고 있는데도 범은 전혀 이에 이의를 제기하지 않는다. 그리고 카케이의 말 중에는 당시의 일제가 거짓으로 뭉친 궤변을 늘어놓던 선전들을 그대로 옮겨놓고 있는데도 중국인인 범은 카케이의 궤변을 감명 깊게 받아들인다.

「대동아」의 내용은 거의 전부라 할 수 있을 만큼 당시 일본위정자들이 태평양전쟁을 하면서 국내는 물론 영미 열강을 향해서도 외치던 일본의 망상의 궤변들을 그대로 옮겨놓고 있다.

다시 말해서 「대동아」는 문학작품이라는 관점에서 읽히기보

---

67) 고영자, 『미가도이즘대두와 일제강점기』, 참조.

다는 작가 이광수가 일본의 중국침략전쟁(=中日戰爭)을 찬양하고 선전하는 선전물 같은 작품이라 해도 과언이 아니다.

❸ 「병사가 될 수 있다」

또 다른 이광수의 일본어로 쓴 단편을 참고 할 수 있다. 「병사가 될 수 있다」(<신태양> 1943. 11.)이다. 「병사가 될 수 있다」는 제목에서 그대로 드러나듯이 우리민족도 일본인과 마찬가지로 일본을 조국으로 알면서 조국 일본을 위해 전쟁에 나가는 병사가 될 수 있음을 무척 기뻐한다는 것이 주제다. 이전에는 일본을 조국으로 알면서 일본을 위해 싸우는 병사가 될 수 없었던 것을 무척 안타까워했는데 이제 그 길이(*총독부의 징병령) 열려 무척 기쁘다는 이야기 내용이다.

「병사가 되 수 있다」 앞부분을 조금만 읽어도 이러한 사실이 그대로 드러난다.

> 내(*작가 이광수)가 글을 다 쓰고 뒤를 돌아보니 그 모양이었다. 처음에는 미소를 지었지만 다음 순간 숙연해졌다. 그들은 병사가 될 수 없는 운명이라는 것에 생각이 미친 것이었다. 조선인은 병역의 의무가 없는 국민이었다.
>
> "지난번에 징병론을 주장하셨지요? 지금 조선 민중이 가장 바라고 있는 것이 징병령의 시행이라고" "이 아이들은 병사가 될 수 있습니다." 가네코대좌(*대위)는 감동한 듯 했다………"정말 잘 되었지요. 조선에도 징병제가 실시되다니."
>
> – 「병사가 될 수 있다」에서

「병사가 될 수 있다」는 우리민족이 일본을 위해 전쟁에 나가는 병사가 될 수 있는 자격이 없어 그 일을 너무나 비통해하다가 징병령이 실시되어 병사가 될 수 있는 길이 열려 너무나 감격한다는 내용으로 가득히 채워져 있다.

「병사가 될 수 있다」도 이를 작품으로 보기보다는 이광수가 '학도여, 성전에 나가자' 하면서 우리나라 청년들을 일본전쟁에 총받이로 끌어내려는 일본정책을 그대로 앞장서서 선전역할을 하던 당시의 이광수의 모습을 참작하기에 충분한 선전물이라 할 수 있다.

특히 조선총독이 당시 엄격하게 지시하고 있던 '내선일체'(內鮮一體)에 관해서도 이광수는 다음과 같은 글을 써서 「내선일체수상록」(內鮮一體隨想錄, 1941. 5. 단행본)이란 제목으로 발표했다. '내선일체'는 일본이 우리나라 대한제국의 국권찬탈을 하고 난 후 우리나라를 지구상에서 없애려는 말살정책의 근본이라 할 수 있다.

그러한 내선일체를 지식인 이광수는 창씨개명한 이름, 香山廣郎으로 다음과 같은 내용의 「내선일체수상록」을 발표했다.

> 내선일체는 조선인의 황민화(皇民化)를 말하는 것이어서 쌍방이 나란히 의지하는 것을 말하지 않는다. 조선인 쪽에서 어떤 일이 있어도 천황의 신민이 되자, 일본인이 되자고 밀어붙이는 기백에 의해서 내선일체로 되는 것이다. 따라서 내선일체의 열쇠는 조선인 자신이 갖고 있는 것이 된다.
>
> 조선인의 지식계급에서 <정말로 내선일체로 해줄까>라고 자못 불안스럽게 두리번거리고 있는 소리를 듣는다.

이광수는 일본위정자들이 우리민족을 일본인으로 흡수시키고 우리국가를 일본 국가 안에 통합시켜 우리국가를 지구상에서 말살시키려는 정책으로, 특히 1910년이래는 음성적으로 또는 드러내놓고 박차를 가하던 정책의 이름인 '내선일체'를 우리민족이 원하는 것이라 했고, 오히려 일본 쪽에서 허용해 줄지 아닐지 불안하다고 말한다. 얼마나 어이없는 노릇인가? 자기나라 조국의 말살을 일본 쪽에서 혹시나 단행하지 않는 것은 아닌지 불안하다는 것이다.

「내선일체수상록」은 다음과 같이 이어진다.

> 내선일체는 반드시 된다. 요컨대 하루라도 그 날이 빨리 오게 함이다. 하루 늦으면 하루 손해다. 그렇다면 어째야 좋은지. 모든 조선인이여. 오늘부터 국어를 배우자. 그리하여 내재인과 더불어 국어를 읽고 쓰고 말하기도 하자........제일 요건은 국어를 아는 것이기 때문이다.

인용문에서는 이광수가 국어를 배우자고 주장한다. 여기서 국어는 '일본어'를 말하는 것이므로 '내선일체'에서 우리민족으로 하여금 우리나라 말과 글을 못 쓰게 하고 일본어로 말하고 쓰게 한 정책에 융합하고 있음이 드러난다. 말할 것도 없이 작가는 일본총독부의 지시대로 움직이고 있다.

> 국어 다음엔, 아니 그와 동시에 오는 것은 일본 정신 학습이다. 일본인이란 일본정신을 소유하고 또 그것을 실천하는 것을 가리킨다..........항차 팔굉일우(八紘一宇)의 큰 이상으로써 전 인류를 포섭하고자 함에 있어서랴. 그렇다면 어떻게

> 함이 황민이며 일본인인가. 그것은 天皇을 우러러 받들어 일본의 건국의 이상인 팔굉일우를 이상으로 하는 인민인 것이다. 그렇기 때문에 조선인이 황민되기란 황도(皇道)를 공부하지 않으면 안 된다. 황도를 배우지 않고는 황민되기란 불가능하다.

작가는 이제 더 나아가 우리국민은 완전히 일본인이 되어 일본인처럼 일왕을 받들며 일본정신을 습득해서 완전히 일본인처럼 되어야 한다고 주장하고 있다. 팔굉일우란 무엇인가. 일왕을 중심으로 하여 세계가 하나가 된다는 뜻으로 일본이 대동아공영권을 명분으로 내세우며 선전한 구호였다.

이 상식에서 벗어난 정신 빠진 구호를 우리민족에게 주입시키고자 하고 있다. 또 황도란 무엇인가. 황도는 미카도이즘[68]을 말한다.

이광수가 「내선일체수상록」을 쓴 시기는 그가 동우회사건으로 재판에 게류 중인 미결수의 처지에서 쓴 글이다.

이 글은 그 내용이 어떠한가를 비판하기보다는 당시 이광수가 얼마나 고뇌에 차서 목숨을 건지기 위한 몸부림으로 이런 글들을 쓰지 않으면 안 되었던가 그의 처지를 더 동정해야 할 것이다.

「내선일체수상록」의 내용이 우리가 어이없다고 느껴지면 질수록 이광수에게 가해지던 일본총독부와 헌병 순사들의 협박이 얼마나 몸서리치게 무서웠는가를 먼저 우리는 참고해야 할 것이다.

---

68) 고영자, 『미카도이즘 대두와 일제강점기』, 참고.

三. 김동인론

❶ 「태형」

–「태형」은 바로 일제강점기 현실의 축소판

1. 배경

「태형」(笞刑, 1923년)은 작가 김동인이 어떤 사건으로 감옥에 수감되어 있었을 때의 체험을 토대로 인간의 공포를 쓴 단편이다. 그 근거로는 그가 1919년 2월 10일 <창조> 창간호를 발간하고 3월 1일 급한 전보를 받고 귀국한 일이 있었는데, 이 때의 일을 다음과 같이 기록하고 있어서다.

> 평양에 내렸다.
>
> 정세를 보는 동안 여기서 민족이라는 것을 직시할 수 있었다. 꼭 스무살 .... 이러한 틈에 余는 격문 몇장을 초하였다. 그리고 그것이 발각되어 그들이 미리부터 위협하던 고문을 상당히 격고 나서 전과자가 되었다........[69]

여기서 초한 격문이란 그 시기로 보아 바로 독립만세 운동

---

69) 윤홍로 – <笞刑>과 민족환경 – 수록「편집 김열규. 신동욱 김동인연구」, 새문사, Ⅲ – 13쪽.

을 펼치기 위해 지은 격문이라는 것을 알 수 있다. 또한 동인은 1919년 3월 16일부터 6월 26일까지 출판법 위반혐의로 평양 구치소에 수감되었던 사실도 있다.

「태형」과 작가의 감옥소 생활에서의 경험과의 관계를 입증할 수 있는 것으로서 「태형」을 보면

> 나는 한숨을 쉬었다. 삼월 그믐 아직 두꺼운 솜옷을 입고야 지낼 때에 여기를 들어온 나는, 포플러가 푸른빛이었는지 녹빛이었는지 똑똑히 모른다. (-「태형」에서. 밑줄은 필자)

고 하는 주인공인 '나'의 발언이다. 그리고 작품 속의 내용이나 작가의 연보를 보아서도 '나'는 바로 작가 자신이라는 것도 확실해진다.

김동인의 연보를 보면 작가는 1919년에 출판법 위반 혐의로 6개월 징역, 2년간 집행유예의 선고를 받은 일이 있다. 주인공 '나'가 감방에 들어간 시기가 '삼월 그믐'이었다는 것에서 3월 1일, 三·一 항일만세 후 그달 그믐에 감옥으로 끌려갔다는 것이 입증된다.

그래서 「태형」에 나오는 주인공이나 일본어로 말하는 간수의 명령을 못 알아들어 채찍의 세례를 받아야 하는 영원영감을 비롯한 수감인물들은 대부분 三·一 항일만세에 동참했던 의인들이라는 것이 직감된다.

「태형」은 1919년의 三·一항일만세와 직접적인 관련이 있는 작품이다. 따라서 「태형」은 일제강점기의 우리나라 현실의 축소판이라 해야 할 것이다. 다음과 같은 사항이 이를 말해 준다.

(1) 작품의 첫 부분이 일본인 간수의 '기쇼(起床)'라는 일본어로 시작되어 뎅켕(點檢)이나 나나햐쿠 나나주용고(774호)! 등 간수의 일본어 사용을 그대로 옮겨 놓고 있다.

(2) 주인공인 '나'와 다섯 평도 안 되는 감방에 40여명이 올망졸망 갇혀 있는 수인들의 방은 바로 짐승의 우리 안을 연상시키는 곳이고 짐승의 우리안보다 더 지독한 것은 숨도 제대로 크게 못 쉴 정도의 공포에 떠는 분위기에 있다.

(3) 일본어를 알지 못하는 우리 국민에게 일본어로 마음대로 호령하고 못 알아듣는다고 가차 없이 채찍으로 때리는 휘두르는 살벌한 분위기에 있다. 완전히 짐승 취급이다.

(4) "형, 어제 공판 갔었지요?"

이렇게 나는 그 사람에게 물었다.

"예!"

"바깥형편이 어떻습니까?"...........

"글세, 어제 이야기 한거같이 쉬 독립된답디다"......

"좋은 소식있소. 독립은 다 되었다오"

이러한 대화 장면에서 이 작품의 당시의 시대적 배경이 확인된다.

(5) 일본어를 못 알아듣고 대답을 못한 대한사람 영감에게

"나제 하야쿠 헨지오 시나이(왜 빨리 대답 안하냐)?"

라는 우렁찬 일본인 간수 부장의 힐책이나 역시 영문을 모르

는 채로 앞으로 나오라는 명령을 듣고 허리를 구부리고 부장 옆으로 나가 서서 부장이 내리치는 채찍을 등에 맞아야 하는 영감의 모습에서 이러한 사정이 감안된다.

2. 영감의 눈물은 바로 핍박 받는 민족의 눈물의 대변

일본인 간수부장이 영감에게 내리치며 매질한 채찍이란 무엇인가? 채찍은 말이나 소를 모는 데에 쓰는 가죽으로 된 길고 가는 매를 치기 위해 만든 회초리 같은 것이다. 이러한 채찍으로 맞는다는 것은 곧바로 소나 말과 같이 취급되고 있다는 것을 뜻한다.

일제강제점령기 시절에서 현재도 필자에게 잘 기억되는 말이 '바가야로(바보 자식, 멍청한 놈), 칙쇼(畜生, 짐승)라는 우리민족에게 가해지는 일본인들의 경멸과 비하에 찬 욕설이었다. 일본인들은 이 욕설을 수시로 내뱉었다.

일본인 간수의 채찍을 허리를 구부리고 공손히 맞으며 영감의 눈에 눈물이 고였다. 영감은 일본인 간수의 명령에 따라 자기 발로 굽실거리며 걸어 나가 간수에게 소나 말처럼 채찍을 맞아야 했다.

> "집엔 그 녀석(간수)보담 나이 많은 아들이 두 녀석이나 있쉐다가레......."
> (–「태형」에서)

이는 영감이 자신의 아들들보다도 나이 어린 일본인 간수에게 채찍을 맞은데 대한 분노가 섞긴 한탄의 말이기도 하지만 그보다도 이때의 영감의 눈에 고인 눈물이야말로 바로 핍박 받는 민족의 치욕의 눈물로 대변된다. 그러나

> 이상한 일이거니와 한 사람이 벌을 받으면 방 안의 전체가 떨린다.(공분이라든가 동정이라든가는 결코 아니다). 몸만 떨릴 뿐 아니라 염통까지 떨린다.......... 그들에게 과연 목숨이 남아 있는지? (-「태형」에서)

> 지금의 그들의 머리에는 독립도 없고, 민족자결도 없고, 자유도 없고, 사랑스러운 아내나 아들이며 부모도 없고, 또는 더위를 깨달을 만한 새로운 신경도 없다. 무거운 공기와 더위에게 괴로움 받고 학대 받아서 조그맣게 두개골 속에 웅크리고 있는 그들의 피곤한 뇌에 다만 한가지의 바람이 있다 하면, 그것은 냉수 한 모금이었다. 나라를 팔고 고향을 팔고 친척을 팔고 또는 뒤에 이를 모든 행복을 희생하여서라도 바꿀 값이 있는 것은 냉수 한 모금밖에는 없었다. (-「태형」에서)

■ **태형**

1919년 3월 1일의 항일만세 때의 일본의 잔악한 탄압 정책에 항의한 외국인이 F.W. 스코필드였다. 그는 1916년 말경 세브란스의 의학전문학교에 부임하고 있었는데 三·一항일만세의 일제의 잔악함을 보고 일제만행을 사진을 통해 세계 여러 나라에 그 사실을 알렸다.

그는 일제 당국의 미움을 사서 동경으로 출국하게 되었는데 동경에 6주일 간 머물면서 原敬수상, 새로 부임한 조선총독 齊藤實 등 정계 고위층과 회담을 하면서 대한의 입장을 설명하였으나 냉담한 반응만을 얻었다.

그는 대한사람의 너무나 부당한 대우와 심한 고문에 항의하였다. 고문의 종류 (笞刑 등 7, 8가지)에 관한 사실을 신문에 발표했다.

■ 일제는 갑오경장 때 없앴던 태형을 부활시켰다

일제는 더구나 갑오경장 때 비인간적 처벌이라 하여 폐지되었던 태형마저도 다시 부활시켰다. 헌병・경찰제의 확립에 따라 일제는 전국 곳곳에서 경찰관서와 헌병 기관을 거미줄처럼 설치하여 대한사람을 감시하였다.

대형: <齊藤實文書>473 第42回 帝國議會說明資料 朝鮮總督府資料

조선총독부 자료에 의하면 三・一항일만세 전에도 대한사람에 대한 태형이 매년 평균 17,000명 정도에게 가해졌다고 한다.

三・一항일만세를 철저한 탄압으로 잔악한 방법을 동원하여 진압한 加藤房藏과 原敬과 달리 대한사람의 마음을 헤아려 독립운동으로 보고 일본인이야말로 먼저 반성해야 한다고 설파한 몇 사람이 있었다. 일본인 유종열(柳宗悅), 吉野作造, 柏木義圓 등이다.

유종열은 1919년 5월 20일부터 5월 24일에 걸쳐 <讀賣新聞>에 「조선인을 생각한다」(朝鮮人を思ふ)를 발표하여 三・一항일만세를 옹호했다. 유종열은 '三・一운동의 원인으로 우리나라(*일본)는 올바른 인도를 밟고 있지 않다'라고 기술하고 조

선을 동화하려는 정책은 두려워할만한 일이고 '독립'이 그들의 이상인 것은 필연의 결과일 것이다'라고 썼다.

유종열은 「조선인을 생각한다」를 쓰고 난후 南宮壁, 廉想涉, 卞榮魯, 吳相淳 등 조선인유학생과 친밀하게 지냈다.

1920년 5월, 또는 1921년 6월 유종열부부가 대한반도에 오자 많은 대한사람들에게 환영받았다. 新人會의 기관지 『デモクラシ』 1919년 4월호에 「조야의 諸公에게 호소한다」(朝野の諸公に訴ふ)를 기재한 후 大阪에서 만세운동을 주도한 혐의로 체포투옥된 염상섭과 <동아일보>의 張德秀 등과도 친밀해진 유종열은 吉野作造와 함께 가장 당시의 대한사람의 독립요망을 이해한 사람이었다.70)

■ 일본의 강제점령기의 첫 단계 – 헌병경찰 통치

1910년대에 일본의 헌병과 경찰은 행정, 사법에 걸친 업무뿐만 아니라 언론지도, 사회풍습 개선, 신용조사, 경제계 연구 등 모든 권한을 가지고 우리 민족의 정치, 사회, 경제 및 일상생활에까지 억압했다.

1910년 일본의 육군대장 寺內正毅(데라우지 마사타케)가 초대 총독이 되어 온 후 그 해 10월에 조선총독부가 설치되었다. 조선총독은 입법, 사법, 행정 그리고 군사권 등 일체를 손 안에 쥔 통치의 최고 권력자였다. 말하자면 소일왕(小日王)이었다.

남산에 있던 통감부 건물을 그대로 조선총독부 청사로 사용했고 1926년 경복궁에 새로운 청사를 짓고 조선총독부를 이전했다.

---

70) 高崎宗司, 「日本人の三・一運動觀」, 『3・1運動』, 國外韓國史關係論文選集(近現代 1-7), 1989, 254쪽.

이들이 시행한 헌병경찰 제도란 군대의 경찰인 헌병이 경찰을 지휘하며 일반 경찰업무까지 관여하는 제도다. 이들은 '범죄즉결례' '경찰범 처벌규칙'에 따라 정식 법의 절차나 재판을 거치지 않고도 대한사람에게 벌금을 물리거나 옥에 가두는 등의 처벌을 아무 때나 마음대로 할 수 있었다.

■ 경찰범 처벌규칙(1912년)

다음의 각 호에 해당하는 자는 구류 또는 과료에 처한다.

(제2조) 일정한 주거 또는 생업 없이 이곳저곳 배회하는 자.

(제14조) 신청하지 않은 신문, 잡지, 기타의 물품의 구매를 요구하고 또는 기예를 보여주거나 억지로 그 구독 신청을 요구하는 자.

(제20조) 불온한 연설을 하거나 또는 불온 문서 도서, 시가(詩歌)를 게시, 반포, 낭독하거나 큰 소리로 읊는 자.

(제21조) 남을 유혹하는 유언비어 또는 허위 보도를 하는 자.

(제50조) 돌 던지기 같은 위험한 놀이를 하거나 시키는 자, 또는 길거리에서 공기총류나 활을 갖고 놀거나 놀게 시키는 자.

■ 조선 태형령과 시행 세칙(1912년)

태형은 태 30이하 일 경우 이를 한 번에 집행하되, 30을 넘을 때마다 횟수를 증가시킨다. 태형의 집행은 하루 한회를 넘을 수 없다.

(제11조) 태형은 감옥 또는 즉결 관서에서 비밀히 집행한다.

(제13조) 본령은 조선인에 한해 적용한다.

(시행 세칙 1조) 태형은 형을 받는 자의 양손을 좌우로 벌려 형틀 위에 거적을 펴고 엎드리게 하여 양 손 관절 및 양다리에 수갑을 채우고 옷을 벗겨 둔부를 드러나게 하여 집행하는 것으로 한다. – 조선 총독부 관보, 1912년 3월, 18일, 3월 30일

1925년에는 치안유지법을 만들어 반제국주의와 독립사상을 탄압하는 도구로 삼았다.

❷ 「명문」에서의 안락사 문제

1. 안락사를 반대한 작가 김동인

「명문」(明文, 개벽 55호. 1925년 1월)은 짧은 단편이지만 안락사 문제를 다루고 있다는 점에서 무척 획기적인 작품이라고 필자는 본다.

그런데 김동인 연구가들 중에는 다음과 같이 작가가 「명문」에서 기독교를 냉소하고 있다고 비판하고 있다.

> 단편 「명문」을 보면 기독교에 대하여 김동인이 지녔던 태도를 잘 알 수가 있는데 그 태도란 바로 냉소 이외에 다른 것이 아니다. 이것은 다분히 그의 교만한 성격에 그 이유의 일단이 있으며 또한 그의 당대에 서북지방을 중심으로 유포되었던 내면화되지 못하였던 것과도 관련이 있을 것이다. 그러나 또한 여기에 추가해서 우리는 김동인이 애초부터 이념

이나 사상의 차원에 대해서는 무관심한 종류의 인간이었다는 사실을 지적하지 않을 수 없다. 위에서 말했듯이 그가 경험부족의 한계를 극복하는데 남달리 서툴렀던 것을 이해하기 위해서는 이 점을 반드시 고려해 넣어야 한다.[71]

이러한 비판은 잘못되었다고 필자는 본다. 「명문」은 결코 기독교를 냉소하기 위해 창작한 작품이 아니다.

필자가 보는 견해로는 「명문」의 주제는 '안락사 문제'다. '안락사'에 관해서는 당시뿐만 아니라 오늘날까지도 서구 세계에서도 찬반의 논란의 여지를 남기고 있다. 그런데 김동인이 이러한 '안락사'를 주제로 한 단편을 그 시기에 창작하였다는 것은 높이 평가할만하다고 생각한다.

「명문」의 주인공 전주사(田主事)는 무척 독실한 예수교인이다. 전주사의 아버지는 양반이고 부자고 완고한 편이어서 전주사의 기독교 신봉을 결코 용납하지 않는다.

그럴 수밖에 없는 것은 부친은 양반이다. 대한제국 말기의 양반, 그것도 전주사의 부친처럼 조정 대신의 직위에 있던 상류급 양반은 공자와 맹자를 익힌, 주자학이 골수에 박혀 있는 인물이라고 보아야 한다.

주자학은 기독교를 용인하지 않는다. 그러므로 「명문」의 내용에서처럼 아들 전주사의 어떠한 설교나 설득에도 결코 부친은 기독교를 받아들이지 않는다는 것은 정한 이치가 되고 있다.

---

71) 이동하, 「김동인의 삶과 문학」 『김동인』, 이재선편, 서강대학교 출판부, 228쪽.

전주사는 독실한 예수교인이 된 후는 기독교의 가르침을 성실하게 실행하려 노력했으며 그는 그런대로 자신이 양심의 가책을 받지 않을 만큼은 신앙에 성실했다고 믿고 있었다.

전주사는 부친의 영혼을 하늘나라 천국으로 인도하기 위해 기도하고 또 기도하였으나 부친은 아들의 그러한 기도를 인정하는 일 없이 사망했다.

이후 그의 모친이 전주사의 마음에 갈등을 불러 일으켰다. 모친은 이미 돌아가실 나이인데, 노망이 들어 주위와 가족을 고통으로 몰아넣고 있다는 판단에서다. 전주사는 독실한 신앙심의 소유자이면서도 모친을 안락사(*필자의 판단) 시키는 일은 모친을 위해서 효도하는 일이라는 결정을 하고 실행하였다. 전주사의 변명에 따르면 모친을 일찍 '주무시게 했다'는 것이다.

여기서 모친을 고생에서 빨리 헤어나시게 하기 위해 일찍 '주무시게 했다'는 곧 '안락사'의 문제라고 필자는 본다. 때문에 그 시절에 '안락사 문제'를 단편으로 취급한 김동인에게 경탄하지 않을 수 없다.

일본의 근대소설의 4대 대가로 알려진 森鷗外(모리 오가이)도 김동인의 「명문」이 발표되기 약 9년 전에 '안락사' 문제를 취급한 작품을 발표하고 있었다.

森鷗外는 자신의 맏딸 마리(茉莉)가 중병에 걸려 고생하는 것을 보고 안락사 문제를 깊이 있게 고심한 체험이 있다. 이 체험을 「고뢰주」(高瀨舟)라는 단편을 <중앙공론>(中央公論, 1916년 1월)에 발표한 일이 있다. 「고뢰주」에서 森鷗外는 안락사 문제를 취급하면서도 확실한 찬성이나 반대의 논리를 펼치고 있지 않았다.

기독교 입장에서 '안락사'에 반대했다

김동인은 기독교적 입장에서 단호히 '안락사'에 반대 입장을 취하고 있다는 점은 森鷗外의 경우와 대조적이다.

> 하느님이시여, 당신은 이 세상에 죄악이 너무 퍼졌을 때는 큰 홍수로서 세상을 박멸한 하나님이외다. 지금 제 어머님 때문에 저는 어머니를 미워하는 역도의 죄를 지으며 어머님께서도 만날 고생으로 지내실 뿐 아니라, 집안 몇 식구가 그 때문에 잠시도 마음을 못놓고 지냅니다. 제 어머니를 하느님 앞으로 돌려보내는 것이 가장 착하고 옳은 일인 줄 저는 생각합니다. (「명문」 중에서)

전주사는 모친은 1년 이상은 더 못사실 것이라는 판단을 했다. 이틀 후 그의 모친은 사망하였고 전주사는 살인죄가 적용되어 사형에 처해졌다. 사행이 집행되던 날 교회목사가 그에게 회개하라고 했으나 전주사는 자신은 결코 회개할 잘못을 저지르지 않았다고 강변했다. 모친에게 행한 안락사의 일은 옳았다는 주장을 되풀이 견지하며 확신에 차있는 태도를 취했다.

> 하느님의 뜻대로 어머니를 주무시게 한 것은 죄가 아니외다. 당신네들의 법령의 명문(*明文)에 그것을 사형에 처한다 했으면 그대로 할 것이지 그밖에 내 마음까지는 간섭지 말아주. 나는 하느님을 재판하는 예수교인이외다. 십계명 가운데 다섯째에 부모께 효도하라신 말씀을 지킨 것뿐이외다.
>
> (－「명문」에서)

전주사의 영혼은 자신이 독실하게 신앙한 하나님 앞으로 인도된다. 자신이 이생에서 받은 판결은 부당하다는 것을 다시금 설파하고 기독교의 입장에서 자신의 판단이 옳았다는 것을 천당 재판관에게서 판결 받으려 했다. 이 작품의 말미는 다음과 같이 끝을 맺는다.

"저를 왜 지옥으로 보내시렵니까? 대체 당신은 누구외까?"

"나, 나는 여호와로다."..........

"효도? 부모를 죽인 것이 효도? 네 말로는 어미를 괴로움에서 건지려 했다 하나 그 당시에 네 어미는 아무 괴로움이며 고통을 모르고 있지 않았느냐? 그 어미를 죽인 것이 여섯째 계명에 어기치 않았느냐?......... 이 혼을 지옥에 데려가라."

"그러나 세상에서나 그렇지, 여기는 명문과 규율밖에 더욱 긴한 것이 있지 않습니까?"

하느님은 눈을 내리 뜨고 잠시 전주사의 혼을 내려다보다가 웃었습니다.

"하하하하! 여기도 법정이다."<1925년>

이 작품이 '안락사'를 주제로 하고 있다는 것과 작가 김동인은 확고하게 '안락사'를 반대하고 있다는 것이 드러나 있다고 필자는 판단한다.

2. 인간이 인간에게 인위적인 사망을 시킬 권리가 있는가?

안락사(安樂死)라는 것은 회복의 기미가 보이지 않는 병으로 심신의 괴로움을 호소하는 병자에게 심신의 고통을 덜어 주는 방법으로 인위적으로 손을 써서 빨리 사망시키는 것을 말한다.

여기에서 법적으로 문제가 되는 것은 인간의 생명을 단축시킬 권리가 인간에게 주어질 수 있는 것이냐가 문제다. 이 문제를 놓고 허용된다는 주장과 허용될 수 없다는 주장이 팽팽하게 맞서 왔다. 그리고 소극적으로 이를 허용하는 방침으로 치료를 중단하는 방법이 있어 왔다.

■ 학자들의 '안락사'에 관한 견해

학자들은 일반적으로 안락사를 '진정 안락사'와 '부진정 안락사'로 구분한다. 부진정 안락사는 다시 협의의 안락사, 소극적 안락사, 적극적 직접적 안락사로 구별한다.

진정안락사는 생명단축을 수반하지 않는 경우(임종시 고통 제거 위해 적당량의 마취제 사용)를 말하고, 부진정안락사는 생명을 직접 단축시키는 경우를 말한다. 부진정안락사 중에서 협의의(간접적) 안락사는 치료 행위로서 요건을 갖춘 한 형법 제 20조에 의한 업무행위를 말하고, 소극적 안락사는 의무 있는 자가 의무를 이행하지 않는 '부작위'에 의한 경우를 말하며, 적극적 직접적 안락사의 경우는 적극적 직접적 안락사를 부정하는 견해(살해 목적의 행위이므로 환자의 진지한 촉탁이 있더라도 위법이다)와 긍정하는 견해(죽을 것이라는 것이 너무 명확하고 치료가 불가능하고, 환자가 격렬한 육체적 고통에 시달리며, 오로지 고통에서 해방시킬 목적으로 본인 및 보호자의 명시적 진지한 촉탁이 있는 경우 자격 있는 의사에 의해 윤리적으로 승인 가능한 방법에 의한 안락사)가 서로 맞서고 있다.

3. 기독교의 가르침과 유태교와의 결정적인 차이

1) 유태교에서는 병인, 가난한 자는 죄인(罪人)이었다

신약성서를 보면 예수가 불치병으로 보이는 병을 고치든가 치료하는 장면이 많이 나온다. 작은 기적을 일상적으로 많이 행한 것으로 간주되었다.

예수의 병을 고치는 행위는 마치 마술사가 하는 방법과 비슷한 방법을 사용하고 있어 가끔 예수를 나자렛에서 온 마술사라는 설을 퍼지게 하기도 했다.

예수는 병을 고치는 것만을 목적으로 하고 있었다. 결코 대가로 돈을 받거나 어떤 이득을 취하는 일은 결코 없었다. 치료나 기적의 힘은 하나님으로부터 부여 받은 것으로 사람들에게도 대가없이 무상으로 부여하기 때문이다.

예수는 이러한 것을 일일이 기술하지는 않았다. 여러 곳을 걸으며 치료비조차 지불할 수 없는 가난한 사람들의 병을 헌신적으로 치유해 주었다.

이는 당시의 사회에서는 병이 나도 특권계급의 돈 많은 사람만이 의사에게 치료를 받을 수 있었던 사정이 감안된다. 의료비가 비쌌던 것뿐 만아니라 여기에는 가난한 병인은 차별받고 있었던 배경이 있었다.

왜냐하면 육체가 병들거나 마음이 병드는 것도 영혼의 영향을 받고 있는 것이고 병에 걸리는 것은 신앙이 없는 결과로 죄(罪)라고 간주되었다. 그래서 종교와 의료행위에는 경계가 전혀 없는 사회였다.

예수는 병인 치료를 하면서 사람들에게 선전하면서 실행하였던 것은 아니다. 에르살렘 이외의 도시는 결코 다닌 적이 없다. 작은 마을이나 벽지 같은 곳만 다니면서 완전히 버려진 병인만을 치유했다.

2) 예수의 행적과 말씀은 유태 율법에는 위반되는 것이었다

예수는 이와 같이 사회의 소외계층의 많은 사람들과 접했다. 가난한 사람들, 징세인(徵稅人), 병자, 죄인이었다. 유태 율법을 지킬 수 없는 사람들이나 이런 저런 사람들을 다 합쳐서 한꺼번에 유태교에서는 '죄인'이라 불리는 것이 보통이었다. 예수처럼 구약성서의 지식을 가진 인간이 접할 수 있는 사람들이 아니었다.

신약성서를 읽으면 '죄인'이라는 어휘가 많이 나오는데 이러한 뜻으로 사용되고 있었다.

그래서 예수가 징세인이나 가난한 사람들과 함께 식사를 하면 율법학자들은 이러한 질문을 했다.

"어째서 징세인이나 죄인들과 함께 식사를 하는가?"

예수는 이에 대해 이렇게 대답한다.

"의사를 필요로 하는 사람들은 건강한 사람들이 아니고 병인이다. 내가 온 것은 올바른 사람들을 불러내기 위해서가 아니라 죄인을 불러내기 위함이다. (마르코 복음서, 제2장)

율법에 따르면 죄인과 접해서는 안 된다고 되어 있다. 그래서 예수는 율법에 위반을 한 것이 된다. 엄격하게 율법의 하나하나를 지키려하는 유태교도의 눈으로 보면 예수의 행적과 예수의 언행은 거의 율법위반이 된다.

팔레스타인의 유태교 사회에서 차별받는 사람들은 질병자와 하층민, 노예뿐 만이 아니었다. 종교상의 성인 연령인 12세가 되지 않은 아이들, 여성, 외국인도 또한 율법상에서는 아무런 권리가 주어져 있지 않았다.

그래서 예수가 다음과 같이 아이들을 거론하며 신의 나라에 대해 기술할 때 듣고 있던 사람들 중에서는 동요가 생기고 종교관계자들은 무척 의심스럽게 생각했다.

> 그대들에게 잘 일러둔다. 그대들이 마음을 고쳐 어린애들처럼 되지 않으면 천국에 들어가지 못한다. 따라서 자신들의 몸을 낮추어 이 어린애들처럼 되는 자가 천국에서 제일 위인이다. (「마태복음서」, 제18장)

예수는 역시 가난한 자도 또한 행복하다는 의미를 포함하여 말씀했다. 왜냐하면 이 때 예수의 말씀을 듣기 위해 온 사람들은 거의 병자나 불구자, 불운과 빈곤에 고통 받는 사람들이었고 그 위에 교양이 없는 사람들이었다.

이러한 예수의 행적이나 말씀을 상기하여 본다면 「명문」에서 여호와 하나님의 전주사에 대한 판결은 어디에 근거하였는가가 드러난다.

어떻든 성서에서는 병자는 치유해야 하는 상대로 일관하고 있다. 성서를 통독하고 있거나 전부를 이해하고 있는 것이 아니어서 단언할 수는 없는 일이다. 그러나 성서에서는 병자를 살해하는 행위가 용납되고 있지 않다는 것은 추측할 수 있는 일이다.

이는 「명문」의 안락사와 연관되어 참고 해야 할 것 같다. 작가 김동인의 출생지는 평양으로 서북지방의 중심지다. 서북지방은 조선시대의 철저한 유교 이데올로기의 중압에서 비교적 자유로울 수 있는 지방이었다. 그래서 기독교를 위시한 신문물을 비교적 자유롭게 받아들이는 일이 가능했다.

■ 김동인과 기독교

김동인의 집안을 보면 부친과 형이 모두 교회 장로였다. 이러한 가정환경에서 김동인이 기독교와 밀접해 있었던 일은 확실하다. 「명문」은 기독교의 성서와 관련되어 창작한 것이라는 사실이 입증된다. 즉 김동인은 기독교 집안에서 태어나 기독교 계통 학교에서 공부하며 성서를 베웠다. 이와 같은 사실은 김동인이 기독교와 밀접해 있었다는 것을 말해준다.

김동인은 1900년 6월 2일 평양에서 벼슬을 한 양반 집안에서 태어났다. 부호의 가문이었고 평양에서 8대가 살았다. 아버지 김대윤은 평양교회의 초대 장로로서 오랫동안 활동했다. 1913년 동인은 평양 숭진(崇眞)중학교에 입학했다. 숭진중학교는 당시 서양 사람이 교장인 밋숀학교였다.

1914년 봄, 김동인은 동경으로 건너가 당시 李光洙, 文一平, 朱耀翰 등 우리나라 유학생의 대부분이 공부하고 있던 명치학원에서 공부했다. 명치학원은 기독교 계통의 학교로 우리나라

유학생들이 많았고 일본의 많은 문인들을 배출한 명문이었다.

주요한이 장차 문학을 전공하겠다는 말을 듣고 자신도 문학에 관심을 갖게 되었다. 동인은 그 뒤 淺草(아사쿠사, 東京 동부지역)에 가서 영화도 보고 靑山(아오야마) 연병장을 구경도 하면서 탐정소설을 읽었다.

❸ 김동인의 신여성관 - 「김연실전」

■ 신여성, 김연실

작가가 진술하고 있듯이 「김연실전」은 우리나라의 '신여성'의 한 모델이다. 여주인공 연실의 행보는 별로 바람직하지 못한 행적의 연속이다. 그녀는 자신만의 투철한 인생관을 확립하지 못하고 있었다. 그래서 그녀의 발자취는 신여성의 자취라기보다는 하나의 여성의 타락해가는 과정으로 보아야 할 것 같다.

연실은 어떤 큰 목적에서보다는 집안에서 지내는 것이 쓸쓸하여 12살 나이에 진명학교에 스스로의 결단으로 입학하여 학교생활을 시작했다. 진명학교 창립자는 다음과 같은 훈시를 했다.

> 지금까지는 우리 조선에서는 여자라는 것은 노예로 알았거니와 결코 그렇지 않습니다. 개명한 세상에는 여자도 사회에 나서서 일해야 합니다. 그러기 위해서는 교육을 받아야 합니다. (-「김연실전」에서)

이와 같은 훈시로 여성이 자각할 것을 일깨우고 있었다. 그러나 진명학교생활에서 연실이에게 변화를 준 것은 교육을 통해서의 지적 수준의 향상보다는 부정적인 면이 더 컸다.

> '연실의 마음에 커다랗게 돋아난 싹은 반항심이었다. 학우들의 대개가 기생의 자식이라, 가정적 훈련과 교육을 받지 못하고 자유로이 자라난 이 처녀들은 부모를 고마워할 줄 모르고 부모를 공경할 줄 몰랐다............어느 틈에 언제 배웠는지 모르지만 연실이도 부모에게 대한 공포심을 잃고 그 대신 경멸심을 배웠다.' (－「김연실전」에서)

진명학교가 어떠한 학교인지가 짐작된다. 아마도 작가의 진명학교에 대한 편견이 있었던 듯하다. 연실이가 올바르게 성장하여 예의 방정한 처녀로 성장할 수 없었다는 것을 암암리에 암시하기 위해 진명학교를 폄하하여 기술하였는지도 모른다.

연실의 진명학교 동창생인 명애가 동경유학을 갔다. 이때는 한일합방 대두의 직후였다고 했다(같은 책, 195쪽). 한일합방이 대두된 것은 1910년 8월 22일의 일이었다. 그래서 이 시기 이후가 된다. '동경유학'은 연실이에게 아름다운 칭호로 여겨져 매력을 느끼고 동경유학을 결심했다. 어떤 뚜렷한 목적을 지녀서가 아니었다. 연실은 여자로 태어났으면 시집을 가야한다고 생각하는 보수적 관습에 젖어 있는 평범한 여자였다.

동경유학을 가기 위해 일본어 공부를 시작한 연실은 일본어를 가르치던 선생과 性에 대한 전혀 무지한 상태에서 선생과 정사를 계속했다.

그가(*여주인공) 성장한 환경이 환경인지라 남녀가 관계한다 하는 것은 어떤 것이라는 것을 (모양으로) 알았지만 의의는 전혀 모르는 '계집애'였다(「김연실전」 중에서)에서 알 수 있듯이 작가는 여주인공을 그녀의 성장한 환경과 연계시키고 있다.

연실은 마침내 일본 유학을 떠났다. 일본 유학생 친목회의 일원이 되어 회장의 열렬한 유학생의 사명감에 대한 연설을 듣고 자신도 우리나라 여성의 선각자라는 것을 떠올리며 마음이 뿌듯해진다.

더구나 일본 문학소녀 도가와가 자신과 함께 여류문학가가 되자는 말에 아무 목표도 없이 아무 정견도 없이 선각자가 되리라는 자부심을 품었던 연실이는 도가와의 덕으로 문학소녀로 변신했다(209쪽).

연실이 문학소녀로 변하면서, 그리고 자신이 선각자의 한사람이라는 상상하지도 못한 위치에 있게 되었다는 자부심이 생긴 연실이 느낀 문학과 선각자의 길이란 '연애에의 길'이었다.

> 문학이란 연애와 불가분의 것이었다. 연애를 재미나고 자릿자릿하게 적은 것이 소설이고 연애를 칭송하여 짧게 쓴 것이 시라 하였다. 일방적으로 연애라는 도정을 밟지 않고 결혼하여 일생을 보내는 조선 여성을 해방(?)하여 연애 할 줄 아는 사람으로 만드는 것이 선각자에게 짊어진 커다란 사명의 하나라 보았다. 그러기 위해서는 문학을 널리 또 빨리 펼쳐야 할 것이라 보았다(210쪽).

이러한 문학관을 갖게 된 연실은 거침없이 연애행각에 빠져들었다. 마침내 연실이는 동경 유학생 사이에 마구잡이 연애행각의 여자라는 소문이 쭉 퍼져나갔으나 연실이는 자신은 '자유연애의 선봉자'라는 생각을 갖고 있었으므로 연실은 오히려 환희와 만족의 절정에 빠져 들었다(215쪽).

이러한 연애중심의 자유분방한 생활을 계속하던 연실이는 경제적인 어려움을 겪게 되어 갈팡질팡하게 되었다.

그 마지막 길이 거의 거지꼴처럼 전락하여 사십 내외쯤 되는 중늙은이인 복덕방 사람에게 몸을 의탁하게 되었다. 그 복덕방 사람은 다름 아닌 처음 연실에게 일본어를 가르치던 선생이었다.

❹ 중단된 장편 『星巖의 길』

– 김동인의 친일

1. 김동인은 과연 친일문학자인가?

김동인에 있어 친일성이 정말로 문제될만한가를 살펴본다. 김동인의 역사소설 중 친일성이 농후한 작품으로 일본의 강호시대(江戸, 에도 =德川時代) 말기의 梁川星巖(양천성암, 야나가와 세이강, 1789 - 1858)을 주인공으로 한 장편 『星巖의 길』을 예로 살펴볼 수 있다. 이 소설은 작가 김동인의 어떤 사정인지 모르겠으나 중단되어 중단된 장편으로 남았다. 『星巖의 길』은 梁川星巖의 전기성이 농후한 작품으로 필자에게는 보인다.

■ 주인공 梁川星巖

주인공 梁川星巖은 한시인(漢詩人)으로 알려져 있다. 미농(美濃, 미노)의 한 향사(鄕士)의 아들로 태어났다. 19살에 에도로 올라가서 한학과 한시를 배웠다. 29살에 귀향하여 서당(塾)을 열고 또한 詩社를 결성했다. 1820년 후일 여류시인으로 활약하는 紅蘭(홍란, 코란)과 결혼하고 그녀와 함께 각 지방을 돌며 견문을 넓혔다. 1832년 다시 에도로 갔을 때는 그는 이미 에도 시단의 중심인물로 알려져 있었다. 그러나 이때부터 그는 藤田東湖와 佐久間象山 등과 교류하며 일본정국 정변에 깊은 관심을 갖게 되었다. 그리고 존왕양이론(尊王攘夷論)에 경도되기 시작했다.

1847년 京都로 가서 여러 존왕양이를 신봉하는 사람들과 교류하며 국사에 분주하다가 '1858년의 대옥사'(=안정의 대옥, 安政の大獄) 전에 당시 유행하던 코렐라 병에 걸려 사망했다. 그가 만일 이병으로 죽지 않았다면 '1858년의 대옥사'에서 사형되었을 것이다.

星巖의 인물상을 살펴보았을 때 김동인이 어째서 그를 주목하며 장편의 주인공으로 삼았는가가 곧 추측된다.

星巖이 시인이면서 정객(政客)이었다는 점에 김동인의 주의를 끌었을 것이다. 더구나 星巖의 정치성향은 존왕사상이었다.

여기서 星巖의 사상이나 '1858년의 대옥사' 등에 대한 역사적 사실이 참작될 일이다.[72]

김동인은 星巖이 '존왕론자'라는 점에 관심을 가졌을 것이라고 필자는 생각한다. '존왕론'이란 星巖이 살던 시대는 강호막부에서 일본을 치세하는 장군(將軍) 정치체제였으므로 이 장군치세를 반대하여 조선이나 청나라처럼 군주가 정치를 하여야 한다는 사상이다. 따라서 존왕론자들은 곧 당시의 장군의 정치체제에 반항하는 결코 용납되어질 수 없는 반역 행위자들이다. 막부는 이들과 같은 존왕론자들을 가차 없이 처단하였다. '1858년의 대옥사'는 이런 반역행위자들에게 가한 막부의 가차 없는 처단이었다.

---

72) 고영자, 『일본의 근세 장군시대』, 참고.

■ 토막파들의 성전이 된 賴山陽의 『일본외사』(日本外史)

「星巖의 길」의 줄거리에 대두되고 있는 賴山陽(뢰산양, 라이산요, 1780－1832) 등의 존왕사상은 주목되는 부분이다. 賴山陽의 존왕사상은 문학으로 형상화되어 당시의 막부토벌파인 토막파들에게 성전처럼 널리 읽혔다. 賴山陽의 『日本外史』는 명쾌한 필치로 왕의 휘하에서 하나로 단결한 일본인의 모습을 널리 일깨워주는 큰 역할을 하였다. 그로 하여금 막부 토벌파의 사상적 지도 역할을 하게했다. 그러나 『일본외사』는 실제의 역사를 기술한 것이 아니라 그의 상상력으로 쓴 서사시에 속한다. 결코 진정한 역사는 아니다.

마침내 이들에게서 촉발되어 토막파들에 의해 강호막부는 붕괴되고 유신신정부(維新新政府 ＝明治維新)가 성립되어 일본은 획기적인 근대를 창출해 내었다는 역사적인 사실이 주목된다.

더구나 이들 존왕론자들이 막부토벌에 성공하여 유신신정부를 개설하고 난 후, 부국강병에 정진한 결과 19세기말 우리나라의 대한제국이 붕괴되어 일제강점기로 들어가 우리민족의 수난기가 발생하였다.

김동인이 이러한 역사적 사실에 주의하였다는 것은 당연지사일 수 있다. 때문에 필자는 『星巖의 길』을 두고 친일문학으로 재단하기보다는 김동인이 어째서 이러한 주제를 선정하였는가를 숙고하는 일이 더욱 중요하다고 생각한다.

다시 말해서 막부통치를 일제강점기의 일본인의 통치로 바꾸어 생각한다면 존왕론자들의 토막파의 활약은 곧 임정기의 우리 국민의 대한제국 마지막 황제의 복권을 마음에 두었을 가능성도 있다.

당시는 일제가 행하고 있는 치안유지법(治安維持法)이라는 임정기 대한인들에게는 참으로 두려운 족쇄가 있었다. 치안유지법은 일본의 국체의 변혁과 사유재산제도를 부인하는 것 등을 목적으로 만들어지는 결사나 참가자들을 처벌하기 위해 정해진 법령이다. 1925년 제정되었고 1926년 긴급령에 의해 미수죄를 부가시켜 최고형은 사형이었다. 악법으로 유명하다. 치안유지법은 일본이 태평양전쟁에서 패전하고 난 후(1945년 10월) 폐지되었다.

우리나라에서 시행된 치안유지법은 우리나라 사람들의 국권회복운동(=독립운동)이나 일본의 황민화정책에 조금이라도 방해되는 인물을 잡아들여 근절해 내는 일에 적용한 전율할만한 공포의 법이었다. 코에 걸면 코걸이 식으로 조금이라도 일제의 황민화정책과 내선일체 정책에 반대하는 기미만 보여도 즉시 체포하여 감옥에 가두고 모진 고문을 가하여 결국 옥사하게 만드는 공포의 시기가 이어지고 있었다. 참으로 일제의 감시가 무서웠던 시절이었다. 대한사람들은 아이가 울면 '저기 순사가 온다'라는 말로 아이의 울음을 그치게 할 정도였다.

일제강점기의 많은 지식인들이 이 때 거의 친일로 돌아서게 되었다. 따라서 김동인이 당시 친일행각을 하였다고 해서 이를 매도하기 보다는 당시의 상황이 얼마나 목숨부지하기 어려웠는가를 생각하며 가슴아파할 일이라고 생각한다.

「星巖의 길」에는 다음과 같은 글이 눈에 띤다.

> 星巖이 京都에 둘러보니 江戶의 막부에 비해서 天皇이 사는 곳은 너무나 초라하였다. <천자의 계신 곳이 이렇게 검

소하고 질박하거늘 덕천씨(德川氏)는 제 무엇이길래 그렇듯 호화롭고 그렇듯 뽐내는가. 보지 않고 생각지 않고 대조하지 않아야지, 보고 생각하고 대조하자면 불끈 불끈 불쾌와 노염이 솟아올랐다.>

이 내용은 덕천시대(德川時代) 강호막부시절의 일왕의 처지에 대한 기술이다. 하지만 덕천씨(德川氏)는 무장(武將)으로 무력의 힘으로 일본을 통일하여 치세한 군주의 레벨이다.

만일 우리나라와 같은 경우였다면 덕천씨는 충분히 왕가를 몰살시키고 자신이 군주의 위에 올랐을 것이다. 그것이 바로 역성혁명(易姓革命)이라는 것이다. 그러나 덕천씨는 왕가를 멸족시키지는 않았다. 그것만으로도 덕천씨는 왕가에 은혜를 베푼 것이 된다. 따라서 소설 내용은 김동인이 그러한 일본의 역사를 깊이 있게 헤아리고 있지 않았다는 결론에 이른다. 즉 일왕이 초라하게 사는 것은 당연한 일에 속한다.

오히려 이 글의 내용은 차라리 우리 역사의 대한제국의 현실과 대조시켜 생각하는 것이 타당하다는 생각이 필자에게는 든다. 즉 덕천씨를 일본제국주의로 바꾸어 간주하면

<일본제국주의자들이 무엇이길래 무력으로 대한제국의 우리황제를 겁박하여 국권을 빼앗아 우리 국민의 처지가 이와 같다는 것을 생각하고 대조하자면 불끈 불끈 불쾌와 노염이 솟아올랐다>

로 바뀔 것이다. 이렇게 본다면 『星巖의 길』을 친일성의 작품이 아니라고 생각해 볼 수도 있을 것 같다.

당시는 치안유지법은 말할 것도 없고 경찰법 등 여러 법령으로 우리 작가들은 공포정치 속에 있었다. 일제를 찬양하는 것 같은 내용의 소설을 쓸 수밖에 없었을 것이라는 그간의 시대적 상황이 감안되어야 한다.

2. 친일론

친일인명사전편찬위원회 출범 기념론으로 『친일문학론』(親日文學論, 2003년)을 출간한 저자 임종국(林種國)은 김동인론에서 다음과 같이 김동인을 비판했다.

> 1944년 8월 - - - 조선의 역사소설은 마침내 김동인에 의해서 조선 역사를 버리고 일본 역사에서 취재한다는 넌센스를 빚어내고 말았다. 물론 김동인 이외에도 일본 역사를 소재로 소설을 쓴 사람이 없지 않으나 .... 그러나 김동인의 경우는 이와 달랐다. 創造를 간행한 이래 25년, 물론 단편의 분야에서도 뛰어났지만 동인은 어쨌든 역사소설이라는 분야에서도 거장이었고 작품 또한 본격적인 것이 많았기 때문에 문제는 달라지게 되는 것이다. 그리고 동인은 야담 사화류에 이르기까지 적잖은 애착과 관심을 조선의 역사에 대해서 기울인 사람이 아니었던가? 이렇기 때문에 동인이 일본 역사를 소재로 소설을 썼다는 것은 실로 획기적이라고 할 수도 있는 사건이었다. 그리고 이것이 황민화운동과 내선일체의 혜택이었음은 두말할 필요도 없는 것이었다.[73]

임종국은 김동인이 친일적인 역사소설을 쓰게 된 경위가 일

---

73) 임종국, 『親日文學論』, 민족문제연구소, 2003. 186쪽.

본의 황민화운동과 내선일체 정책에 호응하기 위한 것이었음이 확실하다고 밝히고 있다. 그리고 『星巖의 길』이 그 문제를 일으키는 장편이라고 다음과 같이 주장했다.

> 이 문제의 장편은 「星巖의 길」(朝光, 44. 8 - 12), 주인공은 梁川星巖이요 그는 德川막부 말기의 시인이며 安政 5년 막부가 양이근왕론자(攘夷勤王論者)들을 체포했을 때 25편의 시로서 시사(時事)를 개탄 비판했다는 사람이다. 근왕론자들은 모두 星巖을 수령이라 불렀고 명치 24년 正四位를 추종받았으나 星巖은 막말의 국수론자(國粹論者)요 근왕의 선비가 되는 셈이다............ 천하를 주유하는 星巖이 京都에 들러보니 江戶의 막부에 비해서 천황이 사는 곳은 너무나 초라했다. <천자의 계신 곳이 이렇게 검소하고 질박하거늘 덕천씨(德川氏)는 제 무엇이길래 그렇듯 호화롭고 그렇듯 뽐내는가. 보지 않고 생각지 않고 대조하지 않아야지. 보고 생각하고 대조하자면 불끈 불끈 불쾌와 노염이 솟아올랐다.> 星巖은 그 후로도 여러 학자 시인을 교우하며 시도(詩道)를 닦고 문명(文名)을 얻는다. 星巖이 교우하는 사람 중에는 賴山陽도 있었다. <우리는 어디까지나 일본인이니까, 우리의 부족한 건 혹은 저나라(중국)에서 빌어 온다 할지라도 그것을 빌어다가는 우리에게 적합하도록 소화시켜서 쓰는 일이 옳을 것이외다>라는 사상을 소유자 賴山陽은 <星巖에게 있어서는 진실로 좋은 후원자였다. 星巖을 위해서는 몸이나 정성이나 아끼는 것이 없었다.> 어느날 賴山陽은 星巖을 찾았다. 폐결핵으로 각혈한 賴山陽은 강 한복판에 배를 띠우고 日本外史며 日本政記에 따르는 저술이, 즉 <글의 교화적 선전력을 이용해서 우리나라 국체사상을 백성들에게 침투케 해 보려던 게 내 필생의 사업>이었다고 고백하고 후계자가 되어 줄 것을 청한다. 일대의 석학 賴山陽의 우국의 충정에 감격하며, 星巖은 <꾸준

히 국민정신을 지도해 주지 않으면 국민정신은 퇴폐해 버릴> 것이라는 賴山陽의 말에 힘찬 답변을 하지만 이 소설은 여기서 <작자의 사정에 의해서> 중단되고 말았다.[74]

임종국은 『星巖의 길』을 상기와 같이 소개하고 『星巖의 길』을 쓴 김동인에 관해 다음과 같은 견해를 밝혔다.

> 『星巖의 길』은 아마도 명치유신(明治維新)의 숨은 원동력이 된 梁川星巖 등 국학자와 근왕지사들을 통해서 국체에 눈떠가던 명치유신 전후의 일본을 그리고, 그럼으로써 소화유신(昭和維新)을 당한 국민들에게 국민의식을 고취하려는 의도인 듯하다. 소설 자체가 중단되었으니 무어라 단언할 수는 없었다. 그러나 이런 소설을 쓴 것을 보니 김동인도 국권을 회복하려던 그들 근왕지사며 학자들의 사상이 사대주의자들의 그것에 비해서 훌륭했음을 인식하기는 한 모양이었다.[75]

인용문에서 임종국은 김동인이 『星巖의 길』을 쓴 것은 유신혁명(=明治維新)을 일으켜 성취한 신정부요인들 배후의 국학자와 근왕지사들을 찬양하고 그들의 뜻을 이어받을 것을 고취하는 의도로 본다는 견해를 밝히고 있다.

여기서 임종국이 크게 잘못 알고 있는 부분들이 있다. '소화유신'이란 것은 1926년 이후 30년대에 일본의 우익과 군벌의 과격파가 중심이 되어 일본국가개조론(日本國家改造論)을 주장한 그들의 슬로건이다. 유신혁명을 배우며 강력한 일왕중심주의의

---

74) 임종국, 상게서, 188쪽.

75) 임종국, 상게서, 188쪽.

국체론(國體論)을 주장했다. 소화유신론을 주장한 주요 멤버들은 마침내는 제거 당했다. 이후 일본은 파시즘으로 향했다.

또한 '근왕지사와 학자들의 사상이 사대주의자들의 사상에 비해 훌륭했다는 인식을 가졌던 것같다'는 말도 큰 잘못이다. 임종국은 사대주의를 중국에 대해서의 사대로 생각하고 일본의 근왕지사들이 사대주의에서 벗어나 일본의 국권을 회복하자고 일어선 것으로 잘못 알고 있다는 판단에서다.

앞서도 밝힌 바와 같이 일본의 근왕지사들은 장군이 통치하는 막부를 토벌하고 일왕이 정권을 잡는 일을 도모했던 것이다. 사대주의와는 하등 관계가 없다.

이어서 임종국은 황군위문작가단에 김동인이 참가하고 있음을 밝혔다.

> 다음, 1939년 4월 박영희, 임학수, 김동인으로써 구성되었던 황군위문작가단(皇軍慰問作家團)은 박영희 일파 — 다시 말해서 前 프로문학 계열의 문사들을 제외한 나머지 문단인들이 행동으로써 일제에 협력한 최초의 케이스로서 특히 기록될만한 사건이었다.76)

76) 임종국, 상게서, 188쪽.

❺ 수필「감격과 긴장」

김동인이 쓴 글 중 가장 친일색체가 농후한 것으로 상기한 임종국은 수필「감격과 긴장」(每新, 1942. 1. 23.)을 예로 들고 있다.

「감격과 긴장」에는 다음과 같은 내용이 들어 있다.

> 우리들 문단인이 시국에 깊은 관심을 가지고 내선일체(內鮮一體)로 국민의식을 높이 가게 된 것은 만주사변 이후다. ....다시 大東亞戰이 발발되자 인제는「내선일체」도 문제거리가 안되었다. 지금은 다만「일본신민」일 따름이다. 한 天皇陛下의 아래서 생사를 같이 하고 영고를 함께 할 백성일 뿐이다.「내지」와「조선」의 구별적 존재를 허락지 않는 한 민족일 뿐이다. 역사적으로 종족을 캐자면 다를지 모르나 일본인과 조선인은 지금은 합체된 단일민족이다......... 이미 자란 아이들은 할 수 없지만 아직 어린 자식들에게는「일본과 조선」의 별개 존재라는 것을 애당초부터 모르게 하려 한다. 대동아전이야말로 인류역사재건의 성전(聖戰)인 동시에 나의 심경을 가장 엄숙하게 긴장되게 하였다.[77]

이 글이 쓰여 진 1940년대는 남차랑(南次郎, 미나미 지로, 육사, 6기)이 조선총독으로 있던 시절이다. 그는 무장군인으로 악덕총독으로 이름이 높다. 그는 '내선일체'를 더욱 강화하였는데 그가 지시하는 내선일체는 참으로 무시무시한 것이다. 우리민족이 형태(形)도 마음(心)도 피(血)도 육체(肉)도 모두가 일본인과 일체(一體)가 되는, 간단히 말해서 우리민족의 완전한 일본인화

77) 임종국, 상게서, 190쪽.

를 뜻하는 것이었다. 이 지구상에서 우리민족의 국토와 민족이 완전히 사라지는 것을 뜻한다.

남차랑 등이 내선일체를 앞세우며 시행한 강력한 황민화정책(*우리민족을 일왕의 신하로 만든다는 정책)은 긴급한 대한반도의 전쟁동원체제의 확립에 있었다. 조선인학도병, 종군위안부, 창씨개명, 일본어 사용, 공출, 신사참배 등이 이 정책의 핵심이다.

더구나 잊을 수 없는 점은 당시의 물자 궁핍을 이유로 책을 만들 종이 수급이 완전히 총독부 관할에 있었던 점이다. 총독부 지시대로 종이수급이 이루어졌다. 이런 상황에서 우리 문인들의 문학 활동이 얼마나 어려운 처지에 있었는가는 가히 짐작을 하고도 남음이 있다.

김동인은 1941년 7월 7일 라디오 프로 「전쟁문학의 밤」에서 「어떤 간호부의 수기」라는 자신의 소설을 낭독했고 1942년 1월 6일 매일신문에 수필 「太平洋訟」 등을 발표하면서 일본의 국책에 협력하는 글들을 썼다.

1944년 이후부터는 더욱 그러한 경향이 심해졌다. 「총동원 자세로」(每新, 44. 1. 1－4.) 「징병제 실시 隨感」이라는 부제로 「반도민족의 황민화」를 논했다(每新, 44. 1. 16.－28.). 수필 「일장기의 물결」(44. 1. 20.)을 써서 <학병 보내는 세기의 감격>을 표명했다.

임종국은 자신의 『친일문학론』에 관해

> 이 책은 일제말엽으로 접어든 전후 10년간 일제가 어떻게 문화침략을 일삼았으며, 또 그 밑에서 조선 작가들이 어떻게 작품활동을 했는가를 고찰함이 주목적이다. 따라서 이

장은 작가들의 본질이 자연주의자건 낭만주의자건 혹은 또 주지주의자건 그 문제는 여기서는 상관이 없다…….[78]

라고 밝히고 있다.

하지만 여기에서 반드시 짚고 넘어가야할 것은 우리문인들 중의 친일행각에 관해서는 필자가 밝히고 온 바와 같은 당시의 시대상황이 반드시 고려되어야 한다는 점이다.[79]

❻ 김동인의 단편소설론

1. '단편소설은 압축된 인생기록이다'

김동인은 단편소설에 대해 자신의 확고한 견해를 밝히고 있다. 그가 어떠한 자세로 단편창작에 임하였는가를 살펴보는 것도 무척 유용한 일이다.

장편소설과 단편소설의 구별은 형식에 있다. 간단히 말하자면 장편소설은 비교적 산만한 인생의 기록이다. 그러나 단편소설이란 '단일한 효과를 나타내는 압축된 인생기록으로서 단 한 개의 의미를 나타내기 위하여 가장 간단한 필치로 기록된 가장 간명한 형식의 소설이다. 그리고 그 단편소설에 직접 간접 간 필요 없는 句는 한마디도 삽입되는 것을 허락

78) 임종국, 상게서, 186쪽.

79) 고영자, 『일본의 미카도이즘 대두와 일제강점기』『일본의 파시즘과 대한민국임시정부기』 참조.

하지를 않고 그 이상 한 구절이라도 더 삽입되면 본시 그 소설이 나타내려는 효과를 전연 파괴해 버리거나 적어도 別物로 변하리만치 압축된 기록이다.

조금 더 구체적으로 예를 들어 말하자면 위에서도 말한 바모팟산의 「殺親者」에 말미에 일행만 더 첨가하면 지금껏 나타내든 원작의 효과와는 별개의 의미를 가지게 되는 것으로도 알 수 가 있을 것이다......... 統一된 印象, 單一의 情緖, 보다 더 기교적인 필치 — 이것이 단편소설의 특징이다.

.... 간단히 그것을 감정하자면 어떤 소설을 讀了한 뒤에 독자의 마음에 단일적으로 예각적으로 보다 더 순수하게 감수되는 것은 단편소설이오, 讀了 후에 침중하게 광의적으로 산만하게 감수되는 것은 장편소설이다.

소설을 읽음에 있어서 장편소설과 단편소설에 내해시 이만한 막연한 구별점이라도 알고 읽으면 좋겠다. 길면 장편소설 짧으면 단편소설이라는 것은 너무도 무지한 구별이다.[80)]

김동인의 단편소설에 대한 견해에는 에드가 알란 포의 단편소설의 이론이 상당히 많이 도입되었다고 본다. 실제로 김동인은 일본에 가서 문학 수업을 할 당시 에드가 알란 포에 관심이 컸다. 이는 다음과 같은 발언에서 확인된다.

그러는 가운데 또한 특별히 잊어서는 안될 사건이 있으니 19세기 초부터 에드가 알렌 포를 原祖로 하여 시작된 한 소설의 형식 短篇小說에 대하여서다.[81)]

---

80) 김치홍 편저, 상게서, 58쪽.

81) 김동인. 「小說作法」 全集 6. 214쪽.

■ 에드가 포의 단편소설론

에드가 알란 포의 단편소설에 대한 견해는 그가 나타니엘 호손의 『두 도시 이야기』(*Twice Told Tales*)를 비평한 데서 유명해졌다.

> 숙련된 작가가 하나의 작품을 구성했다고 하자. 그가 현명하다면 이야기의 사건에 적합하지 않은 자신의 생각을 지어내지는 않는다. 그는 주의 깊게 어느 독특한 유일한 효과가 생겨지도록 고안하여 사건을 만들어낸다. 이어서 이왕에 고안한 효과를 발산하도록 가장 형편이 좋은 그것들의 사건들을 연계해나간다. 만일 도입부분 문장으로부터 이 효과를 내는 데 기여하지 못한다면 그는 제일보에 이미 실패한 것이다. 직접적이든 간접적이든 우선 확립된 하나의 구성의 성격에 맞지 않는 말은 한마디도 작품 전체 안에 있어서는 안 된다.[82]

인용문은 포가 단편소설의 본질을 파헤친 것으로 이 단편소설에 관한 정의는 오늘날까지도 누누이 단편소설의 특성을 말하는데 인용된다. 그리고 이 포의 견해에는 단편소설의 창작에는 플롯 구성의 기반으로서 특히 surprise ending[83]이 기본적인 요청이 되고 있다.

다시 말해서 플롯구성의 정확성, 一語一句의 효과가 적절하고 주제의 선명함, 전체적 통일의 엄밀함, 또한 복선의 자연스

82) *The Literature of the United States* – an Anthology and a History – – vol. 1. 648쪽.
(고영자. 『일본의 지성 아쿠타가와 류노스케』. 전남대 출판부. 2000. 285 – 289쪽. 참조)

런 설치가 가장 요구되는 부분이다.

이와 같은 것은 플롯 구성을 기반으로 하는 단편소설, 특히 surprise ending을 지닌 단편소설의 플롯 구성에서는 최고의 기교를 요한다. 포의 단편소설론은 일반적으로 거의 통용되는 금과옥조다.

■ 서두의 중요성

에드가 포는 또한 단편소설의 도입부분의 중요성을 설파했다. 서두 부분이 잘 되어 있지 않은 단편은 수작이 될 수 없다고 했다.

2. O · Henry ending(=surprise ending)
- 말미의 중요성

김동인은 surprise ending의 기교를 상당히 염두에 두고 있었다.

> 조선에 있어서 O · 헨리씨의 뒤를 밟은 사람 가운데 李泰俊氏가 있다......... 그리고 O · 헨리의 작품은 모두 일본의 소위 '落語'와 같이 최종의 기경(奇警)한 一句로서 독자를 아연케 하는 종류의 것이므로 단편소설의 최후의 일절(클라이막스)과 동일한 것으로 오인되기가 쉬워진다.[84]

여기서 김동인은 오 헨리의 단편소설의 말미의 기경한 一

84) 김치홍 편저, 상게서, 57쪽.

句를 이미 주의하고 있었다는 것이 확인된다. 이 '말미의 기경의 一句'야 말로 오 헨리의 surprise ending의 기교이기 때문이다.

■ O · Henry ending(=surprise ending)

'O · Henry ending'을 설명하기 위해 O · Henry(1862 – 1910)의 단편 *After Twenty Years*를 예로 들어본다.

종래의 소설비평에서는 인물묘사와 성격묘사는 별로 구별하지 않고 있었다. 그런데 이 작품에서 작가는 풍모, 경력, 성격, 심리의 4개의 면에서 '폿프'라는 하나의 인간상을 설정해 놓고 있다. 무척 새로운 시도다.

그리고 작품의 크라이막스에서 전혀 의외의 사건이 발생하여 이야기는 파국에 도달한다. 그래서 독자는 작중의 인물 폿프와 마찬가지로 아연해 질 수밖에 없게 된다. 일이 이렇게 되기까지에는 이야기의 트릭이 비장되어 있었기 때문이다. 즉 이야기 속에서 모습을 감추고 사라져 있던 순경이 다시금 독자의 눈앞에 모습을 나타내면서 모든 복선이 명확하게 드러난다.

이런 방법이 surprise ending이라든가 O · Henry's ending이라 일컬어지는 것은 오 헨리가 이 방법을 가장 많이 사용하여 성공한 때문이다. 이는 이야기 중에 돌리는 것이 있다는 의미로 이것을 Twist라고 말하는 일도 있다.

O · Henry's ending은 플롯이 끝났다는 것의 의미 이외에 이것은 항상 이야기의 일부분적인 요소가 전체적으로 통일을 가져와 이야기 전체의 구성과 의미가 계시하는 계시의 순간

(Moment of Iluminiantion)이어야 한다는 것이다.

계시의 수단 내지 키 모멘트(Key Moment)는 이전에 일어난 모든 사건이 초점으로 가져와져 그것들의 의미가 해명되는 순간이고 또한 이야기의 전체를 위한 계시적 순간이다. 그것은 이야기의 골자이고 그 안에 적어도 암시에 의해 이야기의 총괄적 의미가 포함되어 있다.

이러한 요소를 갖추었을 때, 이러한 계시적 순간이 있음으로써 비로소 surprise ending은 기교로서의 의미를 지닌다.

■ 김동인의 기교론

김동인이 오 헨리의 단편소실을 읽고 그의 surprise ending의 기교를 말하고 있는 대목이 있다. 다음과 같은 「아메리카의 이야기」에 관해서다.

> 「아메리카의 이야기」
>
> 한 청년과 한 소녀가 서로 연애를 한다. 풋사랑이니만치 사랑의 정도도 매우 기렸다. 크리스마스가 가까웠다. 서양의 풍속으로는 크리스마스에는 반드시 서로 무슨 선사를 해야한다. ....사내는 생각하였다. 내 애인은 쉽지 않은 美髮의 주인이다. 그러나 가난하기 때문에 그 미발을 장식할만한 빗이 없다. 크리스마스 프레센트로 빗을 하나 사주면 어떨까......... 고. 여자는 생각하였다. 내 사랑하는 이는 시계를 하나 가지고 있어서 끔찍이도 애지중지하는데 유감인 것은 시계의 줄이 없는 점이다. ...... "당신의 시곗줄을 사드리기 위해 머리를 잘랐소이다."...... "시계 없는 내게 시곗줄은 무슨 필요가 있겠소." ....이것은 오우 · 헨리의 「The gift of magi」소설의 大要다.[85)]

김동인이 단편의 말미를 대단히 중요하게 생각하고 있었던 것을 알 수 있는데, 다음의 인용문도 참고 된다.

> 목공이 살인자가 되어 법정에 서고........ 목공은 자백하기를 그 신사는 자신의 친부고 자기는 그 신사의 사생아다......... 그런데 여기서 좀더 나아가서 생각할 점은 만약 이 소설의 말미에 "재판관은 그 목공에게 무죄의 판결을 나렸다........."는 일행만 더 가하면 어떻게 될까? 그러면 아직껏 비극의 갈등 등을 말하던 이 소설은 홀연히 변하여 '감정'이라 하는 것을 설명하는 소설이 될 것이다. 그 말미를 또 다르게 "배심관도 목공의 심사를 동정하였다. 그러나 법은 굽힐 수가 없었다. 목공은 드디어 사형의 선고를 받았다'고 하여 놓으면 그 소설은 또한 홀연히 변하여 '법률과 인생문제'라는 또 다른 문제를 말하는 소설이 될 것이다. 여기 단편소설을 붓하는 사람이 잊어서는 안될 중대한 문제가 걸려 있다. 단편소설이라는 것은 가장 압축된 감정의 표현이기 때문에 一字의 가감도 용서할 수 없다. 무지 혹은 몰이해한 일자의 가감은 그 작품 전체를 별개의 물건으로 만들기 쉬운 것이다. 더구나 단편소설에 있어서는 기교상 대개 그 클라이막스를 말미에 두기 때문에 말미의 일점 일점의 가감은 그 물품 전체의 가치를 좌우하는 것이다.[86]

중요한 부분이라 생각해서 조금 길게 인용했다. 김동인이 단편의 말미에 얼마나 큰 비중을 두고 있었던 가를 확인시킨다.

---

85) 김치홍편저, 상게서, 53－55쪽.

86) 「모파상의 '살인자'에 대하여」, 상게서. 56쪽.

3. 단편소설의 특징

단편소설은 희곡이 상연시간을 지켜야 하는 것처럼 일정한 시간 내에 단숨에 한꺼번에 읽어나갈 수 있어야만 한다. 에드가 포는 '반시간이나 한두 시간'에 읽을 수 있는 것이고 '이하는 다음에'라는 제멋대로 미루는 일은 있을 수 없다고 했다.

작품에 나타나는 인상의 깊이와 통일성을 산만하게 하지 않기 위해서는 단번에 읽을 수 있는 정도의 길이가 적당하다고 포는 말한 것이다.

단편소설은 이러한 시간적 제약이 있기 때문에 이것저것 쓸 수는 없다. 수제를 정하고 주제에 따라 집약적으로 표현해내야 한다. 깊이 있는 주제를 택했을 적에는 생활의 단면에 후랏쉬를 비쳐대는 것처럼 묘사해야 하고 또는 암시적, 상징적인 묘사법이 요구된다.

장편소설은 원칙적으로 그러한 시간적이거나 분량의 제한이 없다. 작가는 쓰고 싶은 것은 무엇이고 모두 기술하는 것이 가능하다. 시대의 큰 흐름을 기술하는 것도 가능하고 몇 사람의 운명이나 계급적이거나 성격적인 갈등을 통해 일정한 사회의 계급적 구조와 그 발전의 방향 등을 표현해 낼 수 있다.

이처럼 장편소설은 분량의 제한도 없고 기술하고 싶은 것은 무엇이고 쓸 수 있어 무척 자유로운 예술형식이다.

그런데 장편소설은 독자가 읽다가 피로하면 일단 중단했다가 다시 읽을 수도 있어 통일적인 인상을 방해받을 수 있다. 즉 단편소설의 경우와 달리 중간에 읽기를 그쳤다가 다시 읽게 되는 경우가 흔하므로 다시 계속해서 읽고 싶을 만큼의 흥미가 요구되는 조건도 따른다.

■ 단편소설이 주류가 된 근대 국문학계

우리나라 국문학의 근대문학의 경우에는 장편보다는 단편소설이 주류를 이루었다. 우리의 근대는 대한제국이 일본에게 강제 잠령당하여 주권을 빼앗기고 그 이후 대한임시정부가 해외에서 주권회복운동을 강력하게 펼쳐나가는 시기에 해당된다. 따라서 국문학은 자연히 일본의 예리하고 무시무시한 감시하라는 시대적인 제약성을 받고 있었다.

장편소설이 성행할 수 있는 독자층의 확보나 상업상의 어려움 그리고 장편소설을 제작할 때 부수되는 경제적 어려움도 크게 작용되었을 것이다. 이런 여러 사정이 장편소설보다는 단편소설을 성행시켰을 것으로 생각된다.

四. '고양이 계보'로 본 고월론

❶ 고월의 우울

오늘날까지 고월(古月) 이장희(李章熙)[87]의 대표시로 알려지고 있는 <봄은 고양이로다> <고양이의 꿈> <청천의 유방> 등의 시들이 감각적 표현이 뛰어나 있다고 대체로 평가되면서 고월은 '감각의 서정시인'으로 칭해져왔다.

일찍이 고월의 동향의 시우 吳相淳[88]은 '이장희는 죽었으나 고양이는 살아있다.'[89]라고 극히 짧은 말로 고월의 시작품을 평가한 일이 있다. 필자는 고월을 '고양이 시인'이라는 별칭을 붙이고 싶다.

고월의 논자들은 고월의 시들 중에 대두하는 '고양이'를 거의 실물의 '고양이'로 논하고 있고 또한 거의 그 '고양이'를 '약동하는 고양이'로 해설하고 있다.[90]

---

86) 李章熙, 1900. 11. 9. 대구 출생.

88) 吳相淳. 1894. 8. 9. 서울 출생.
1912. 同志社大學입학. 동대학 졸업후 귀국.
1920. 金億, 黃錫禹 등과 [廢墟] 동인 되다.
1925. <허무혼의 독백> 발표.
1963. 「空超吳相淳」 시집 간행.

89) 白基萬편. 「尙火와 古月」 청구출판사. 1951. 9. 197쪽.

90) ① 널리 알려진 작품 <봄은 고양이로다>는 고양이의 모습에 어린

하지만 필자는 고월의 '고양이'는 실물의 '고양이'가 아니라는 견해를 갖고 있다. 즉 그의 '고양이'는 실물로서의 '고양이'가 아닌 시인의 '우울'이 표상된 상징어로 보고 있다. 그리고 논자들의 '생명의 약동' '잘생긴 고양이 녀석 한 마리,[91] 봄의 생명력' 등의 논의에는 강한 반론을 제기한다.

> 봄은 나를 버리고겻길로돌아가다..................
> 倦怠와 憂鬱과참회로된 무거운보퉁이를들러메고...............
> 눈물지우더니라
>
> – 〈봄하늘에 눈물이돌다〉 에서

> 봄안개 어리인 시내 ㅅ가에, 푸른 고양이 ....
> 그저 쓸쓸한 모래우에 鮮血이 흘러잇소
>
> – 〈고양이의 꿈〉에서

이들 시구에서 한결같이 눈물로 범벅이 된 우울한 봄, 모든 인간적인 의욕이나 욕구에 번민하다가 결국은 실의하여, 마음을 잃아 피투성이 된 채로 쓸쓸한 모래 위에 허덕이다 쓰러지는 고월의 염세의 우울한 봄을 찾아낼 수 있다.

봄의 기운을 정확하고 예리하게 묘사해, 마지막 대목에서 "날카롭게 쭉뻐든 고양이의 수염에/ 푸른봄의 生氣가 뛰놀아라"고 했듯이 생명의 약동을 느끼게 했다. ② 「봄은 고양이로다」는 특이하게도 고양이를 통해 봄의 모습과 분위기를 노래하고 있다........고양이라는 매체를 통해 감각적으로 제시한다. 그러므로 이 작품을 읽는 데는 무엇보다도 감각이 중요하다....... 어느 봄날 양지쪽에 앉아 한껏 봄기운을 즐기고 있는 잘 자란 고양이 녀석 한 마리를 상상하면서 봄의 분위기를 느껴보자. 봄의 향기, 생명력, 나른함 등을 고양이의 특징적 모습과 결부시킨 관찰이 매우 미묘하고 신선한 감각으로 다가올 것이다.

91) 김윤식, 『김윤식교수의 시 특강』 Ⅰ. 상게서, 83쪽.

뿐만 아니라 필자는 고월의 시 전부에서 대체로 그를 자살(29세에 음독)로 몰고 갈만큼 깊었던 실의, 고독, 권태, 우울만이 멜로디처럼 흐르고 있음에 유의한다.

다시 말해서 그는 29세의 젊은 나이로 사진 한 장도 유서도 남기는 일 없이 자살한 대한 근대시인 중에서도 가장 불행한 생애를 마친 고독병의 시인이다. 세상과 타협할 줄 모르는 고고한 성품과 현실세계를 긍정적으로 볼 수 없던 결벽증은 부유하고 가문 좋은 집안에서 태어났으면서도 그의 짧은 생애는 오직 뼈아픈 가난과 고독, 염세의 눈물로 얼룩지는 우울한 한 평생이었다.

따라서 고월의 '봄'은 권태와 우울의 봄으로 볼 수 있다. 모든 만물이 동면에서 깨어나 약동하는 생동감 넘쳐흐르는 봄이 오히려 그에게는 날카로운 신경만이 곤두서고 고독이 심어지고 우울이 자라는, 그래서 그의 의식세계가 어두운 그늘만으로 침잠해 가는 번민의 계절로 보는 것이다.

고월은 여러 면에서 일본의 상징주의 시인 萩原朔太郎(하기와라 사쿠타로, 1886~1942, 이하 朔太郎)과 근친성을 지니고 있다. 가문이 좋은 부유한 집안에서 태어난 것이 그렇고 결혼생활이 집에서 주선한 여자와의 삶이어서 그런지 행복하지 못했던 점, 술을 잘 마시고 현실에서 도피하고자 하고 생의 권태와 고독, 우울만으로 대처하고 있었던 고독병의 성격, 그래서 그들의 작품인 시에서도 많은 공통성을 발견한다.

또한 朔太郎의 전성기에 고월의 시작 활동이 시작되었다는 점은 고월이 朔太郎의 영향을 받았다는, 거의 틀림없다는 확증을 필자에게 갖게 한다. 朔太郎은 처녀시집 『달에 짖다(月に吠

える)』(1916년)를 간행하였고 7년 후에 제2시집 『青猫』(1923년)를 간행하였다.

더구나 고월의 '고양이 작품' <봄은 고양이로다> <고양이의 꿈>은 朔太郎의 제2시집 『青猫』의 「青猫」(푸른 고양이)의 영향을 연상하기에 충분하다. 그리고 고월의 '고양이'가 그의 시의 중요 모티브가 되고 있는 것처럼, 朔太郎에 있어서의 <猫(고양이)>도 朔太郎의 시의 성격을 완전히 판가름할 수 있는 열쇠가 되고 있다.[92]

또한 고월은 불란서 상징주의 시인들과도 무척 밀접해 있었다. 보들레르나 베르레느는 불란서 상징주의 시인이다. 朔太郎도 역시 일본문학사상 상징주의 시인이라는 것에도 주목이 간다.

고월의 가장 절친한 시우 백기만은 다음과 같이 술회한 일이 있다.

> 그는 베르레느의 시를 가장 좋아하여 베르레느의 일역(日譯) '아키노히노비오론노고도꾸'하면서 즐겨 口誦하는 것을 들었고 보들레르의 [악의 꽃]을 시로서는 좋다고 칭찬하는 것을 들은 적도 있다. 그는 불어학력은 전연 없었으므로 불문학 감상은 일역을 통한 것이요,....... 추원삭태랑(萩原朔太郎)이 낫다고 하였다.[93]

고월은 일어에 능통 했다. 고월은 1917년 도일하여 일본의 명문 京都중학교에 수학하고 졸업했다. 그리고 그가 산 시대

92) 필자는 고월의 고양이는 한글로 그대로 '고양이'로 쓰고 朔太郎의 고양이는 '猫'라는 한자로 써서 구별하고자 한다.

93) 「봄은 고양이로다」. 200쪽.

가 일본 점령치하였던 것을 감안 할 때 고월은 일본어에 능통했던 점이 감안되고 또한 고월이 시작 활동을 하던 당시의 일본문단이 상징주의가 거의 막판에 이르고 있던 시기라는 점은 고월이 일본의 상징주의 물결에 휩싸여 있었을 가능성이 커진다.

이 점은 고월시의 이해에 도움이 되고 또한 여기서 확실히 정립하고자 하는 고월의 시사적 위치 정립에도 대단히 중요한 관건이 된다. 이는 고월을 우리 국문학사상에 상징주의시인으로 규정할 수 있는 여건으로 작용하고 있다고 본다.

필자는 고월이 '고양이 시인'임에 착안하여 '고양이'에 초점을 맞추어 고월의 푸른 고양이 ← 朔太郎의 青猫(청고양이) ← 보들레르의 고양이(=관능의 고양이) ← 포의 黑猫(흑고양이)라는 '고양이 계보'를 임의로 만들었다.

이에 필자는 '고양이 계보'를 염두에 두면서 고월의 시를 분석 고찰하여 그의 시의 특질과 개성을 구명하고자 한다. 또한 이를 통해 그의 국문학 시사상의 위치를 확고히 규정하려 한다.

❷ 고월의 '고양이 계보'

포의 '黑猫'(검은 고양이) ➡ 보들레르의 '관능의 고양이' ➡ 朔太郎의 '靑猫'(푸른 고양이) ➡ 고월의 '푸른 고양이'

1. 고양이 계보

고월에게 상당한 영향력을 행사한 일본의 시인 朔太郎은 자신에게 세 스승이 있다고 했다. 에드가 알렌 포(Edgar Allan Poe), 니체, 토스토 에프스키이다. 이들은 자기의 전부를 이해하는데 도움이 되는 사람들이며 그중에서도 특히 포의 작품들은 자신의 성서[94]였다고 기술했다. 이들 세 사람을 朔太郎는 우주의 경이여서 사람의 힘으로 따를 수 없는 천재라고 경탄했다. 한편 불란서 상징주의 시조인 보들레르에 대해서는 '그들 세 사람보다는 대단히 인간적이며 우리들에게 극히 상식을 느끼게 하는 사람'[95]이라고만 평했다.

朔太郎이 성서처럼 여기고 있던 포의 작품으로는 「앗샤가의 붕괴」 「리지아」 「黑猫(*Black Cat*)」 등을 들 수 있는데 이 '黑猫'는 그의 시집 『靑猫』(푸른 고양이)에 크나큰 영향을 주고 있다.

여기에서 고월의 <고양이>에는 계보가 생겨진다. 포의 '黑고양이' → 朔太郎의 '靑猫' → 고월의 '푸른 고양이'이다. 이는 뚜렷한 영향관계로서의 혈맥을 잇고 있다.

포의 '黑고양이'(검은 고양이)는 옛부터 전설로 내려오는 검은

---

94) 『萩原朔太郎』, 文藝讀本, 1998. 104쪽.

95) 같은 책. 104쪽.

고양이에 얽혀있는 마성과 요괴스러움 등을 강조하면서 그것을 근대시인의 고독과 우울이라는 이상심리에 연결시키고 있는 데에 중요한 의미가 있다.

이것은 상당히 중요성을 내포하고 있는 것으로 포의 '黑고양이' 이후 여러 시나 산문 속에 포의 '黑고양이'와 맥을 같이하는 '고양이'가 대두되고 있었고 특히 상징주의 시인들의 작품 속을 배회하기에 이르렀다.

보들레르의 『악의 꽃(*Les Fleurs du Mal*)』의 '고양이', 말라르메의 <가을의 한탄>(산문시), 베르레느의 <여자와 猫> 등에서 '고양이'를 볼 수가 있다. 단지 이들 불란서 상징주의 시인들에 있어서는 포의 '黑고양이'와 계통을 같이 하면서도 에로틱한 면이 강조되어 고양이가 여자와 일체가 되고 있는 것이 다른 점이다.

2. 고월은 상징주의 시인이다

1) 고월이 상징주의 시인일 수 있는 여건

상징주의 시는 원래 언어표현이 불가능한 심정을 언어기호에 상징의 입김을 불어 넣어 표현하는 것을 기도하는 것이 원칙이다. 그리고 상징주의는 상징적인 시라고 하는 것과는 그 의미를 달리한다. 상징적인 내용을 함유하고 있다고 해서 그러한 시를 모두 상징주의 시라고는 할 수 없다. 상징주의 시인이라는 것은 보통 문학사적으로 상징주의 시대에 속해 있으면서 상징주의 시풍을 지닌 시인에 국한된다는 점을 고려해야 한다.

상징주의가 불란서 보들레르에서 시작되어 각 나라로 영향을 주고 파급되는 과정에서 각 나라는 또 각기 다른 상징주의의 양상을 달리 하여 나타날 수 있게 된다. 이는 곧 각 나라의 상징주의의 특징이라 간주될 수 있다.

보들레르를 시조로 하는 불란서 상징주의는 1885년에서부터 1900년경까지의 짧은 기간이지만 보들레르의『악의 꽃』의 영향은 오늘날에 이르기까지 다대하다. 보들레르는 근대시의 아버지라고 일컬어지고 있다.

불란서 상징주의에는 5사람의 선구자적 시인이 있다. 보들레르, 베르레느, 랭보, 말라르메, 발레리이다. 불란서 상징주의 시인중 이들의 시를 능가하는 시를 쓴 사람은 없다고 해도 과언이 아니다. 이들 5사람의 시와 서론은 상징주의라는 면에서는 동일하지만, 각기 조금씩 다른 특징을 나타내고 있다.

일본에서 상징주의가 처음 그 모습을 드러내가 시작한 것은 1896년 3월 上田敏(우에다 빈)이 폴・베르레느의 부고를 접하고 베르레느의 <시법>을 소개하면서부터다. 이후 上田敏은「海潮音」이란 번역시집에서 베르레느와 보들레르 등의 시를 번역하여 차츰 불란서 상징주의에 대한 관심이 높아갔다.

최초의 일본의 상징주의 시인은 蒲原有明(캄바라 아리아케, 1876~1952)으로 대단히 뛰어난 시들을 썼다. 그러나 당시의 일본은 소설이 시보다는 우세하던 시기로 자연주의가 한창 전성기를 이루던 때였다. 그래서 有明은 그다지 환영받지 못했고 그의 시의 난해성이 그의 시를 외면하게 했다. 有明의 시 속에 내재해 있는 이지적이고 관념적인 경향과 관능적 향락적인 경향과의 교체는 그의 뒤를 이은 北原白秋(키타하라 하쿠슈, 1885~1942)와 三木露風(미키 로후, 1889~1964)에게 그대로 전수되어 전자는 三木에게, 후자는 北原의 시에 그 성격이 드러나게 되었다.

차츰 상징주의 시들이 각광을 받으면서 朔太郎은 이들 두 시인 중 관념적인 상징주의 시인 '三木露風을 축출하라'고 공박하면서 관능적이고 향락적이며, 리드미컬한 北原白秋에게로 향했다.

이는 朔太郎이 일본 상징주의의 말엽의 시인이므로 당시의 상징주의의 양상과 朔太郎의 성격을 짐작하게 한다.

고월이 시작활동을 하던 국문학계의 시단을 살펴보면 1920년대는 1922년 1월「백조」동인지가 창간되면서 이들 동인들을 주축으로 하여 비탄과 영탄으로 일괄하는 낭만주의 경향이 휩쓸고 있었다. 한편 1920년대를 전후하여 상징주의를 표방하는 상징주의 시인들도 대두했다. 金億과 朱耀翰이 1918년에서 다음해 1919년에 이어「泰西文藝新報」와「創造」를 통하여 상징주의 이론의 소개와 함께 상징주의 정착에 노력했다.

1920년을 넘어서부터 김억의 번역시집「오뇌의 무도」가 나오고 또한 불란서 상징주의의 열풍이 일면서 황석우, 변영로, 박종화 등 당시의 쟁쟁한 시인들이 이 기치 하에 모여들었다.

낭만주의의 경향을 보여 주던「백조」가 1923년 말 폐간되고 1925년을 고비로 이른바 계급문학이 대두되어 고월이 시작활동을 하던 1924년경 이후는 낭만주의와 상징주의의 잔여와 함께 프롤레타리아 시의 계열과 서정적 이미지즘의 문학사조가 혼돈을 이루고 있던 시기였다.

그러나 고월이 처음 시를 발표한「金星」에는 양주동(梁柱東)이「근대불란서시초」에서 불란서 상징주의를 소개하면서 <뽀들레르>와 <베르레느>를 소개하고「악의 꽃」중의 수편이 번역되어 게재되어 있었다.

고월과 친구로 같은 때 시작활동을 하던 이상화가 그의 대표시 <나의 침실로>를 발표한 것이 1923년 9월 「백조」 3호에 실린 것이고, 홍사용의 <나는 왕이로소이다>와 박종화의 <사의 찬미>도 1923년 「백조」 3호에 실려 있다.

이들 중 이상화나 박종화는 상징주의 시인으로서 그들 작품이 논의되는 경향이 짙은 것을 감안할 때, 고월의 시작활동 당시의 시단의 경향을 짐작할 수 있다.

따라서 고월의 시가 상징주의일 수 있는 시대적 여건, 환경하에 있었다는 것은 확실하다. 물론 고월이 시작활동을 시작하면서 상징주의를 표방한 것은 아니나 당시의 국문학의 시세계는 낭만주의, 상징주의뿐만 아니라 다른 문학사조가 혼류되어 있어 작가들 스스로도 이들 문학사조에 폭넓은 지식과 이해를 갖지 못한 채 새로 들어오는 문학사조를 받아들이고 있었던 시대상은 고월을 상징주의 시인으로 볼 수 있는 여건에 들어 있었다고 판단된다.

즉 고월을 둘러싼 우리시단의 당시의 경향, 그가 좋아한 시인들이 거의 상징주의 시인이 주가 되고 있던 점, 시적 환경이 상징주의와 밀접해 있었다는 것 등은 고월이 상징주의 시인임이 확실하다는 심증을 얻는 계기가 된다.

뿐만 아니라 고월이 상징주의 시인들의 영향 하에 있었다는 심중의 계기로는 포의 괴기하면서 음침하고 음울한 분위기→보들레르의 우울→ 朔太郎의 우울→ 고월의 우울 등, 이들 작풍에 흐르는 내용과 내재율까지도 그 궤를 같이하고 있는 점이다.

2) 상징주의 시인들과의 영향관계

상징주의 시조인 불란서의 보들레르가 포의 <黑고양이>의 영향을 받았다는 것이 확실시된다. 보들레르가 약 17년에 걸려 포의 대부분의 작품을 번역하였고 <黑고양이>를 번역하고 난 2년 후에 『악의 꽃』을 출간 했다는 점에서 필자는 확신을 얻는다.

보들레르와 마찬가지로 포의 「黑고양이」의 영향을 받은 朔太郎 또한 일본의 상징주의 시인이라는 것은 이들 '고양이'와 계보를 같이 하고 있는 고월이 국문학상 상징주의 시인일 수 밖에 없는 당위성에 이르게 한다.

또한 상징주의의 경향을 염두에 누고 고월의 시를 분석해 볼 때 고월의 시에 우울과 권태라는 멜로디가 흐르고 있음이 확실한 점은 朔太郎의 '靑猫'의 내재율이 고월의 시 속에도 숨쉬고 있음을 부정할 수 없는 일이 되고 있다.

이러한 여러 정황은 고월이 상징주의 시인이라는 것을 확실하게 해주는 뒷받침의 역할이라고 필자는 믿는다.

3. 고월의 시론 - '시는 푸라치나선이라야 한다'

1) 시에 있어서의 내재율의 중시

시의 본질을 한마디로 규정한다는 것은 결코 쉬운 일이 아니나, 요약해 본다면 시라는 것은 시가 말하고자 하는 것, 즉 의미와 리듬(음, 음율) 간의 정의하기 어려운 하모니(조화)라고 말할 수 있다.

이 때 운율이란 것은 반드시 외면적인 운율(외재율)만에 한정되어진다고 할 수는 없다. 한동안 자수에 의한 외재율에 급급했던 시의 시대도 있었으나 차츰 시는 내면적 리듬(내재율) 속에 의미를 두는 것을 중요시하기에 이르렀다. 자연스러운 리듬의 流路를 시의 생명으로 생각하게 되었다.

다시 말하면 '읊어지는 시'에서 '읽는 시', '생각하는 시'로 그 양상이 크게 바뀌었다는 뜻이며, 시가 복잡 미묘한 내면의 움직임을 표현하는데 있어 논리적 설명적인 어휘의 기능을 보다 활용하기 보다는 감각적(지각적) 기능에 보다 큰 비중을 두게 되었다는 뜻이기도 하다.

2) '시는 푸라치나선이라야 한다'

고월의 시는 거의 전부가 외재율과는 무관하다. 그래서 그의 시적 정서는 내재율에 있고 이 내재율을 이루는 멜로디는 우울, 고독, 체념, 비애 같은 어둡고 음산한 분위기라는 것이 드러나 있다. 고월의 시어들은 밝고 힘차고 씩씩한 낱말들은 거의 없다. 눈물짓는, 싸늘한 등등의 어두운 낱말들로만 가득 채워져 있다.

백기만은 그의 폐쇄적이고 섬약하며 우수에 찬 시경향에 대해 다음과 같이 비난하며 폭언하였다.

> "이 못난이야, 그렇게 소극적이며 퇴영적으로 살려거든 차라리 죽어 버려라, 뇌-란 뇌-란 시ㅅ줄이나 적어 불건전한 씨앗을 시단에 뿌리지 말고"96)

96) 「봄은 고양이로다」. 89쪽.

백기만의 폭언에 대해 고월은 자신의 시에 대한 견해를 다음과 같이 표명하며 강력하게 대응하고 나섰다.

> 시는 푸라치나선이라야 한다. 광채 없고 탄력성 없고 자극성 없는 굵다란 철사선은 시가 아니다.[97]

여기서의 '시는 푸라치나 선이라야 한다'라는 이 짧은 고월의 발언은 곧 고월의 시론으로 정립될 수 있는 성질의 것이라고 필자는 믿는다.

이렇게 볼 때 고월이 말하는 '푸라치나 선'은 무엇을 뜻하는 것이며 '광채가 있어야 하고 탄력성이 있어야 하고 자극성이 있어야 한다'는 어떠한 시의 경향을 일컫는 것인가에 의문이 간다.

고월이 자신의 시작품에 대단한 자부심을 가졌다는 점과 자신의 시관과 동일하지 않으면 모두 속물로 취급했던 점으로 미루어보아 그가 말하는 시론은 곧바로 고월의 시 속에서 찾을 수밖에 없게 된다. 고월의 시관에 대해 백기만은 또한 다음과 같이 말했다.

> 근대의 일본시인으로 산촌모조(山村暮鳥)와 추원삭태랑(萩原朔太郎) 양인의 예술에 경도하였을 뿐이다. 그(*고월)의 시관이 얼마나 높고 편벽됨을 알만하다.[98]

인용문에서 보면, 고월은 별로 다른 나라 작가들의 시를 많

97) 같은 책. 189쪽.

98) 같은 책. 135쪽. 山村暮鳥(산촌모조, 야마무라 보쬬, 1884-1924)는 朔太郎의 영향을 받은 시인임.

이 대하고 있지 않았음이 확실하고 일본근대작가로는 朔太郎에게만 친근해 있었던 듯하다. 山村暮鳥도 朔太郎의 영향을 받은 시인으로 처음에 상징주의 시인으로 출발하였다가 후일 인도주의적인 자유시의 경향으로 전향했다.

여기서 고월의 시론은 베르레느의 시론과 朔太郎의 시론에 접근해 있을 가능성이 짙어진다. 이러한 결론이 추출되어질 때, 베르레느도 朔太郎도 상징주의 시인이라는 것에 주의를 요하게 된다.

朔太郎은『青猫』시집을 낼 즈음 다음과 같이 말했다.

> 시의 표현의 목적은 단지 정서적인 것을 정서적으로 표현하는 것만이 아니다. 환각을 위한 환각을 묘사하는 것만도 아니다. 동시에 어떤 종류의 사상을 宣傳演繹하는 것도 아니다. 시라고 하는 것은 오히려 그러한 것들을 통하여 사람들이 내부에서 충돌을 일으키고 있는 감정, 그것의 본질을 응시하고 정서를 풍성히 유출하여 묘사하는 것이다. 독자에게 바라는 것은 시의 표면에 나타나고 있는 개념이나 사항 같은 것들이 아닌 내부의 핵심이 되고 있는 어떤 감정에 접해주기를 바란다.[99]

朔太郎은 인간의 감정을 대단히 중시하면서 강조하고 있다. 그래서 朔太郎의 시들은 센티멘털(Sentimental)하다고 자주 거론되었다.

---

99) 본고에서는 인용문의 日文은 빼고 졸역으로 대신함.

> 이 세상에는 아무런 기적도 진리도 없고 신도 없다. 그러나 단지 구제함을 받는 것이 있으니 그것은 '눈물(涙)'이다.

이 '눈물'은 朔太郎의 시의 중요 모티브가 되고 있으며 그의 센티멘털한 감정의 구체적인 표현이 되고 있다. 그리고 이 朔太郎의 '눈물'은 곧 '우울'이고 '애상'이다. 그의 '우울'은 '피로감'과 '권태감'으로 일관되는 사색적인 우울이며 이 우울이 그의 시의 전체적인 분위기를 이끌어가고 있다.

고월은 朔太郎의 시에 흐르는 센티멘털에 영향 받은 것으로 확언할 수 있다. 특히 朔太郎에서의 경우에는 상징주의에서 온 시론과 그 궤를 같이 한다. 朔太郎은 '시는 리듬이고 리듬이 곧 시'라고 했다. '詩想이 心像으로서 떠오를 때 우리들은 분연히 그 멜로디 — 기분의 억양(抑揚) — 를 느낀다'라는 것으로 詩想의 억양되어지는 내적 감정을 포착한다고 하는 의미가 된다. 그래서

> 단순한 박자 본위에서부터 선율 본위로 진보하는 것이므로 형식에 나타나 있지 않은 멜로디(선율)라고 하는 리듬을 맛볼 수 있게 된다.[100)]

라고 한다. 이는 朔太郎이 박자 본위의 외재율(外在律)이 아닌 내적 리듬 즉 내재율(内在律)을 중시하는 것을 골자로 한 멜로디론이다.

고월의 시론은 朔太郎의 시의 중요 모티브로 나타나는 센티멘털한 감정의 구체적인 표현과 맥을 같이 하고 있다는 것이 필자의 견해다. 즉 朔太郎의 멜로디론과 궤를 같이 하고 있다

---

100) 萩原朔太郎.「自由詩의 리듬에서」

고 본다.

여기서의 센티멘털한 '감정'(感情)이라는 것은 사전적(辭典的)인 의미의 '감정'을 뜻하는 것이 아니라 어디까지나 내재율로서의 '감정의 흐름'을 뜻한다.

고월 시론에서의 센티멘털한 감정은 또한 베르레느의 흐느끼는 듯한 음향의 음악적 선율(*<가을의 노래, *Chanson d'Automnè*>)과도 맥을 같이 한다.

고월이 일본어 번역이기는 하나 늘 즐겨서 베르레느의 <가을의 노래> 중의 '아키노히노 비오론노'를 구송했던 것은 <가을의 노래> 시에서의 흐느끼는 듯한 애조와 호소력, 음률들이 그의 심금을 울려주는 때문이었다고 생각된다.

이러한 것이 고월의 시론, '프라치나선'에 틀림없이 반영되었다고 필자는 확신하는 것이다.

참고로 베르레느의 가을의 노래(*Chanson d' Automnè*)의 1절을 소개한다.

Chanson d' Automnè	가을의 노래
les Sanglots longs	가을날의
De Violons	바이올린의
De l`automne	한숨 토하는
Blessem mon Coeur	그 음향 몸에 스미어
D'une langueur	그저 왠지
Monotone	슬퍼라.

(日譯의 졸역)

<가을의 노래>는 가을날의 바이올린의 기 — ㄴ 한숨을 토하는 듯한 음향은 지친 듯한 단조로움을 지니면서 나의 마음을 상처 입게 한다는 의미를 지니고 있다.

이 시는 <落葉>이라는 제목으로 上田敏이 번역했다. 일본어의 명번역이라는 대단한 정평이 있어 당시 시를 쓰거나 시에 관심 있는 사람, 그리고 문학인으로서 '아키노히노비오론노(가을날의 바이올린……)'를 모르는 사람은 거의 없을 정도였다.

<가을의 노래>의 그 바이올린의 한숨을 토하는 듯한 음향이 독자의 심금을 울리는 베르레느의 詩風의 그 호소하는 듯하고 아름다운 가냘픈 선율은 이해하기 어려운 보들레르보다 일본이나 임성기의 우리 문단에서 더욱 환영받는 경향이었다.

물론 고월의 시관이 꼭 베르레느의 시론과 朔太郎의 시론을 철저히 이해하고 있었고 그 위에 자신의 생각을 덧붙여 내린 정의라고는 단정하기 어렵다. 그러나 대체로 고월의 '시론'은 위와 같이 정립될 수 있다고 본다.

4. 고월의 절망적 예술혼

고월은 입버릇처럼 '쓸쓸한 고독은 사람을 죽인다'라고 인생의 고독과 권태를 되뇌었다. 단지 詩作만에 전념했다. 고독 → 詩作 → 詩作 → 고독……… 이 단순한 연쇄의 순환이 그의 생애의 전부였다.

그래서 일 것이다. 고월의 시작품들에는 독자로 하여금 섬뜩한 전율을 느끼게 하는 시들이 많이 있다.

거미줄로짠 회색옷을 입은 젊은 사나희/, 흰배암문의로 몸을 꾸민 어엽분새악시로 시작되고 있는 <무대>라는 시속에서 젊은 사나이의 신음하는 병든 몸을 잔뜩 휘감고 달라붙어있는 거미줄을 보는 것이 그렇고,

<파랗게숭업게여윈고양이>를 만나는 <비인집>이며,

/연 한아 걸녀잇서/ /낡고 지쳐 가늘엇나니/ - 에서 볼 수 있는 살만 앙상히 남은 '연'을 대하는 <연>이 그러한 시들이다.

고월은 세상에서 기쁨 혹은 재미라는 것을 몰랐고 호탕한 웃음이라는 것을 웃어 본적이 없다. 언제나 불만으로 가득한 현실을 속물들이 우글대는 공간으로 그가 안주할만한 곳이 못 된다고 생각했다. 따라서 그는 의식적으로 외계와 자신을 차단하고 유폐된 장이나 깊숙한 어둠 속에 스스로를 가두고 환상세계에서 위안을 구하고자 했다.

그는 우울한 방에서 언 손을 불어가면서 철필인물화를 그리고 환상을 하는 것이 고월의 유일한 도락이요 消愁방법이었다. 임정기의 우리 예술가의 극도의 빈곤상과 절망적 예술혼을 가늠할 수 있게 한다.

더구나 고월은 자존심이 무척 강했으므로 더욱 고달픈 삶일 수밖에 없었다. 친구는 몇 명 없어 梁柱東, 柳葉, 孫晉泰, 金永鎭, 吳相淳, 玄鎭建, 李相和, 白基萬 정도였다.

마침내 그는 점점 신경쇠약 증세를 일으키고 자살로 생을 마쳤다. 부친이 중추원참의로 부자였음에도 고월이 이러한 비

참한 최후를 맞은 것은 당시의 일제에 야합하고 있는 부친과 결코 타협하지 않으려는 고월의 민족적인 기상이 있었기 때문이다.

고월은 시를 쓰는 것으로 위안을 삼고자 했다. 고월이 과작했다는 기록이 있을 만큼 그는 많은 시를 썼다. 그러나 아깝게도 현재 남아 있는 것은 겨우 34편에 지나지 않는다. 이는 왜정의 압수와 검열 그리고 시대적인 어려움 때문으로 사려 된다. 이는 큰 손실로 우리 국문학계로서는 안타까운 일이 아닐 수 없다.

5. 고월시의 '空家'

고월이 세상사람 들을 모조리 속물로 취급하고 그들과 등진 채 혼자 외롭게 자신의 세계에만 칩거한 그의 내면세계를 그의 시에서 더듬어 보면서 그의 시의 특성과 개성을 밝혀 본다.

이는 앞서 논한 바 있는 고월이 '시는 푸라치나 선이어야 한다'고 강조하던 그의 시의 개념을 밝혀내는 작업이기도 하다.

1) 〈비인집〉의 '고양이'

<비인집>에는 해질 무렵, 지칠 대로 지친 신경이 자아내고 있는 시인의 내면세계 — 퇴폐적인 세계가 전개되고 있다고 본다. 다시 말해서 고월은 자신의 내면세계를 <비인집>으로 형상화 하고 있는 것이다.

室內를 떠도는 그윽한 냄새
좀먹은 비단의 쓸쓸한 냄새
눈물에 더럽힌 夢幻의 침대
낡은 壁을 의지한 피아노
크달은 말러버린 따리아
파랗게 숭업게 여윈 고양이
언제든지 暮色을 띠인 숩속에
코기리가튼 고풍의비인집이 잇다.

〈비인집〉 – [新民] 5호, 1925. 9.

눈물겹고 몸을 오싹하게 하는 섬찍한 시다. 고월의 잔존해 있는 시 34편 가운데서 이 시는 고월의 거의 전부라는 느낌이 필자에게는 든다.

/실내를 떠도는 그윽한 냄새/ – 물론 비인집 안이고, 그 비인집 안에 떠도는 냄새는 '그윽한'으로 표현하고 있듯이 잔뜩 가라앉아 있다. '좀먹은' '쓸쓸한' '낡은' '말라버린' '여윈'이 풍기고 있는 냄새이며, 이러한 어휘의 퇴폐적인 표상으로 전체가 휘덮여 있다. 모든 것에서 의욕을 상실하고 지쳐 퇴폐적으로 되어 있는 작가의 마음 상태를 읽을 수 있다.

/좀먹은 비단의 쓸쓸한 냄새/ – 비단은 곱고 화려하고 값비싼 옷감이다. 비단옷은 그래서 외출 때 입는 좋은 옷, 말하자면 나들이 옷이다. 집안에서 비단옷을 입는다는 것은 상식밖이다. 그런데 이 비단이 '좀먹고 쓸쓸한 냄새를 풍긴다'는 것은 비단이 본래의 기능을 잃고 있는 상태를 뜻한다. 시인은 외출

을 안 한 채 두문불출 바깥세계와 절연되어 있음을 뜻한다. 타인과의 교섭이 없는, 生의 활동이 정지된 상태라는 것을 알 수 있다.

/눈물에 더럽힌 몽환의 침대/ - 바깥세계와 차단되어 생활을 가지지 못한 채, 시인은 지쳐 침대에 누워 눈물만 흘리고 있다. 눈물을 너무 많이 쏟아서 그의 침대는 눈물로 얼룩져 있고, 그것은 또 수없이 많은 날들이었기에 눈물자국으로 더렵혀져 있다.

그 침대는 몽환의 침대이기 때문에, 침대의 기능이 밝은 면으로서의 기능은 상실되고 있다. 활발하게 일터로 향하는 내일을 위한, 심신을 마음껏 편안히 평온하게 잠재울 수 있는 내일을 위한 상징은 물론 아니다. 그의 침대는 눈물을 흘리면서 몽환의 세계만을 배회할 때 그에게 위안을 주는 침대이다.

/낡은 성을 의지한 피아노/ -는 또 어떠한가. 오래도록 그대로 방치되어 있는 비인집의 벽은 허술하고 낡아 있다. 사람이 살지 않는 비인집, 무엇인가로 가득 채워져 있지 않은 그 스산하고 튼튼치 못한 벽을 의지하고 피아노가 한 대 놓여있는 것을 상상할 수 있다. 비인집 방 안에 놓여 있어 치는 사람 없어 보이는 그 피아노 역시 피아노의 기능이 상실된 쓸모없는 물건이 되고 있다.

/크달은말러버린따리아/ -따리아(*다리아)는 꽃빛이 너무나 화사하고 아름다운 꽃이다. 그러나 이 비인집 안의 꽃은 다 시들어 말라버려서 본래의 제 모습을 잃은 채 덩그렇게 놓여있

는 형체가 시인의 눈에는 본래보다 크게 확대되어 보인다. 시들은 다리아의 크기가 그처럼 클 리가 없음에도 불구하고 '크달은'이라는 수식을 한 것은 시들었다는 의미가 무척 크게 접근해 온다.

/파랗게 숭업게여윈고양이/ -를 보면, 고월의 '고양이'는 '푸른 고양이'다. 파랗게 여윈 고양이다. 그러나 이 고양이는 동물로서의 실물을 뜻하고 있는 것은 아니다.

이 비인집 안에 고양이가 파랗게 여윈 고양이가 살아있다는 의미로 해석되기 보다는 이 '파랗게 숭업게 여윈 고양이'는 시인 자신의 모습으로 보인다. 우울과 고독으로 지쳐있는, 그래서 초췌할 대로 초췌해져 초라한 시인의 모습은 기름기 없고 생기 없는 보기흉한 몰골의 비유인 것이다.

/언제든지 모색을 띠인 숩속에/ -고월에게는 여명이 존재하지 않는다. 여명은 밝아오는 아침이 있다. 아침이 오는 것은 침대에서 일어나야 되고 해야 할 일이 있다.

이 여명의 반대개념이 모색이다. 모색은 더욱더 캄캄한 어둠속만으로 깊어지는 때이다. 밤이 있을 뿐이다. 밤이 그렇게 찾아올 때 그가 하는 일이란 침대에서 눈물을 흘리며 몽환에 잠기는 우울의 밤이 아닌가. 그가 바라보는 숲속은 그래서 언제나 모색만이 짙게 깔려 있는 것이다.

/코기리(*코끼리)같은 고풍의 비인집이 있다/ -모두가 상징적인 낱말들로 구성되어 있다. 코끼리는 여기서 동물로서의 코끼리를 뜻하는 것이 아니다. 코끼리를 한자로 쓰면 '상(象)'이다. 이 '상'은 "크다"라는 의미를 지니고 있다.

동시에 코끼리는 아프리카 코끼리와 인도 코끼리 2종이 있다. 그중 아프리카의 기후는 열대성 기후로 우기와 건조기로 뚜렷하게 나뉜다. 건조기에는 모든 사물은 그 생명을 잃고 말라버린다. 말하자면 사막을 연상하기에 충분하다. 그래서 여기서는 '사막 같은'으로도 해석할 수도 있다고 필자는 본다.

또 '상'은 '상형'이란 의미도 나타낸다. '상형'은 사물의 특징을 그려서 상징적인 자형을 조형하여 그 개별적인 것으로 나타낸다는 의미이기 때문에 여기서의 코끼리는 앞부분에서 서술한 그 전부를 상징의 '상'자로 나타내고 있다고도 해석할 수 있다.

'고풍의'도 마찬가지로 '고'는 오래되고 낡은 것을 뜻하므로 '고풍의 비인집'은 붕괴의 위험을 예견시키고 있다.

이 구절은 참으로 절묘한 상징성을 띤 구절이라고 필자는 생각한다. '코끼리와' '비인집'을 한자(漢字)로 고쳐보면

'象같은 古風의 空家가 있다'

로 바꾸어 쓸 수 있게 된다. 이렇게 한자로 바꾸어 써보면 '象'은 상형문자로서의 시각적인 면에서 독자에게 시의 특별한 묘미를 상기시키는 글자임을 깨달을 수 있다.

이렇게 <비인집>을 각 행마다 분석해 볼 때 <비인집>은 그 안에 살아 숨 쉬고 있는 것은 아무 것도 없음을 알 수 있다. 식물인 꽃도 그 화사함을 완전히 잃은 채 시들어 있을 뿐이며 피아노의 음향도 없다. 모색만이 짙은 그 속에서 고양이는 파랗게 흉한 꼴로 여위어 死色을 띄우고 있다. 이 방안의

‘상(象)’은 아무 것도 없는 텅 비인, 사막 같은 황량함, 그리고 다 말라 빠져 생기를 잃고, 죽엄(死)의 냄새를 풍기는 ‘古風의’ 낡고 헐어있는, 머지않아 붕괴될 것을 예견시키는, 그러한 광경이 예견되는 덩그러니 텅 비어있는 ‘空家’ 글자 그대로의 상태다. 그래서

‘사막같은 무너질 기미의 텅 비인집이 있다’

로 풀이해 쓸 수도 있게 된다.

<비인집>에서의 ‘고양이’는 파랗게 여윈 고양이기 때문에 ‘푸른 고양이’라 할 수 있다. 이 ‘푸른 고양이’는 고월의 ‘고양이 시’인 <고양이의 꿈>에서도 등장한다.

2) 〈새한마리〉 〈어느밤〉

날마다 밤마다 내가슴에 품겨서
압흐다 압흐다고 발버둥치는
가엽슨 새 한 마리

나는 자장가를 부르며
잠재이랴하지만
그저 압흐다 압흐다고
울기만합니다.
어느덧 자장가도
눈물에 떨구요

〈새한마리〉 (1924. 5. 작.)

저녁때 개고리 울더니
마츰내 밤을 타서 비가나리네

녀름이 와도 오히려 쓸쓸한
우리집 뜰우에 소리도 그윽하게 비가 나리네
그러나 이것은 또 어인일가 어대선지

한 마리 버레 소리 잇다금 들리누나
지금은 아니우는 개고리가치
내마음 그지업시 그윽하여라 고적하여라

〈어느밤〉 (1927. 8. 작.)

<새한마리> <어느밤> 이 두 편에서 읽혀지고 있는 대상은 '새'와 '개구리'이지만 고월이 이 대상에 강한 감정이입을 하고 있음을 알 수 있다.

고월의 시에는 이처럼 주관적 요소가 격렬하고 강하게 잠입되어 있기 때문에 그 대상은 현실의 사물이라기보다는 상징적 요소를 지닌다.

이 두 편의 시는 모두 전체의 분위기가 밝지 못하고 대단히 음울한 것임을 느낄 수가 있다.

/압흐다 압흐다고 발버둥치는/ 가엽슨 새 한 마리/ - 라는 발버둥치는 이 시에서의 새 한 마리의 이미지는 현실의 새를 그리고 있다기보다는 고월 머릿속의 하나의 환상에 가까운 것이다.

<새한마리>는 2연으로 되어있는 시다. 1연에서의 '새'는

품에 안겨있으면서 밤낮으로 발버둥치는 새의 아파하는 모습은 시인 자신의 심적 상태를 그대로 대변하고 있다고 본다.

'새'는 나르는 것이 본래의 기능이거늘 이 '새'는 아프기 때문에 하늘에서 훨훨 나르지 못하고 그 생활의 장을 떠나 새가 있어야할 곳이 아닌 나(시인)의 품에 안겨 푸드덕거리며 애쓰는 그 가엾은 모습은 바로 시인 자신의 모습과 대치시킬 수 있다.

2연에서 /나는 자장가를 부르며 잠재이랴하지만/ －그러한 새의 눈물겨운 모습에 연민을 느끼며 <자장가>로 위로의 말로 그 아파하는 상처를 어루만져 치유하고 잠재우려하건만 치유시킬 수 없다. 새는 계속 아픔을 호소하며 울기만하고, 자신의 위로의 말도 그 한계와 의미를 잃은 채다. '눈물에 떨구요'에서 처럼 마침내는 오열하고 만다.

따라서 <새한마리>에 비유되고 있는 고월의 마음상태는 결코 건강하고 밝은 것이 되지 못하고 있다.

<어느밤>에서도 <한마리의 새> 대신에 "개고리"가 등장하고 있을 뿐, 이 시를 흐르는 음울한 분위기는 <새한마리>나 마찬가지이다.

시인의 눈을 통해서 보는 '개구리'는 비가 내리는 밤에 비를 맞으며 이따금 우는 소리를 내는 조그마한 가엾은 생물이다.

/녀름이와도 오히려쓸쓸한/ － 초목이 한껏 무성한 여름에도 무척 정적만이 감도는 가운데 비 내리는 소리조차 그윽해서 더욱 쓸쓸하기 그지없는 정경이다. 시인의 내면은 한없이 어둡고 공허하기만 하다.

비가 내리면 좋아서 더 크게 울어야 할 개구리가 /지금은 안이우는 개고리가치/ -라고 한 것처럼 우는 것도 그친 채 고즈녁히 있는 모습에 시인의 모습을 포개어 얹으면서 공감을 느낀다.

<어느밤>은 앞부분에서 쓸쓸히 내리는 비속에서의 '개구리'를 그리다가 마지막 부분에 와서

/내마음 그지업시 그윽하여라 고적하여라/ -라고 시인은 일전하여 자신의 심경, 고적한 심경이 '개고리'와 멀리 떨어져 있지 않고 가까이 있음을 시사하고 있는 것이 된다.

'어둡고 쓸쓸한 뜰' '지금은 안이우는 개고리' '그지없이 고적한 시인의 마음' 이들 어구들은 다 작은 존재가 지니고 있는 슬픔이며 암울이고 고독이다.

이러한 이중의 의미로서의 고독감과 우울의 표백이 이 두 편 시의 주체라 볼 수 있다. 따라서 '한 마리 새'와 '개구리'에의 공감을 표시하려고도 한다.

격렬하게 生을 살고자 하는 의지와 生을 체념하려는 마음, 이러한 두 개의 모순과 갈등을 바라보고 있는 자신의 내부의식에서 한없는 애절함과 고독감을 느끼며 거기서 상처받고 앓고 있는 고월 자신의 의식을 <새한마리>와 <개구리>를 통해 그리고 있다고 필자에게는 보인다.

6. 고월의 우울의 '봄'

고월의 고양이가 모습을 나타내는 절기가 '봄'인 것에 주의가 가게 된다. 고월의 대표시 <봄은 고양이로다> <고양이의 꿈>에서도 고양이와는 '봄'과 연결되어 있다. 왜 하필 봄과 고양이를 연결시키고 있는가?

봄은 대체로 우리가 알기로는 만물이 겨울잠에서 깨어나 약동을 개시하는 절기이다. 희망의 봄, 만물이 생기에 차고 소생하는 계절이다.

그러나 이러한 상식적인 '봄'에 朔太郎은 의외의 반응을 보였다. 그는 "봄은 묘하게도 공기가 뜨뜻미지근하고 기분이 나쁜 것이 생리적으로 불건전한 느낌이 든다"고 한다. 그의 시 <봄의 감정>에서 '나의 혼백에는 속속들이 균이 퍼져들고.......'라는 구절이 있다. 즉 봄은 그의 고독과 우울이라는 독버섯이 더욱더 자라고 침투되는 계절이라는 의미가 부여된다. 그에게는 소생의 봄은 결국 독버섯의 소생과 함께 독버섯이 괴상한 색향을 풍기며 퍼져나가는 울적한 계절이다.

이러한 朔太郎의 '봄'의 의미가 고월의 '봄'에서도 느껴진다. 다른 사람들에게 있어서의 봄의 생동감은 고월에게는 허망과 절망, 암울의 비애가 그 도를 더해가는, 고월의 가슴 속에 더욱 기세 좋게 자라고 퍼져나가는 아픈 계절이다.

■ 朔太郎의 사색적인 우울

朔太郎은 시를 쓰는 것으로 위안을 삼고자 했다. 朔太郎이 제2의 시집 『青猫』를 쓸 무렵은 그의 생애 중에 가장 음울한 시기여서 산다고 하는 욕망을 전혀 느낄 수 없었던 때였다.

朔太郎은 집안 한 모퉁이 소파 위에 몸을 내던지고 밤낮으로 엄습해오는 고뇌와 권태를 인내하며 혼자서 울음을 삼키며 지냈다. 30대의 아들이 아버지에게 얹혀살고 아내와도 불화하며 하는 일없이 뒹굴며 지낸다는 것이 그에게는 견딜 수 없는 괴로움이었다. 그러나 이러한 현실에서의 괴로움보다 정말로의 그의 번뇌는 좀 더 깊은 사색적인 곳에 있었다.

朔太郎의 사색의 근저에는 항상 쇼펜하우어의 生의 의지와 니체의 영구윤회사상이 자리 잡고 있어서 '산다고 하는 것은 번뇌이다, 그리고 그 번뇌의 본체는 生에의 의지이다. 우주는 의지의 현상이나'라고 하는 쇼펜하우어의 철학, 그리고 이러한 번뇌의 生이 목적 없이 영구한다는 니체의 허무사상이 그의 우수의 핵이 되어서 그를 끝없는 고독과 권태의 심연으로 빠져들게 했다.

이러한 윤회적인 숙명관과 산다고 하는 것은 번뇌라고 하는 애상이 그의 영혼 속 가장 깊은 곳에 자리 잡고 있는 페이소스(애수)가 되었다. 이 페이소스가 리듬이 되어 『青猫』 전체에서 음악처럼 흐른다.

그래서 『青猫』 시집은 그 전체가 이런 의지퇴폐의, 혹은 인간의지의 열병을 앓고 있는 세계라고 할 수 있다. 즉 그것은 '意思를 부정한 허무의 비애'였다.

朔太郎에게는 이러한 인간의 근원적인 권태가 자신의 지성으로는 그 한계를 벗어날 수 없다는 자각을 하게 하여 그를 더욱 우울과 고독의 늪을 헤매게 했다.

1) 〈고양이의 꿈〉

시내우에 돌다리
달아래 버드나무
봄안개 어리인 시내ㅅ가에, 푸른 고양이
곱다랗게 단장하고 빗겨잇소, 울고잇소,
기름진 꼬리를 치들고

밝은 애닯은 노래를 부르지요
푸른 고양이는 물올은 버드나무에 스르르 올라가
버들가지를 안고 버들가지를 흔들며
또 목노아 웁니다. 노래를 불읍니다.

멀리서 검은 그림자가 움직이고
칼날이 銀가티 번쩍이더니,
푸른 고양이도 볼수업고,
꽃다운 소리도 들을수업고,
그저 쓸쓸한 모래우에 鮮血이 흘러잇소

〈고양이의 꿈〉 – [生長] 5호. 1925. 5.

이 시는 '고양이'라고 하는 객관적 매체를 통해 '꿈'이라고 하는 '환상세계' 속에서 환상적인 몽상에 젖어, 신경과민이 된 채, 자신의 우울을 노래하고 있는 고월을 볼 수 있다.

그래서 이 시에서의 '고양이'는 '푸른 고양이'이고 고월의 우울의 표상이며, 염세에 빠져있는 고월의 형체이기도 하다.

먼저 고양이의 움직임을 살펴보면 고양이는 시내 위의 돌다리로 해서 달빛이 비추이는 버드나무 밑으로, 그 다음에는 버드나무에 스르르 올라가 울다가 나무를 흔들어보기도 하다가는 자취를 감춘다. 그 흔적은 쓸쓸한 모래 위에 남긴 선혈로 남는다.

/시내우에 돌다리/ – '시내'라든가 '돌다리'에서 짐작할 수 있는 것은 그다지 크지 않은 작은 시내, 폭 좁은 개울을 떠올릴 수 있다. 이 속의 풍경은 어느 한적한 인적 드문 쓸쓸하고 적막한 촌락을 상상해도 무방할 것 같은 인상이 짙다.

/달아래 버드나무/ – 고양이가 나타나 있는 때는 달밤이다. 이에 '달'과 '밤'의 의미를 음미해 보면,

달과 달빛은 옛부터 많은 사람들과 시인들의 마음을 사로잡고 傷心시켜 왔다. 달빛이 훤하게 휘엉청 휫 푸르게 내리비칠 때, 그런 달빛은 사람의 마음속에 우울한 시적인 정서를 강하게 불러일으키기에 충분하다.

'밤' 또한 고독과 우울에 빠져들기 적합한 때이다. 낮은 그런대로 인간들이 서로 얼굴을 마주 대하고 무엇인가 일을 하는 때이므로 밤처럼 혼자 타인과 격리되어 있지는 않다. 그래서 낮은 현실이고 밤은 고독과 우울로 점철하는 꿈의 세계다. 달빛이 흐르는 밤, 울적한 사념에 잠기어 허무의 버드나무에 기대어 선 시인의 모습을 상상할 수 있다.

/곱다랗게 단장하고 빗겨잇소, 울고잇소/ /기름진 꼬리를 치켜들고/ – 이 시의 앞부분에서는 환각 속에서 시인의 의식의 고양을 볼 수 있다. 즉 고월의 '푸른 고양이'도 어느 틈엔가 곱다랗게 단장하고 기름진 꼬리를 치켜들고 힘있게 울어보기도

한다.

'곱다랗게 단장하고'라든가 '기름진 꼬리'는 '고양이 =시인 자신'의 生에 대한 어떤 긍정적으로 직면해 보려는 사고의 일면을 환기시키는 어휘들이다.

그래서 고양이가 곱다랗게 단장하고 기름진 꼬리를 치켜들고 있으므로 여기서의 /울고잇소/ -는 힘있게 울고 있는 모습으로 해석할 수도 있다. 곱다랗게 치장하고 기름진 꼬리를 치켜들고 있기 때문이다.

/밝은 애닯은 노래를 부르지요/ -이곳서도, 生에 대한 희망을 전망하고자 하는 생각을 표하지만, 그러나 그것이 그다지 밝은 희망이 내다보이는 가능성은 희박해서 '애닯은'이라는 형용사를 써서 그 생각의 가련함을 드러내어 페이소스를 자아낸다.

/푸른 고양이는 또 목노아 웁니다. 노래를 불릅니다/ -내일을 기대해 보고 生에의 어떤 희망을 안아보고자 하는 마음에 허무의 버드나무인 줄을 알면서도 그 위에 스스로 소리없이 올라가 버드나무 가지를 안고 가지를 흔들어 보며 생각의 나래를 펴본다.

/봄 안개 어리인 시내가에, 푸른 고양이/ -앞에서 보아온 것같이 어떤 긍정적으로 임하고자 했던 태세가 반전하는 낭떠러지로 떨어지는 듯한 급격한 의식의 낙하를 본다. 희망 없는 生에의 의지부정의 강력한 표현들인 것이다.

애처롭게나마 환상 속에서 어떤 일이나 삶에 욕망이나 의욕을 보이고자 하던 생에의 욕구가 한꺼번에 무너져 내리는 소리를 듣게 된다.

/멀리서 검은 그림자/ -죽음의 사자(死의 사신)를 떠올릴 수 있는 모습으로 어데서인가 홀연히 저 먼 곳에서 나타나 칼을

휘둘러 가냘픈 소리로라도 애처롭게 울어보려던 고양이를 베어버려 마침내 고양이는 그 형체조차 볼 수 없게 죽어버린다.

고양이의 죽음을 연상해 낼 수 있는 곳이다. 그래서 고월과 그의 우울은 고양이와 선혈로 상징되고 있다.

■ '푸른 고양이'

<고양이의 꿈> 시편의 /안개 어리인 시냇가에 푸른 고양이/ -이 시구에서의 '푸른 고양이'는 고월이 영향 받은 것으로 믿어지는 朔太郎의 '靑猫(푸른 고양이)'(1923. 1. 26.)를 상기시키기에 충분하다.

朔太郎의 처녀시집 『달에 짖다』는 '개(犬)'를 통해서 인간의 어떤 생리적 공포감을 본질로 해서 포적인 정취와 죄업이라는 것에 초점을 맞추면서 인간의 숙명, 피치 못할 '업(業)'에 대해 읊고 있었다.

이에 반해 『靑猫』에서는 '개(犬)' 대신에 '猫(고양이)'를 등장시키고 있는 것이 다른 점이다.

'靑猫'의 '靑'은 영어의 blue이다. 그러나 blue는 '푸른'의 색상을 뜻하는 것만이 아니고, 사람 기분의 '희망 없는' '우울한' '피로하게 하는' 등의 어의를 내포하고 있다. 그러므로 '靑고양이'는 '우울한 고양이'와 그 지니는 의미가 똑같다고 필자는 본다. '靑'은 '우울'이어서다.

그래서 '靑猫'는 포의 영향 하에서 환상적인 풍경과 함께 몽상에 젖어있는 신경과민의 병인(=시인 자신)의 '生의 의지' '윤회적인 숙명'에 따르는 권태와 피로, 애상을 涙(눈물)의 리듬을 타고 애달프게 흐느끼고 있는 것이 『靑猫』 시집의 특색이다.

2) 〈봄은 고양이로다〉

<봄은 고양이로다>는 고월이 처음 시동인지에 실렸던 시편이다. 그래서인지 그가 의욕을 가지고 생에 임하려한 점이 발견되기도 한다.

꽃가루와 가티 보드라운 고양이의 털에
고운 봄의 향기가 어리우도다
금방울과 가티 호동그란 고양이의 눈에
미친 봄의 불길이 흐르도다

고요히 다물은 고양이의 입술에
폭은한 봄 졸음이 떠돌아라
날카롭게 쭉빼든 고양이의 수염에
푸른 봄의 생기가 뛰놀아라

〈봄은 고양이로다〉 – [金星] 3호. 1924. 5.

/꽃가루와 가티 부드러운 고양이의 털에/ 고흔봄의 향기가 어리우도다/ –시인이 잠시 생을 긍정적으로 보려는 마음이 작용했던 듯하다. 그래서 고양이의 털은 부드러워 보이고 봄향기는 고은 봄, 고은 향기로 표현되었다.

/금방울과가티 호동그란 고양이의 눈에 / 밋친봄의 불길이 흐르도다/ –이 연에서의 <밋친봄의 불길>이라고 표현한 데에 주의하게 된다.

고월이 자신도 생에 의욕적으로 대처하려는 마음의 발로는 있었지만 그 심리 깊숙한 곳에서는 그것이 가능할 수 없다는 체념이 작용하고 있는 때문에 고양이의 눈에 떠오르는 불길은 '밋친 봄의 불길'로 표현되고 만다. 그 욕구 불길 자체가 미친 생각인지도 모른다는 고월의 냉소를 보는 것 같다.

/고요히 다물은 고양이의 입술에/ 폭은한 봄졸음이 떠돌아라/ -따뜻한 햇볕을 받으면서 졸음을 삼키는 고양이의 포근하고 평온한 모습이 상상되는 연이다.

/날카롭게 쭉뻐든 고양이의 수염에/ 푸른봄의 생기가 뛰놀아라/ -수염은 수컷의 상징이다. 수염이 날카롭게 쭉 뻗은 것은 고양이의 생기차고 활발한 모습을 상기시키는 것이며 그러한 활력을 가지고 푸른 희망을 맞이해 보리라 하는 희구와 갈망과 염원이 깃들인 구절이다.

이렇듯 <봄은 고양이로다>는 현실에서 비켜서지 않고 적극 참여해보고자 하는 긍정적인 시인의 심정을 고양이의 몸의 각 부분을 묘사하면서 포개어 나타내 보인다. 하지만 서정주체인 나(=시인)의 허망에 싸인 심정이 고양이의 영상 속에 가려진 채 드러나 보이는 것은 어쩔 수 없는 사실이다.

3) 〈봄철의 바다〉

저긔 고요히 멈춘
긔선의 굴둑에서
가늘은 연기가 흐른다.

열븐 구름과

낫겨운 해비츤
자장가처럼 정다웁고나.

실바람 물살지우는 바다위로
나직하게 VO - 우는
기적의 소리가 들닌다.

바다를 향하여 긔우러진 풀두던에서
어느듯 나는
휘파람 불기에도 피곤하였다.

〈봄철의 바다〉 [新民] 26호. 1927. 6.

<봄철의 바다> 1연에서 3연까지는 그림같은 하나의 바다의 정경이 펼쳐지고 있다. 1연에서의 '바다'는 잔잔하고 그 잔잔한 바다 물결 위로 굴뚝에서 연기를 뿜으며 기선이 가고 있다. 한없이 화평한 한 모습이다. 2연의 바다도 마찬가지로 무척 평화롭다. 바다 위로 엷은 구름이 떠있고 낮의 햇빛은 따스하고 밝아 무척 안온하다. 그래서 /자장가처럼 정다웁고나/ -라고 했다.

3연에서는 잠시 바다위로 실바람이 불어 물살이 가볍게 출렁인다. 그 바다 물결 위로 기선이 가면서 내는 부- (vo-)하는 기적소리가 들려온다.

그러나 종연에 와서는 /바다를 향하여 귀우러진 풀두던에서 어느듯 나는 휘파람 불기도 피곤하였다/ -라고 읊고 있다.

시인은 바다와 가까운 풀이 돋아난 곳에서 바다를 바라보고 있다. 시인의 눈에 들어오는 바다는 무척 안온하고 평화로워 보인다. 그러나 그 바다를 바라보는 자신을 돌아보자 시인은 한없는 우울의 나락으로 떨어지는 모습을 상상할 수 있게 된다.

/휘파람 불기에도 피곤 하엿다/ - 를 보면,

삶에 지치고 피곤해 있는 고월이 살아있다는 하나의 몸짓이 있다면 휘파람부는 것[101]이다. 그런데 이제 그 휘파람부는 일조차 피곤해 있다고 하는 것은 만사에 대한 의욕상실을 표시하는 것으로 보여 고월의 봄이 지니는 의미가 더욱 확실해진다. 고월의 염세가 그의 의식 속, 몸 안에서 더욱 퍼져나가는 '봄'으로 귀착되어진다.

■ 보들레르의 <고양이>

당시의 우리 시단은 김억이나 양주동 등이 보들레르의 『악의 꽃』을 일부 번역하여 내놓았고 상징주의에 대해서도 조금은 소개를 하고 있어 국문학에 상징주의의 여파가 불어 들어올 수 있는 여건에 있었다.

더구나 고월은 『악의 꽃』을 읽고 있었다. 따라서 고월의 <고양이>의 모습을 정리하는 데에도 『악의 꽃』에서의 <고양이>의 실체를 파악하는 것은 도움이 될 것이다.

朔太郎의 '靑고양이'와 마찬가지로 포의 영향이 보들레르의 '고양이'에게도 작용되었다.

포(미국의 시인 작가)와 보들레르의 연보를 살펴보면 보들레르의 <고양이>에 포의 <黑고양이>의 영향이 있었다는 것이 명확하게 드러난다.[102]

---

101) '휘파람의 명수인 고월은 시상이 떠오르거나 시흥이 동할 때면 휘파람을 불곤 하였다.' (주. 「봄은 고양이로다」 84쪽)

즉 보들레르의 『악의 꽃』은 보들레르가 포의 <黑고양이>를 번역하고 난 4년 후에 초판이 간행되었다. 이 사실은 보들레르의 '고양이'에 포의 '黑고양이'의 영향이 가미될 수 있었다는 확실한 증거가 된다고 필자는 생각한다.

포는 보들레르보다 10여년 먼저 출생했다. 보들레르는 시작을 처음 시작하면서부터 자신의 말년에 이르기까지 포의 작품을 줄곧 번역하였다. 그는 거의 17년간에 걸쳐서 포의 대부분의 작품을 완역하여 포의 진가를 높여준 한편, <포論>을 써서 포의 이해에 도움을 주기도 했다.

보들레르의 '고양이'는 조금 성격을 달리한다. 에로틱한 면이 강조되어 '여자'와 일체가 되고 있다. 그리고 이 에로틱한 여자는 사랑하는 여자들에 의해 '망각의 수면'에 빠져들고자 하는 의도로서의 의미가 농후하다.

보들레르가 좋아한 현실에서의 여성은 특히 흠이 있는 婦人像이다. 무희나 창부상을 떠올릴 수 있는 여인들이다. 그가 숙녀보다는 창녀를, 멋쟁이 화려한 여자보다는 거렁뱅이 여인을 좋아했던 것은 우상 파괴적인 시니시즘(냉소주의, cynicism) 때문이었고 또한 미지의 것을 갈망하는 신비주의가 그의 몸속에 도사리고 있었던 때문이다.

그리고 이러한 것들은 다른 작가들에게서 볼 수 있는 귀부인, 좋은 가문의 딸들과의 연애나 그런 여인들에게의 예찬에 대해서 경멸하고자 하는 냉소가 숨겨져 있다. 적어도 그의 시에는 그러한 점이 농후하다.

이 乞食女는 나의 전부, 나의 재산/ 나의 진주, 보석,

---

102) 에드가 포(Edgar Allan Poe, 1809－1849). 1842. 8. 「黑猫」 간행.

> 여왕, 공작부인이다./
>
> 그 자랑 할 만한 무릎에 나를 눕히고 양손으로 나의 심장을 어루만져 주던 女.

보들레르의 시의 근저가 되고 있는 시 속에서 살아 숨 쉬는 여인은 쟌느라는 실제 인물이다. 육감적이고 체격이 좋은 혼혈의 이름 없는 여배우인 이 쟌느와 보들레르와의 생활은 그녀의 성격의 결함, 낭비벽, 알콜 중독, 자신에 대한 몰이해 등으로 거의 고문과 같은 지옥을 느끼는 생활이었다. 그럼에도 그녀에 매료되어 끝내 오랜 생활을 청산하지 못하고 함께 지냈다. 그래서 보들레르의 연애관, 여성관은 이 쟌느를 토대로 이루어진 부분이 많다.

보들레르가 쟌느와의 고문과 같은 생활을 하면서 괴로움을 망각하고자 하는 데에는 또 다른 의미를 두고 있었다.

보들레르는 현재의 시간이란 견딜 수 없으리만큼 괴로운 시간이라 했다. 보들레르는 우리들의 생을 살아가는 동안 주어진 시간의 마수에서 도망갈 수 있는 길은 없으므로 이 주어진 시간에서 별개의 시간을 창출해내어서 주어진 시간을 잊어야 한다고 생각하는 것이다. 그래서 이 권태, 음울, 쓸쓸함에서 헤어나는 단 하나의 길은 항상 인간적인 도취에 빠져드는 길이라 했고 그래서 그는 도박과 술 아편 등 일체의 악덕에 몸을 내던진다.

– 『악의 꽃』 서시 〈Au lecture〉(독서에 부쳐)에서

> /악취 풍기는 암흑을 넘어 매일 우리들은 겁도 없이 지옥의 길로 내려간다/

고 읊었다. 악에의 유혹이며, 파멸, 지옥의 문을 여는 열쇠는

여자들(femmes), 술(Philtres)과 권태(ennui)라고 말한다.

이같이 그는 주어진 시간을 망각하기 위해 악덕임을 알면서도 그 길들에 자신을 내어던져 망각의 늪으로 빠져들면서 또 다른 별개의 시간을 창조하고자 한다.

그러므로 그의 '고양이'는 여성으로 상징되어 연인으로 표상지어 있고[103] 이들은 망각을 위한 환락, 도취의 관능의 여자로 나타날 수밖에 없다.

천국에서 왔다한들, 아니 지옥에서 왔다한들 무슨 상관이리요
오! 미여! 두려우리만치 순진한 괴물이여!
너의 눈, 너의 미소, 너의 발이
내 즐겨하는 미지의 무궁에의 門을 열어준다면.........

세상의 추악을 줄여주고 시간의 중압..........

〈미의 찬미〉에서

그녀의 아름다운 全身을 싸안은
調和 너무나 미묘해서
아무리 분석해 보아도
그 많은 협화음 알아낼 길 없어라

나의 전 감각이 하나로 녹아나는
아아! 신비한 변화여! 〈그녀의 모두〉에서. (日譯의 졸역)

---

103) 샤르르 · 피에르 · 보들레르(Charles Pierre Baudelaire, 1821 - 1867) 853. 32세 때 포의 「黑猫」 등 번역. 1855. 34세 때 「惡의 꽃」 18편을 한꺼번에 게재.
1857. 36세 때 잡지에 『악의 꽃』 초판간행.

보들레르가 실제의 쟌느의 육체의 부분들에 매력을 느꼈다기보다는, 또 어느 부분을 사랑했다기보다는 그러한 육체의 부분들에서 연상해 낼 수 있는 것에 의해 美의 관념을 추출해 낸 데에 있다. 연상은 추한 것도 美로 승화시킬 수 있다. 색체라든가 음향에서 음악을 연상하는 사람에게 있어서는 美란 단순히 시각적인 것에 그치는 것이 아니고 전 감각이 하나로 용해되어 합해지는 것에서 생긴다. 그래서 보들레르에게 있어서 쟌느의 가치는 '美의 화신'으로서의 역할에 있었다. 그리고 쟌느로 해서 야기되는 고뇌는 그에게 귀중한 경험으로 바뀌어 나타내게 해주는 동기가 되었다.

그가 그녀와의 관계에서 심신이 괴로운 지옥과 같은 생활이면서도 그녀를 노래했던 것은 이러한 데에 연유했다.

7. 萩原朔太郎의 '고양이' 시

朔太郎의 시에는 '고양이'가 많이 나타나고 있다. 그중 가장 고양이의 특색을 알 수 있는 시 두 편을 골라 고양이의 내용을 살핀다.

1) 〈고양이〉104)

새카만 고양이가 두 마리
번뇌하는 밤, 지붕 위에서
쭉 뻗친 꼬리 밑으로

104) 「青猫」 序文中에서. 1915년 5월. 일본시는 졸역으로 대신함.

실처럼 가늘은
활형(*弓形)의 것을 아물거린다.
<응에 - 엥 안녕하세요>
<응에 - 엥 안녕하세요>
<응에 - 응에 - 응에>
<야 - 오옹, 이집주인은 病나있어요>

위의 시는 발표되고 얼마 안 있어 상당히 호평되었다. 朔太郎 자신도 무척이나 만족하면서 자부하던 시다.

시의 내용은 방안에서 신경과민이 된 병인(*시인 자신)이 누워 자고 있을 때, 그 방 지붕 위에서 새카만 고양이 두 마리가 교미하고 있는 상황설정이다.

고양이가 절정에 달하여 묘한 울음소리를 내는 것인데, 그 울음소리가 무어라 형용할 수 없으리만큼 신경을 거슬리고, 병인에게 신경과민을 일으키게 하는 듣기 싫은 소리로 들린다.

사랑놀이를 하고 있는 고양이의 울음소리를 빌어 마음을 앓고 있는 시인의 병적인 기분을 상징적으로 표현하고 있다. '봄날밤(春夜)'의 번뇌하는 병적인 기분을 특이한 오노마포에이어(擬聲語, onomapoiein)를 사용했다는데 중요한 의미가 있다.

朔太郎이 갓 태어난 새끼 고양이의 울음소리를 '오와아(응에 - 엥)' '오기야아(응에 - 응에)'[105]라고 표현한 이 의성어가 시

105) 朔太郎은 이 시를 쓸 때 신기하게 생각한 것은 고양이의 울음소리를 音像한 것은 많이 있으나 갓태어난 새끼고양이의 울음소리는 없었던 것같다고 하면서 자신은 '오와아' '오기야아'라고 했다고 말했다. 필자는 이를 번역하면서 우리나라 갓난아이의 울음소리의 의성어 비슷하게 '응에 - 엥, 응에 - 엥, 응에 - 응에 - 로 썼다.

의 생명적인 주제가 되고 있다.

고양이의 교미, 새끼고양이의 출생이라는 생식의 되풀이 과정은 쇼펜하우어의 '생의 의지', 니체의 '영구윤회'를 연상시키면서 신경과민의 시인을 극도로 자극하고 있다.

이 의성어가 발하는 상징성은 고양이의 이미지를 살려주고 돋보이게 하는 큰 효과를 나타내주는 역할을 하고 있다.

2) 〈靑猫〉

이 아름다운 도회지를 사랑하는 것은 좋은 일이다
....
모든 상냥한 여성을 사기 위해
모든 고귀한 생활을 희구하기 위해 이 도회지에 와서
번화가를 걷는 것은 좋은 일이다.
....
아! 이 거대한 도회지에서 밤 잠자고 있는 것은 단 한 마리의 푸른 고양이의 영상이다.
서글픈 인류의 역사를 말하는 고양이의 영상이다.
우리가 희구해마지 않는 행복의 幻景이다.
너무나 幻景을 희구한다.
진눈깨비 흩날리는 날에도 나는 東京을 사랑한다하며
그곳 뒷 골목벽에 썰렁하게 기대어 섰는
이 사람과 같은 걸객은 무슨 꿈을 꾸고 있는 것일까.

이 시는 朔太郎이 시골에 살면서 도회지에 대한 끊을 수 없는 향수를 읊은 것이다. 그가 그토록 도회지에 향수를 느끼는 이유는 모든 인간적인 것이 일체 이 도회지의 중심에 있다고 생각한 때문이었다.

<靑猫>의 ‘푸른 고양이의 영상’이라고 하는 것은 밤늦도록 도회지(이 시에서는 東京)의 하늘에 수많은 전등과 전차가 지나가면서 내는 스파크(Spark) 등의 광경을 朔太郎이 상징테크닉으로 “지붕 위를 기는 푸른 고양이의 모습”으로 비유한 것이다.

도회지의 밤하늘에 야광처럼 현란한 경치를 보면서 하늘 가득 거대한 푸른 고양이가 집집의 지붕을 기는 것이라고 생각했던 것이다.

/서글픈 인류의 역사를 이야기하는 고양이의 영상이다/ -야간의 오락장이나 주점 등 가장 흥청거리는 번화가의 환락장은 근대도시의 깊숙한 내면이기도 하다. 그런 술과 흥청거림 속에서 역사 이전 태고적 원시인의 모습을 상상하는 것이다.

/아아 그러나 여기에 기이한 문명의 착각이 도사리고 있다/ -라는 복선이 깔려 있다. 그가 그처럼 희구하며 동경하던 도회지이건만 이제 가보면 곤궁과 괴로움으로 뒤범벅이 되어있지 않는가 하는 것이 이 시의 주된 골자다.

다시 말해서 도회지의 생활에서의 즐거움이란 것은 항상 망각할 수 있는 곳을 도처에서 찾아낼 수 있기 때문이다. 휘황찬란한 불빛 속의 환락가, 술, 오락, 도박, 여자, 그 모든 것이 괴로움과 고독을 벗어나게 해주고 잊게 하는 요소들이다.

그리고 도회지의 거리를 메우는 군중 속을 거니는 것만으로도 생의 압박과 번뇌에서 벗어나 망각으로 치달을 수 있는 영역이 된다. 그러나 이러한 도피로서의 환락에서의 망각은 잠정적일 뿐, 참의 의미로서의 그의 머리에 도사리고 있는 본질적 실제적 공포감이나 우울을 근본적으로 치유할 수 있는 길은 아니라는 결론에 다다르는 것이다.

전등불빛과 스파크로 이루어지는 야경을 하늘 가득 지붕 위를 기는 고양이의 영상으로 이미지화한 이 시에서의 '고양이'는 물론 실체(實體)의 동물로서의 고양이를 지칭하고 있지 않다는 것은 말할 것도 없다.

포의 공포를 자아내는 음침하고, 기분 나쁘고, 괴기하면서 우울의 기분을 자아내는 '黑고양이'의 이미지가 도회지의 내면과 결부되면서 고독과 우울을 표상하는 추상개념(Obstract Concept)임이 명백해 지는 것이다.

3) 朔太郎의 『靑猫』에서의 '여자'

朔太郎의 여인은 포의 「리지아」를 닮은 몽환의 유령과 같은 '애인'의 이미지를 환기시키는 여인이다.

朔太郎의 『靑猫』 속에 나오는 <猫의 死骸> <昭澤地方>이라는 두 시에 나오는 '浦(ura, 우라)'로 불린 여인이 그러한 朔太郎의 시 속에서의 여인의 형체이다.

아아! 우라(*浦) 가엾은 여인!
「그대 언제나 늦는구료」
우리 남자들은 과거도 없고 미래도 없고
그래서 현실이라는 것에서 사라져 갔소........
우라!
이 변해보이는 경치 속에
泥猫(이묘)의 死骸를 묻고 말거나.

이 시에 나오는 '우라'는 현실의 여인이 아니고 단지 연애시의 이미지 속에서 호흡하고 있는 와사체(瓦斯體)의 의상을 입고 오는 유령의 여인, 선혈의 정서에 도장되어 있는, 사랑스러우면서도 괴로움을 안겨주는 여인이다.

그 여인은 언제나 그에게 음악처럼 느껴지는, 과거와 현재와 미래와 연결 짓는, 시간을 초월한 영원 속에 살고 있는 괴로운 호흡의 음악인 것이다.

■ '青猫'에 영향을 끼친 '黑猫'

앞에서 '青猫' = '푸른 고양이' '우울한 고양이'는 포의 '黑猫(black cat, 검은 고양이)'와 맥을 같이 하고 있었다.

포의 작품 <黑猫> 즉 '黑고양이'는 몸 전체가 새카맣다. 그리고 '黑고양이'는 요물이라는 옛부터 전해 내려오는 속설을 주인공의 부인이 입에 올리면서 이 '黑고양이'는 현실 속에서 괴물화 한다.

주인공이 술에 중독되면서 이 '검은 고양이(=黑고양이)'와 엮어지는 일련의 돌발사건들은 몸서리치게 하는 괴이함을 느끼게 한다. '검은 고양이'의 주검의 형체, 과실치사, 화재, 시체유기, 사형선고 이러한 무서운 낱말들이 튀어나오는 속에서 주인공의 심리 속에 엉키는 쫓기는 기분, 음울한 명상, 짙은 우울이 은연중에 노출되는 데에 「黑고양이」의 특징이 있다.

동서 문학에 있어 '고양이'를 읊든가, 주제로 하는 작품이 옛부터 많이 있었다. 그러나 포의 '黑고양이'는 검은 고양이가 마녀의 현신이라는 데서 추출되는 마성과 괴이함을 강조하는 동시에, 그것을 근대인의 自我라든가, 고독, 우울, 이상심리(異

常心理)에 연결시킨 점이 이전의 고양이 작품과 색다른 면으로 클로즈업 되고 있다.

■ 고월시의 개성 - 우울의 표상으로서의 '고양이'

고월시의 특성과 개성을 가려내기 위해서는 고월이 영향받은 것으로 믿어지는 작가들을 고려해 볼 필요가 있다.

필자는 이를 위해 '고양이 계보'를 필자 나름대로 만들어 '고양이'의 특징을 구명해 봄으로써 고월의 '고양이'의 성격을 확실히 하였다.

우울의 표상으로서의 포의 '黑고양이', 보들레르의 '관능의 고양이', 朔太郎의 '靑고양이'를 대충 살펴보았다.

이들 '고양이'의 정체를 파악해 보았을 때 고월의 '고양이'는 朔太郎의 '靑고양이'와 많이 닮아 있다. 즉 고월의 '고양이' 또한 '靑고양이'이고 靑 =우울이 성립되는 '푸른 고양이'이다.

고월의 시편에 나오는 '푸른 고양이'는 동물로서의 '고양이'가 아니라 고월의 시인으로서의 내면을 형상화한 상징물로서의 '고양이'이다.

고월 이장희는 우리나라의 상징주의 시인으로서 국문학사상 상징주의 시의 뚜렷한 한 모습을 드러낸 기념비적 존재라고 본다.

5장

문학과 그림의 교차

❶ 그림 속에서 문학사조 읽기 『나목』

– 화가 박수근의 그림과 작가 박완서의 문학

1. 그림이 문학에 끼치는 영향

프랑스의 루블 박물관의 관람에서 필자에게 가장 오래도록 기억에 남는 것은 19세기에 새로운 문예사조를 낳게 한 두 편의 명작 그림이다. 하나는 「새우발의 소년」(호세 리베라 작, 1642)이고 다른 하나는 「거지 소년」(바르토레메 무리료의 작, 1650년경)이다. 두 편 모두 거지소년을 주제로 한 그림이다.

「새우발의 소년」은 거지 소년이 지팡이를 총자루처럼 어깨에 걸머지고 '신의 은혜를 빌어 은혜를'라고 쓴 종이쪽지를 손에 쥐고 구걸하고 있어 말을 못하는 농아임을 알 수 있다. 치아는 빠져있고 발은 새우 발같이 굽어져 있다.

「거지 소년」은 거지 소년이 어두운 살풍경한 분위기를 뒤로 하고 더러운 발과 찢어진 옷을 입고 앉아서 이를 잡고 있다. 뒤의 배경은 어둡기만 한데 이 소년의 모습 위로는 태양광선이 비쳐들고 있다.

이 두 작품의 해설로는 '거지소년이 이 잡고 있는 모습을 그려내고 있어 가장 마음을 아프게 하는 정경을 남겨놓고 있다' '거지소년의 상(像)에서는 당시의 사회 상황이 리얼하게 전개되어 있다'라 하고, '이 두 그림에서는 사실적인 힘의 효과가 극대화되어 있어 강렬한 인상을 남긴다' '그림의 사실(寫實)적인 면이 여기서는 가차 없는 사회풍자를 하고 있다'였다.

두 그림의 이러한 사실성(寫實性)은 당시 새로움을 모색하던

19세기 프랑스 화가들에게 크게 주목되었다. 그래서 이들은 연이어 사실적인 화풍을 담기 시작했고 이 사실적인 화가들의 화풍이 마침내는 프랑스 문인들로 하여금 사실주의(寫實主義) 문학사조를 낳게 하는 배경이 되었다.

이는 새로운 문학사조를 형성함에 있어 화가의 독창성이 문학인들에게 적지 않은 영향력을 행사한다는 것을 실증적으로 입증한 예라고 필자는 본다.

2. 박수근 화가의 아이 업은 여인들

호암 겔러리에서의 박수근전(1999. 7. 16. - 9. 19.)의 그림은 모두 125점이었다.

이 작품들은 거의 치마저고리만을 입은 수많은 여성들이 무척 리얼하게 그려져 있다. 그래서 우리나라 여성들의 삶과 그 여성들의 사회적 지위가 저절로 드러나 있다고 필자는 본다.

한편 작가 박완서(朴婉緖)는 화가 박수근을 모델로 하여 『나목』(裸木)이라는 소설을 썼다.

그림에서 문학사조가 생성될 수 있는 경우가 있었으므로 박화가의 그림에서도 박완서 작가는 어떠한 문학사조를 형성시켜 놓았을 가능성이 있을 것이라고 필자는 생각했다.

박화가의 그림 중, 박완서의 소설과 같은 제목을 하고 있는 '나목'은 박화가의 고향 마을 강원도 양구에 있는 나무로 화가가 애용하던 그림 소재였다.

이 '나목'은 잎이 하나도 남겨있지 않고 가지만이 앙상하게 뻗쳐 있어 겨울의 나무를 상상하게 한다.

나무 밑에는 거의 여인들이 있다. 나무 밑만이 아니라 박화가의 그림에는 전부라고 할 수 있을 만큼 여인들로 채워져 있다.

화면 전체가 투명한 색을 띠지 않고 부우였기만 한데 이런 부우연 화폭에 담긴 여인들은 대개 두 손을 마주 잡고 앉아 있거나 한 손으로 턱을 괴고 있어 결코 생기 있는 모습들이 아니다. 이들은 하나같이 아이를 업고 섰거나 아이를 업고 절구질을 하거나 우물을 들여다보며 물을 푸고 있다. 소녀들도 마찬가지로 등에 아이를 업고 있다.

「母子」(1962)는 절구질하는 여인이 등에 아이를 업고 있는데 제목이 「母子」이므로 아이는 아들인 것이 확실하다. 「나무와 두 여인」(1962)을 보면 한 여인은 아기를 업고 있고 한 여인은 목판을 머리에 이고 어디로인가 가는 모습이다. 여기서도 업힌 아이는 사내아이 일 것이다. 여인들이 업고 있는 아이들 중에는 여아는 한 명도 없다는 것을 그의 전체 그림에서 알 수 있다.

또한 박화가의 모든 그림에는 남성이 아이를 업고 있는 그림은 하나도 없다. 그리고 전부라 할 수 있을 정도로 여인 옆에 걸어서 따라가는 아이는 여아다. 그래서 남자를 낳아 중히 키우는 여인들의 모습이 적나라하게 표출되어 있다.

이들 여인들이 있는 장소도 주로 빨래터나 절구 있는 곳, 우물가, 초가집 담장 근처같은 곳이고, 하는 일은 자질구레한 집안 일이 전부다

이런 여인들의 모습은 우리 사회의 전통적인 여성상이다. 철저한 성별역할분업 시스템 사회가 그대로 드러나 있다.

화가의 의식 속에 뿌리 깊이 잠재해 있는 남성중심사회에서의 성차(性差) 의식이 여실하게 그의 모든 작품 속에서 드러난

다고 본다. 이는 단지 박화가 한 남성의 의식에서 나온 것이 아니라 당연시되어 자연스럽기까지 한 당시의 우리 세태의 모습이 형상화되어 있는 것이다.

어째서 가난하고 소외된 사람들이 전부 여성이고 모녀들뿐일까?

박화가에 대한 사회적 평은 다음과 같다.

> (박수근의 사망) 소박한 화가다. 인간에 대한 애틋한 사랑을 지닌 독창적인 깊숙한 향토색 짙은 화가다.
> (1965. 5. 8. 경향신문)

> 어느 예술가의 죽음 – 가난으로 보낸 나날
> (1965. 5. 8. 동아일보)

> 한편 극진한 사랑을 베풀던 모친이 21세 때 유방암으로 작고한 사실을 들어 모성애에 대한 갈증이 여인을 반복적으로 그림으로 표출됐다고 보기도 한다. (1999. 7. 19. 중앙일보)

당시의 우리나라 평론가들은 12세 때 '밀레와 같은 훌륭한 화가가 되겠다'고 한 화가의 결심에서 앙상한 나무나 아낙네들을 그린 이유를 찾고 있었다.

19세기 사실주의의 거장 밀레의 기법을 모방하겠다는 것이 아니라, 가난한 이들에 대한 애정과 삶의 진실을 표현했던 '농민화가'처럼 되겠다는 뜻일 것이라는 얘기다. 박화가는 자신이 가난하고 소박하게 살았던 것처럼 이 사회의 가난하고 소외된 사람들을 애정 어린 눈으로 바라보았다고 하는 평은 오늘날까지 이어져 오고 있다.

그렇다면 어째서 가난하고 소외된 사람들이 전부 여성들, 특히 모녀들뿐인가 하는 의문이 남게 된다. 박화가의 그림에 등장하고 있는 우리나라의 가난하고 소외된 사람들은 거의가 여성들, 특히 모녀상인 때문이다.

3. 아기업은 여인상과 그리스도를 안은 마리아상

박화가의 1960년대 작품들에서 볼 수 있는 앙상한 나무(*裸木) 밑에 등장하는 여인들은 아기를 업은 모습이 거의 전부다. 여기서 필자는 아기 업은 여인에서 아기 그리스도를 안은 마리아를 떠올린다. '그리스도를 안았기에 마리아는 성모이고 화폭 속의 여인들은 평범한 여인들이기에 아기 키우는 이름 없는 여성일 뿐이다'라는 생각이다.

성경에서의 '아담'이란 말은 히브리말의 '사람'을 글자 그대로 음역(音譯)해 놓은 것이다. 그 말이 창세기 1장 26절에서 사용되었을 때는 '인류'라는 의미로 쓰였다. '하와'는 히브리 말의 '생명' 또는 '삶'을 번역해 놓은 것이다. 아담은 사람이지만 하와(이브)는 '삶' 자체다. 그래서 이브인 여성은 남자가 아니므로 '사람'이 아니라는 논리가 성립된다.

수녀가 흰 벨을 쓰는 것이나 가톨릭교 여성 신도들이 미사 때 흰 미사포를 머리에 쓰는 것도 마찬가지 뜻이 담겨있다. 즉 흰 벨을 쓰는 것은 '여자는 사람이 아니다'라는 뜻을 포함한다는 말이다.

'금단(禁斷)의 열매는 달다'라는 속담은 구약성서의 「창세기」에서 이브가 뱀의 유혹에 빠져 선악(善惡)을 아는 나무에 손을 대는 장면에서 온 말이다. 이 선악의 나무는 사과라고 하고 있지만 선악의 惡을 라틴어로 malus(마루수)라고 하는데 사과도 역시 마루수라고 하기 때문에 금단의 열매는 사과라는 속설이 생겼다.

아기를 안은 성모상만큼 인간사의 모습을 정말로 심도있게 상징적으로 표현하고 있는 예는 없을 것이다. 마리아에게서는 자연스런 여성의 모습은 박탈되고 父인 신의 종순(從順)의 도구로 삼아지고 말았다는 해석에서 실제 마리아의 모습은 해방의 기미는 없어 보인다. 성모 마리아의 모성(母性)은 이 여성의 '삶'의 의미의 연속을 뜻한다고 생각한다. 종족보존이 모성의 원형이라면 종족보존은 곧 이 삶 무의미 자체다.

마리아에게서 태어난 그리스도가 이 맹목의 삶에 의미를 불어넣는다. 이것은 또 아담의 후예인 남자들이 수행해 나가야 하는 일일 것이다.

필자는 기독교의 교리를 깊이 연구하고 있는 처지는 못 된다. 단지 어린 그리스도를 안고 있는 성모 마리아 상을 보면서 이와 같은 진지한 생각을 하게 된다.

4. 1960년대의 페미니즘

여성이 가정 내에 한정된 성역할에서 해방되어 남성과 대등한 인간적·시민적 권리를 갖는 것을 겨냥한 근대의 페미니즘은 차별적인 사회·경제적 제도의 개혁에 운동의 주된 에네르기를 주입하고 있었다. 1960년대가 되어 이원론적(二元論的) 성차(性差)의 사상에 근저한 부권사회(父權社會)의 문화와 가치의 총체(總體)를 분석·해명하는 <페미니즘 비평>의 시점이 제기되었다.

그것은 마르크스주의, 정신분석 이론, 포스트구조주의, 재구조주의 이론 등에 페미니즘의 측으로부터의 비판과 수정을 가해 고착화되어 있는 남근적(男根的) 문화를 탈구축(脫構築)하는 근저적인 이론으로서 현대비평에서 피할 수 없는 부분이 되었다.

차별의 원인을 <性>으로 보는 페미니즘 비평의 근저에는 성별은 단지 생물학적·신체적 차이가 아니고 사회와 문화에 의해 만들어진 복합적이라고 하는 젠다에의 인식이 있다.

페미니즘 비평은 먼저 문화의 텍스트로서의 문학작품을 여성의 시점으로부터 <고쳐 읽기>로부터 시작되었다. 읽기의 수정은 서구문화에 있어서의 남근중심주의의 <성의 정치학>에 관한 비판이고 역사 속에 은폐되고, 배제되어 온 여성의 소리를 되찾으려는 작업이었다.

여성은 제도에 의해 자기실현의 길이 막혀있었을 뿐만 아니라 남성의 내면의 욕망이나 공포를 투영하는 <여성이라는 성>을 성처녀(聖處女) 또는 악녀와 같은 이상적 여성상 또는 반이상적 여성상으로서 과중하게 일방적인 의미를 띠고 강요되어 왔던 것이다.

1950년대에 프랑스의 작가 보봐르가 발간한 『제이의 성』은 부권사회가 가치로서 여성에게 강요한 <여성다움의 神話>에 주박되어 자기 자신으로부터 소외된 여성의 내면을 여성의 시점에서 분석한 최초의 비평서였다.

페미니즘 비평은 이후 다시금 깊이 있게 여성의 내면의 심층을 파헤치며, 여성의 자기실현에의 표현에의 궤적을 더듬었다.

서구에서 페미니즘의 큰 물결은 1960년대에 미국을 중심으로 일어났다. 미국의 여성운동은 당시의 정치운동에서 많은 영향을 받았다. 즉 베트남전쟁 반대, 인간차별 반대, 남아메리카 대륙의 정세에 반대하는 것과 관련하여 여성들의 문제가 이러한 문제 전체와 얽혀 있다는 것을 여성들이 인식한 데서부터였다.

분노와 격분이 중요한 역할을 했다. 이러한 분노가 사회적인 해방운동을 시작하는 강한 동기가 되었다.

1960년대 초, 민권운동(civil right`s movement), 학생운동(student`s movement), 반전운동(anti - war movement) 등에 참여했던 대다수의 젊은 중산층 여성들은 이를 통해 집단행동에서의 새로운 확신을 얻고 그들이 개인적으로 그리고 사회적으로 처해있는 성적 불평등의 상황에 도전하여 이를 변화시키고자 했다.

이러한 단계에서 페미니스트들은 문학적 전통 안에서 추출해 낼 수 있는 페미니즘적 기술을 선동적으로 사용했다.

■ 페미니스트의 저돌적인 움직임

물론 이미 여성을 소재로 했거나 혹은 여류작가들이 쓴 작품들은 수없이 많다. 그러나 1960년대에 들어와서 비로소 많은 여성작가들이 의식적으로 작품을 통해 여성의 진정한 존재의 의미에 깊은 관심을 갖게 되었고 여성으로서의 상황에 대한 인식과 더불어 이에 관련된 주제를 다룬 작품들을 창작하게 되었다.

또한 문학텍스트를 사회 문화적인 견지에서 분석하여 기존의 여성에 대한 사회의 인습이 얼마나 비인간적이고 부당한 것인가를 도도하게 논의하여 큰 반향을 일으켰다.

페미니스트들은 여성들 상호간의 관계, 특히 모녀관계를 제시하였다. 이들 작품은 각각 다른 형식을 취하고 있으나 공통 주제를 가지고 페미니스트 소설의 역할을 수행했다.

여기서의 페미니즘 비평은 이제까지의 연구동향에 동의하는 독자가 아니고 저항하는 독자가 되고, 동의를 거부하는 것으로 여성의 내부에 얽혀 있는 남성의 심성을 떨쳐내기 위한 발걸음을 필요로 했다.

페미니즘 소설은 그 소재를 한 여성의 개인의 사적인 경험에서 대체로 가져온다. 하지만 그 친밀하고 사적인 경험(personal experience)은 곧 모든 여성의 공통경험(common experience)이 되고 나아가 이는 하나의 정치적 수행을 구축하는 밑거름이 되었다.

이러한 영향에 힘입어 1960년대 후반에는 여성들이 종래와는 다르게 정치적인 투쟁방식의 보완이나 대안으로 해방운동 집단을 형성하기 시작했다.

페미니즘은 미국뿐만 아니라 유럽에서도 조직적인 형태는 아니지만 이때와 병행하여 활발히 여성문제에 대한 연구(Woman Studies in Theology)가 이루어졌다.

■ 교황이 여성에게 보낸 메시지

> 당신들 여성들은 인류라고 하는 대가족의 반수를 차지하고 있습니다. 여성을 해방한 일, 또한 수세기를 통해 남녀가 각기 다르면서도 본질적으로는 평등하다는 것을 명확하게

> 하여 온 일을 자랑으로 알고 있습니다........ 인간의 손이 한순간의 광기에 의해 인류의 문명 전체를 파괴하게 될 것같은 사태를 금지해 주십시오. ..... 세계 속의 여성 여러분 그리스도교도이든가 아니든가와 관계없이 이 역사의 중대한 전기(轉機)를 맞아 인류의 생명은 당신들의 손에 맡겨져 있습니다. 세계의 평화를 유지시키는 일은 당신들의 손에 달려 있습니다.
>
> – 교황 바오로 6세. 1965. 12. 8.

여성을 향한 교황 바오로 6세의 메시지가 1965년에 있었다는 것은 미국을 위시한 서구에서 페미니즘이 강력하게 대두되던 시기와 일치한다. 따라서 교황의 메시지는 다분히 맹렬하게 반항하는 페미니스트들 향한 것이라는 것이 확실시된다.

우리나라에서도 이러한 움직임이 그대로 반영되어 나타났던 것이다. 박화가의 화폭에 담긴 여인들은 1960년대의 것이 대부분이고 박완서의 「나목」도 1970년에 간행되었다. 아마도 「나목」도 1960년대에 작품 구상을 했을 것이다.

따라서 박화가나 작가 박완서의 작풍에서 페미니즘을 추출해 낼 수 있다는 것은 1960년대 우리나라의 페미니즘 성향을 가늠하는 좋은 계기로 작용한다고 필자는 확신한다.

5. 『나목』의 페미니즘 성향

■ 화가의 '아기 업은 모녀상'과 『나목』의 '모녀상'

화백의 '아기 업은 모녀상'이 『나목』에서의 '모녀상'으로 그대로 연결된다는 점에 필자는 주목한다. 이는 가부장제도 하에서의 성별시스템에서 종속적 삶을 살고 있는 여성문제와 끊을 수 없는 관련이 있다.

남성들이 여성에게 할당한 역할은 집안을 꾸려나가는 주부, 남성의 성적 대상 등의 수동적 존재의 영역에 국한했다. 자신들의 이런 위치를 자각하고 여성의 진정한 자아를 찾고자 한 움직임이 여성운동(women`s movement)을 낳았던 것이다. 따라서 『나목』은 페미니즘 문학사조와 이어질 수밖에 없는 소지를 안고 있다.

『나목』은 작가 박완서가 스스로 여러 번 밝히고 있듯이 박화가(朴壽根)와 그의 그림들, 특히 '나목'의 감상에서 나온 작품이다.

박화가의 모든 그림 속의 아이 업은 모친이나 소녀의 모습은 어떤 상징적 역할을 감지시킨다. 그런데 『나목』은 모녀간의 일이 주제로 나타난다. 여기서 작품 속에 나타나는 두 모녀간의 모습은 여성문제와 깊이 연관되어 있다는 것과 이는 페미니즘 성향이라는 것을 단정할 수 있다.

> 우리가 여성이기 전에 먼저 인간인 것처럼, 여권의 문제는 고루 인권이 보장된 뒤에 대두되어도 좋은 문제가 아닐까?....... 내 솔직한 소견은 과연 여성 자(字)가 붙은 운동이나

단체는 있어야 하는가 하는 다분히 부정적인 것이다.[106]

여기서 보듯이 박완서는 여성운동이나 여성운동단체에는 회의적이었으나 여성문제에는 큰 관심을 기울이고 있다.

「살아있는 날의 시작」(1980)의 후기에 그녀는 여성문제를 "앞으로 집요하게 되풀이 시도해 볼만한"이라 하고 또 "그 동안 문학의 도전을 안 받으면서 미풍양속이란 탈을 쓰고 보호조장 내지는 비호되어 왔던 남녀 사이의 억압 관계"를 밝히기 위해 이 글을 쓰기 시작했다고 밝히고 있다.

이러한 것은 여성작가의 눈에 비친 여성의 발견이라고 생각할 때, 페미니즘 작풍과 궤를 같이 하는 것이 된다. 또한 이는 우리나라의 당시의 여성문학의 하나의 방향을 나타내는 것이기도 하다.

6. 그림의 '부우연' 화면과 소설 『나목』에서의 '부우연' 장면

『나목』의 여주인공 경아, 이경(李炅)은 6. 25전쟁이 발발하기 전까지는 평범한 가정에서 두 오빠와 부모와 함께 행복하게 자랐다. 그러나 부친 사망 후 6. 25전쟁 때 두 오빠가 또 사망하여 모친과 경아만이 남았다.

『나목』은 남편과 두 아들이라는 남성을 잃은 상태의 모친과 그 모친과 함께 사는 딸의 이야기로 설정되어 있어 결국 모녀의 이야기로 남는다. 모녀 관계는 주로 여성학에서 다루어지는

---

106) 박완서, 『나목』, 후기 참조.

문제다.

경아는 자신은 그림을 감상하는 것을 좋아한다고 했다. 그리고 경아는 화가 옥희도의 그림을 보면서 '무채색의 부우연'이란 표현을 자주 쓰고 있는 것은 주의할만하다. 경아는 자신의 집과 모친을 묘사하면서 자주 '부우연'이란 표현을 쓰고 있기 때문이다.

> 그 부우연 하늘을 이고 서서 한 쪽이 보기 싫게 일그러져 나간 체인 우리 집의 지붕이 이상하리만큼 선명하게 보인다......... 나는 어머니가 싫고 미웠다. 우선 어머니를 이루고 있는 그 부우연 회색이 미웠다.
>
> －『나목』에서

경아는 자신이 여성이라는 것을 그다지 의식하지 않고 살려 했다.

> 세상에는 재미난 일들이 너무나 많았고 좋아할 것이 연달아 널려 있어서 혁이 오빠도 욱이 오빠도 눈이 돌 지경이었고, ... 그리고 부드럽고 말랑한 손의 구수한 음식솜씨를 가진 우리들의 어머니를 또한 얼마나 사랑했던가. .... 난 오빠들을 통해서만 모든 사물을 받아들였고 이해하려 했다.
>
> －『나목』에서

이러한 밝은 성품의 경아가 자신이 여성이라는 것을 크게 자각하게 된 계기가 생겼다. 그것은 경아 자신의 내부에서라기보다는 밖으로부터 온 것이었다. 즉 어머니의 자신에 대한 태도에서 비롯되었다.

먼저 이 작품에서 특기할만한 사건은 두 오빠를 잃었을 때 모친의 회한에 찬 목소리와 모친의 소리를 듣고서의 딸의 분노다.

> "제가 엄마를 행복하게 해드리겠어요. 오빠들 몫까지 효도를 하고 말고요." .... "어쩌면 하늘도 무심하시지, 두 아들들은 몽땅 잡아가시고 계집애만 남기셨노?" .... 어머니에겐 한쪽 지붕이 달아난 고가(古家)만이 모든 것이었다. 어머니는 서울 고가에 대한 집착만으로 하루하루 여위어 갔다.
>
> -『나목』에서

아들이 죽었을 때 모친은 완전히 '회색빛' 고집 속에 스스로를 가두어 버린다. 생활을 전혀 느껴지게 하지 않는 '안전한 허(虛)'에 몰입한다. 그리고 어머니는 여주인공 대하는 것을 극도로 무관심으로 일관하는 태도다.

유쾌한 삶의 기쁨을 나타내고 있는 쪽은 오빠인 남자들 쪽뿐이었다. 그리고 그 남자들이 있을 때만 어머니는 '구수한 손맛의 음식솜씨'를 발휘했고 경아 자신도 오빠들을 통해서만 삶의 즐거움을 감지할 수 있었다는 상황을 경아는 깨닫는다.

> 내가 내 허물에 관대했다 해서 어머니의 허물까지 관대할 수는 없었다. 나는 결코 어머니를 용서할 수는 없는 것이다. "어쩌다 딸만 남겨 놓셨노" 그 야속한 기억을 다시는 잊어 주지 않을 테야.
>
> -『나목』에서

여성억압의 한 전형이 바로 종족보존을 위한 여성의 역할이다. 아들을 낳아 그 가문을 유지 번성시키는 일이 여성의 존재가치였다. 모친은 결혼하여 두 아들을 낳고 여성이 해야 할 역할을 빈틈없이 해냈다. 음식 솜씨나 손님 접대 등 집안의 세세한 일들을 빈틈없이 해내는 '매혹적인 개성여인'이다. 남편과 아들이 구비되어 있던 상황이었기 때문이다.

그러나 남자가 집안에서 없어진 지금 모친은 한마디로 '부우연' 모습이다. 이런 모친의 돌변한 모습은 여성들은 남성들처럼 잘 먹고 살아가야 할 존재가치가 없다는 원리를 일깨워 준다. 살아있는 딸은 모친에게 아무런 존재 의미가 없다. 경아의 발견은 이러한 사회에서의 여성의 위치에 대한 자각이다.

> 모녀의 김치국
>
> 설날 아침에도 김치국이 반찬의 전부인 아침상을 받았다........ "설은 무슨 놈의 설이누, 같잖게스리, 한두 살 먹은 어린애도 아니구"........ "아무튼 그때하고 지금은 다르지 않니?" .... 어머니는 내가 아는 어머니보다 이십년은 더 늙어 보였고 아주 낯선 부우연 눈을 멍하니 뜨고 있었다.
>
> – 『나목』에서

부우연 머리와 옷, 부우연 눈동자, 그리고 변함없이 내놓는 김치국이 이 모친을 규격화한다. 김치국이라는 보잘것없는 음식은 모친이 생각하는 두 모녀의 사회적인 위상이다.

경아는 가장이라는 짐을 지고 5명의 초상화 그리는 환쟁이를 거느리며 미군들을 상대했다. 그렇게 경아가 가장의 위치에서 호구지책을 마련해나가지만 모친은 딸에 대해서는 극도로 무관심으로 일관한다.

> 어머니는 이미 나에게 무관심이 어떤 형태의 증오보다도 가혹할 수 있다는 걸 가르쳐 주었고 나도 어머니를 그런

> 무관심한 동거인으로 대하리라 마음먹었다. ……… 그 야속한 기억을 다시는 잊어 주지 않을 테야. -『나목』에서

남자가 없는 집안은 모친에게 있어서는 죽지 못해 사는 삶이었다. 그래서 남편과 두 아들의 이름만을 헛소리처럼 웅얼거리다 그들의 곁으로 가버렸다.

『나목』에서 볼 수 있는 여성문제의 인식은 여성을 억압하는 것은 남성 뿐 아니라, 그런 사회를 살아온 또 다른 여성이라는 것이다. 어머니 세대가 다음 세대의 여성을 억압하는 모습을 보인 것이다.

7. 경아의 인습에서 벗어나려는 실험

여성이기에 단단히 지켜야할 여러 겹의 터부시되어 있는 것들을 경아를 통해 벗어 던져 낼 수 있는가를 작가는 시도해 본다.

경아는 가정을 가진 옥희도를 사랑해서 그에게 매달린다. 그래서 작품 속에서의 옥희도라는 인물은 경아가 현실적 갈등에서 구원의 가능성을 꿈꿀 수 있도록 해주는 역할이기도 하다. 그러나 아내와 자식들이 있는 옥희도와의 관계는 오래 갈 수 없어 헤어진다.

그리고 경아는 자신을 사랑한다는 미혼의 남자와 결혼한다. 결국 기존의 사회의 통념에서 전혀 발전하지 못했다.

경아는 또한 여성으로서의 정절이라는 것을 벗어내 던질 수 있는가를 실험한다. 아메리카 병사 죠오를 매개로 하여 이를 시도해 본다. 그래서 여기서의 죠오는 이를 실험하기 위한 도

구로서의 인물 설정이라는 것을 알 수 있다.

그러나 경아는 결국 이 일에서도 실패한다. 죠오가 자신의 의상을 벗기게 할 것이라는 각오로 죠오를 경서호텔로 찾아가지만 끝내는 그 일을 실행하지 못한다.

경아가 의상과 함께 벗고자 하는 '동방예의지국'의 여염집 여성들의 정조관념에서 그녀는 결코 한 발자국도 벗어나지 못한다.

결국 『나목』에서 경아의 일생을 좌우한 것은 인습과 관습을 그대로 답습한 것이었다. 작품의 끝 부분에서 이러한 것이 더욱 명료히 나타난다.

> 남편이 다시 나를 상식적인 세계로 끌어드린다. .... 이미 그의 눈엔 십년 전의 앳된 갈망은 없다. 그 뿐이랴. 여자를 소유하고 가정을 갖고 싶다는 세속적인 소망이외는 한 번도 야망이나 고뇌가 깃들여 보이지 않은 눈, 부수수한 머리가 늘어진 이마에 어느 새 굵은 주름이 자리잡기 시작한 중년의 그가 나는 또다시 낯설다. .... 오랜 여행 끝에 낯선 역에 내린 듯한 피곤인지 절망인지 모를 망연함, 그런 망연함에서 남편이 나를 구했다.
>
> –『나목』에서

그렇지만 작가는 박화가의 그림을 '고목'이 아니라 '나목'이었다고 하며 어떤 희망을 제시한다.

> 내가 가난한 지난날, 어두운 단칸방에서 본 한발 속의 고목(枯木), 그러나 지금의 나에겐 웬일인지 그게 고목이 아니라 나목(裸木)이었다. 그것은 비슷하지만 아주 달랐다. .... 가지(枝)들이 빈틈없이 완전한 조화를 이룬 채 서있는 나목,

> 그 옆을 지나는 춥디추운 김장철 여인들, 여인들의 눈앞엔 겨울이 있고, 나목에서는 아직 멀지만 봄에의 믿음이 있다. 봄에의 믿음 – 나목을 저리도 의연하게 함이 바로 봄에의 믿음이리라.
>
> –『나목』에서

여인들의 눈앞엔 겨울이 있겠지만 나목이 봄이 되어 새싹이 피듯 어떤 희망의 봄이 올 것이라는 기대감을 나타내 주는 끝맺음을 한다.

❷『서있는 여자』의 페미니즘 경향

1. 대조적인 모녀

『서있는 여자』는『나목』출간 후 거의 20년이 지난 후 발간된 소설이다. 이 작품은 모녀 두 세대의 주인공의 결혼생활 모습과 이혼을 담고 있다. 여기서『나목』후의 작가의 여성에 대한 의식의 변화가 어떻게 발전하였는가를 살펴 볼 수 있게 된다.

이 소설도 모녀의 이야기로 시작된다. 작가가 말하고 있듯이 이 소설은 결혼이라는 제도는 꼭 있어야 하는가 라는 문제를 제시하고 있다. 우리나라 사회의 결혼제도에서의 기본단위는 반드시 지킬만한 것이고 그것을 지킬 책임은 꼭 아내에게만 지워져야 하는 가를 문제 삼고 있다.

이에 대해 어머니 세대로 대표되는, 인종과 굴욕을 인내하면서 그 제도를 목숨처럼 지켜 나가는 경숙여사와 그러한 결혼제도의 불합리함을 깨닫고 반기를 들며 홀로 서는 길을 택한 딸의 세대를 대표하는 연지 이 두 모녀의 이야기다.

어머니 경숙여사의 취미생활은 모두 생산적이거나 창의적인 일이라기보다는 소비생활의 부류에 속하는 일들뿐이다. 학문에만 열중하는 남편을 바라보며 사는 경숙여사는 외롭기만 했다. 남편의 답사에 동행을 하는 여조교를 의심하여 이혼을 제의했다. 그러나 경숙여사는 돈과 명예와 실력을 모두 갖추고 혼자 살고 있는 자신의 여자친구들은 행복할 것이라고 생각했는데 겉으로는 행복한 듯했으나 그녀들의 이면은 비참함뿐이라는 것을 발견한다.

경숙여사는 결국 굴욕과 모멸을 견디며 이혼하지 않는 길을 택한다. 남편과 화해를 도모하고 안주하는 길을 택한다. 구제도에로의 완전한 순응이다.

■ 연지의 '남녀평등'

딸 연지는 어머니 세대의 그 결혼제도를 그대로 답습하며 받아들일 수 없었다. 연지는 결코 어머니 경숙여사와 같은 삶을 살지 않겠다는 단호한 태도를 보인다. 연지는 '절대로 평등한 부부관계를 지향하여 이를 반드시 실행하겠다'고 약속하는 친구 철민과 결혼한다.

그러나 평등주의는 결혼 시초부터 뜻대로 잘 되지 않는다. 주위환경과 남편 철민의 거부, 연지 자신의 마음에서의 갈등 등으로 지켜지지 않는다.

"난 보통 사람처럼 살지 않기로 맹세했어, 수도 없이"

"누구한테? 어디서 빌어먹다 뒈진 귀신한테?"

"말 삼가, 나 자신한테 맹세했고 자기 앞에서도 맹세했을 텐데"

"그래, 그때 난 보통으로 사는 것도 보기 좋더라고 말했었지. 지금은 그 정도가 아냐, 보통으로 사는 게 아름다와 보여, 눈물겹도록" –『서있는 여자』에서

연지와 남편 철민의 대화다. 이미 남편은 남자의 권위시대에 대한 향수에 젖어 있다. 철민이 말하는 보통으로 사는 것이 결국 가부장제하의 결혼제도 속에서의 삶을 말하는 것인 때문이다.

남편 철민은 관습으로 내려오는 남녀 역할 분업시스템으로서의 결혼제도에 사는 것을 '보통의 삶'이라고 믿고 있다. 그래서 연지와의 결혼생활은 보통이 아닌 '특별' 아니면 '별난' 삶이라는 뜻이 된다.

철민이나 연지나 일반적인 관습에 젖어 있는 것은 마찬가지여서 두 사람 모두 이 보통의 삶에서 벗어나려고 애쓰고 있다는 것을 알 수 있다. 그녀 친정 식구들은 물론 시집 식구들, 친구들, 직장인들도 그녀에게 종래의 전통적 주부가 될 것을 끊임없이 강요한다.

> "얼마나 더 다니겠다고 직장을 바꾸고 말고 하겠니? 철민이가 다시 직업만 갖게 되면 네가 무엇하러 그 고생을 하겠다고……. 그리고 보니 편하고 안정된 취직은 이미 한거나 마찬가지로구나, 안 그렇냐?" –『서있는 여자』에서

연지의 아버지 하석태 교수의 말이다. 이로 볼 때 최고의 지성인이라 할 수 있는 교수의 생각도 결국 '보통'의 사고 범위에서 조금도 벗어나 있지 않다. 여자는 결혼을 하는 것으로 영구한 편한 직업에 취직하는 것이 되고 직장을 갖는다는 것은 경우에 따라 잠시 머무는 정도의 일이라는 편견이다.

자신의 일을 계속하기 위해 철민과 의논하지 않고 임신중절 수술을 했다는 이유로 철민은 연지를 구타한다. 전통적 가장의 남성우월주의로 되돌아가려는 철민의 권위의식은 다시 연지를 실망시킨다. 더욱 치킨집 여종업원과의 철민의 정사는 평등주의를 근본부터 뒤흔드는 태도였다.

철민은 여종업원을 건드리는 것쯤은 별로 큰 잘못이 아니라고 생각한다. 그래서 아내가 남편의 그러한 일을 가지고 문제삼는 것은 체통에 어긋나는 일이라고 서슴치 않고 말한다.

연지는 이런 철민의 태도에 대해서 소름이 끼친다는 반응을 보인다. 연지는 성에 대해서도 남녀가 평등하기를 바랐다. 작가는 이미 이러한 불평등한 남녀 관계에 대해 이의를 제기하고 있었다.

연지는 잡지사 기자 자격으로 여류명사의 가정을 인터뷰하여 보았으나 여류명사도 가정이나 사회에서나 위선과 가면으로 가득차 있기는 마찬가지였다.

연지는 결혼의 이상(理想)은 남녀평등에 있다고 확신하며 결혼생활에 임했으나 그녀의 이 이상은 결코 실행되지 않고 실패와 좌절뿐이다.

2. 종래의 결혼제도에 대한 연지의 반항

페미니즘에서 문제가 되는 것은 결혼이라는 제도이다. 결혼은 상식적으로는 여성은 남성의 비호를 받으며 아이를 낳고 키우는 제도로 여성으로서는 최상의 행복으로 생각되었다.

그러나 페미니즘 작가에 의하면 그것은 전혀 기만으로 결혼은 남성에게야말로 필요한 것으로 그 제도가 있기 때문에 남성은 아이의 부친이라고 하는 확증을 가지게 되고 생명의 흐름 속에 개인으로서의 관계를 갖는 것이 가능해진다. 남성은 사랑에 대한 책임을 지는 것이다. 따라서 이러한 결혼제도에 있어서는 남녀평등은 이루어질 수가 없는 시스템이다.

연지는 자신이 바라는 진정한 남녀평등을 위해서는 이 뿌리 깊은 관습과 투쟁하지 않으면 안 된다는 것을 깨닫는다. 연지는 이혼하는 것으로 이 불평등한 결혼제도에서 탈피하려 마음먹는다.

이는 연지가 사춘기 시절부터 보아온 부모의 삶의 형태에 대한 기억에서 연유한다. 서재 문을 굳게 닫고 학문에만 열중하는 부친의 모습과 그 부친에게 매달려 애원하며 사는 모친의 모습을 보며 자란 연지에게는 아버지의 모습은 하나의 우상이었다.

> "아버지처럼 살게 하소서. 내가 만일 어머니처럼 살게 될진데 차라리 죽게 하소서"
>
> –『서있는 여자』에서

소녀 때부터 지녀왔던 이처럼 간절한 염원을 성취하기 위해서는 연지에게는 이혼의 선택은 불가피했다. 연지의 이혼을 놓고 모녀는 크게 대립하지만 결국 연지는 단호하게 모친의 세대와 결별한다.

연지는 자신이 사는 작은 아파트를 아버지의 영역처럼 꾸미고 싶어 이혼을 했다. 그 영역의 주인이 되어 그 영역의 열쇠를 쥐고 고독과 충만을 누리기를 꾀했다. 이는 다음과 같은 소설의 마지막 부분에서 확인된다.

> (*자신의 아파트) 열쇠구멍에 키를 꽂았다. 찰칵 하는 금속성은 언제 들어도 가슴이 울렁거릴 만큼 좋았다. 그녀는 문을 열고 안으로 들어섰다. 유리창은 꼭 닫힌 채였지만 집안의 공기는 싱그럽고도 감미로웠다. – 『서있는 여자』에서

대체로 소설에 나오는 등장인물 여성들은 대부분 남성들 시각에 의해 쓰여져 왔다. 그러나 페미니즘은 여성등장인물이 여성시각에 의해 쓰여진다. 기존의 남녀상에서의 탈피야말로 참으로의 페미니즘 소설일 수 있다.

페미니즘 소설을 이러한 관점에서 볼 때에 연지의 이혼과 독립은 인습으로 내려오는 결혼제도에 대한 단호한 반항이라 볼 수 있다. 따라서 『서있는 여자』는 기존 개념에 물들지 않은, 기존 역할에서의 해방의 시도가 움직여졌다는 것을 알 수 있다.

3. 그림이 문학사조 페메니즘을 낳았다

루블박물관의 두 거지소년 그림이 문학사조 사실주의를 낳았다면 우리나라의 박수근 화가의 그림은 우리나라 문학사에

페미니즘 문학사조를 낳는 계기를 마련하였다는 것이 확실시 된다.

1960년대 우리나라에서도 서구에서 확산되고 있던 페미니즘의 영향을 받아 '여남평등'이라든가 '여남동등'이라는 말이 유행어처럼 확산되고 있었다. 이와 때를 같이 하여 박완서는 자신의 작품에서 여성문제를 이끌어 내고 있었다고 필자는 보았다.

『나목』『서있는 여자』 이 두 소설은 이 사회에서의 여성의 종속적 위치에 대한 작가의 자각과 인식이 아직까지 주변부분에 머물고 있는 여성을 작품 중심으로 끌어들이려는 시도에서 출발했다.

특히 '모녀관계에 문제점의 초점을 맞추고 여기서 파생되는 여러 다양한 국면'들을 제시해 냈다.

따라서 우리나라에서도 화가의 그림이 문학사조 페미니즘을 낳는 계기를 주었다는 것을 필자는 확인했다. 이는 무척 뜻 깊은 일에 속한다.

저자 소개

경당(京塘) 고영자(전 전남대 교수, 평론가)

경기여자중·고등학교 졸업
이화여자대학교 문리과대학 영어영문학과 졸업(학사)
한국외국어대학교 대학원 일어과 졸업(석사)
東京대학교 대학원 교양학부 연구과정
實踐대학 대학원 문학부 박사과정 수료
千葉대학(일본, 객원교수)
전남대학교 인문대학 일어일문학과 (정)교수
전대역사문화센터 겸임교수
한국문학비평가협회 부회장
이대문인회 이사(평론)
한국문학비평가학회 부회장

■ **논문**

韓日象徵主義詩の比較, (일본)千葉大學敎授論叢, 1990. 외 50여 편.

■ **저서**

- 문학편

『오에겐자부로』, 『일본의 지성 아쿠타가와 류노스케』, 『20세기 일본문학태동기』, 『일본문학』, 『바로잡는 국문학』, 『이육사론』

- 역사편

『열려라 콩! 일본사회 일본역사』, 『일본의 중세 무가시대』, 『일본의 근세 봉건시대』, 『일본의 두 얼굴』, 『일본의 근세 장군시대』, 『청일전쟁과 대한제국』, 『러일전쟁과 대한제국』, 『일본의 미카도이즘 대두와 일제강점기』, 『일본의 파시즘과 대한민국임시정부기』

■ **번역서**

「아이작 뉴튼」 외 7권. 삼중당. 1983-85년

비평, 테마인가 테크닉인가?

인쇄 | 2008년 8월 25일
발행 | 2008년 8월 27일

저자 | 경당(京塘) 고영자
발행 | 김윤수
발행처 | 전남대학교출판부

등록 | 1981. 5. 21. 제53호
주소 | 500-757 광주광역시 북구 용봉동 300
전화 | (062) 530-0571~3
팩스 | (062) 530-0579
홈페이지 | http://altair.chonnam.ac.kr/~cnup

값 13,000원

ISBN 978-89-7598-686-4 (93800)

이 도서의 국립중앙도서관 출판시도서목록(CIP)은 e-CIP홈페이지(http://www.nl.go.kr/cip.php)에서 이용하실 수 있습니다.
(CIP제어번호: CIP2008002707)